墨香财经学术文库
“十二五”辽宁省重点图书出版规划项目

A Study on Chinese Merchant's Business Model and Its Innovation under Shared Economy

共享经济下华商商业模式及其创新研究

徐小飞 ◎ 著

东北财经大学出版社
Dongbei University of Finance & Economics Press
大连

图书在版编目（CIP）数据

共享经济下华商商业模式及其创新研究 / 徐小飞著. —大连：东北财经大学出版社，2019.7

(墨香财经学术文库)

ISBN 978-7-5654-3511-9

Ⅰ. 共… Ⅱ. 徐… Ⅲ. 商业模式-研究-中国 Ⅳ. F72

中国版本图书馆CIP数据核字（2019）第078952号

东北财经大学出版社出版发行

大连市黑石礁尖山街217号　邮政编码　116025

网　　址：http：//www.dufep.cn

读者信箱：dufep @ dufe.edu.cn

大连图腾彩色印刷有限公司印刷

幅面尺寸：170mm×240mm　字数：232千字　印张：16　插页：1

2019年7月第1版　　2019年7月第1次印刷

责任编辑：李　彬　王　斌　　责任校对：王　娟

封面设计：冀贵收　　版式设计：钟福建

定价：48.00元

教学支持　售后服务　联系电话：（0411）84710309

如有印装质量问题，请联系营销部：（0411）84710711

本书获得华侨大学工商管理学院学科建设资金资助

本书获得华侨大学华商研究院人文基地技术与资金资助

本书获得华侨大学本科教育教学改革项目“基于创新创业教育的西方经济学案例教学研究”资助

前言

本书是在对共享经济思维高度认可的基础上完成的。我们现在正处在一个共享经济时代，要对接互联网经济的快速发展，必须从“工业经济”思维转向“共享经济”思维，因为共享经济时代并不是工业经济时代的延伸，而是对工业思维的彻底解构。共享经济思维最早是从互联网从业者的实践中感受到的商业逻辑，同时共享经济思维也是移动互联网时代的商业逻辑和哲学。它认为共享经济和互联网在未来经济运行中将是价值创造的重要途径之一，在未来的企业发展中也将扮演非常重要的角色。由此可见，本书题目之“共享经济下”就是指在新的共享经济时代，要把共享经济思维贯穿始终。

“商业模式”一词是随着互联网和共享经济的兴起而逐渐进入大众视野的。管理学界著名学者彼得·德鲁克（Peter Drucker）曾说过：“当今企业之间的竞争，不是产品之间的竞争，而是商业模式之间的竞争。”共享经济和互联网技术逐步渗透到人们生活、学习和企业生产运作的各个领域，使得人们的生活越来越便捷；与此同时，人类社会的生产与生活方式也不断发生着翻天覆地的变革。我们相信，随着世界科技的发展进步和互联网技术的不断更新换代，共享经济将给全球社会经济和人类生活的发展带来越来越多意想不到的变化。

改革开放四十年来，海内外华商凭借资本不断积累所形成的经济实力和日益丰富的海外经营经验，成为国际商业界不可忽视的一股重要力量。随着海内外华商群体的不断壮大，其企业数目、企业规模也逐步发展扩大。与此同时，基于经济全球化、互联网和共享经济蓬勃迅猛发展的时代背景，海内外华商企业运营方式和盈利方式发生了翻天覆地的变化，其中对中小企业发展、成熟企业转型以及对企业的行业竞争力具有重要影响的商业模式逐渐被华商企业重视并应用于企业的实际经营与实践活动中。

实业界商业竞争的加剧，国际经济环境的日益复杂化，人们对商业模式的认识逐步深化，激发了海内外华商企业对商业模式创新的不懈探索与实践。对于海内外华商来说，明确商业模式创新的机理及路径是其进行商业模式创新的关键所在。海内外华商对商业模式不断创新与尝试的实践结果表明，选择合适的商业模式可以使华商企业获取更加充分的核心竞争优势。

本书通过对有典型意义的华商代表性企业的案例进行详细剖析，试图从中归纳总结出华商代表性企业的商业模式相比于其他企业的优势和不足，进而发现其未来商业模式创新和发展的方向；同时，其他华商企业也可以借鉴成功华商企业的商业模式，取长补短，并将其认为行之有效的商业模式推广应用于本企业的商业实践当中，更好地发挥共享经济下商业模式的优势，并逐渐摸索建立起更为适合本企业特点的商业模式，从而为本企业的长远发展创造更大的空间。

华商企业是中国经济发展的重要支柱，对中国经济的长远发展、和谐社会构建、“一带一路”倡议实施以及伟大“中国梦”和全面建成小康社会目标的早日实现均具有非常重要的现实意义。事实上，与新兴高科技企业相比，全世界范围内的传统华商企业具有规模大、产业链较长、就业吸纳能力较强等特点，是任何一个国家工业化发展过程中不可或缺的一支重要力量。目前来看，诸多传统华商企业面临着行业内部同质化竞争、外部互联网和共享经济企业整合的双重挑战。希望本书能够帮助那些正处于转型升级的传统华商企业，为它们应对上述威胁，发现共享经济下企业发展变革的方向，进而实施商业模式创新，并最终实现具有独特竞争优势的持续发展，提供可供借鉴的理论参考。本书在这方面的研究也仅仅是一次努力的尝试，欢迎同仁批评指正！

本书的出版获得华侨大学工商管理学院学科建设资金资助、华侨大学华商研究院人文基地技术与资金资助、华侨大学本科教育教学改革项目“基于创新创业教育的西方经济学案例教学研究”资助，在此深表谢意。

作　者

2019年3月

目录

第一章　绪论

改革开放四十年来，海外华商凭借资本不断积累所形成的经济实力和日益丰富的海外经营经验，成为国际商业界不可忽视的一股力量。对于华商这一概念的界定众说纷纭。有学者认为，华商是指在别国经营企业的中国商人，但也有学者对此持反对意见。那么如何界定海外华商的范围呢？长期研究华侨华人的学者张禹东认为，海外华商有两种：一种是指全世界华商；另一种是指中国大陆以外的华商[①]。本书所选的华商定义是第一种。

随着海内外华商群体的不断壮大，其企业数目、企业规模也逐步发展扩大。与此同时，基于经济全球化、互联网和共享经济蓬勃发展的时代背景，海内外华商企业运营方式和盈利方式发生了翻天覆地的变化，其中对中小企业发展、成熟企业转型以及对企业的行业竞争力具有重要影响的商业模式逐渐被华商企业重视，并应用于企业的实际经营与实践活动中。

实业界商业竞争的加剧，国际经济环境的日益复杂化，人们对商业

① 张禹东. 海外华商网络的构成与特征［J］. 社会科学，2006（3）：106-111.

模式认识的逐步深化，激发了海内外华商企业对商业模式创新的不懈探索与实践。对于海内外华商来说，明确商业模式创新的机理及路径是其进行商业模式创新的关键所在。海内外华商企业对商业模式不断创新与尝试的实践结果表明，选择合适的商业模式可以使华商企业获取更加充分的核心竞争优势。

第一节 研究背景及意义

1.研究背景

2018年8月20日，中国互联网络信息中心发布第42次《中国互联网络发展状况统计报告》①。该报告指出，截至2018年6月30日，我国网民规模达8.02亿人，普及率为57.7%；手机网民规模达7.88亿人，网民中使用手机上网人群的占比达98.3%。信息化的普及促进一系列以互联网为技术基础的新商业运营模式随势而生，例如，共享经济商业模式、移动支付商业模式、O2O线上线下相结合的商业模式、新零售商业模式等，并成为市场的重要推动力量。这些新商业模式不断发展与进步，逐渐成为21世纪新经济的代名词。随着互联网技术的产生和推广，一批以移动出行软件、新零售等为代表的新型商业模式逐渐出现在公众视野中，并且成为推动共享经济发展和繁荣的强大动力，逐渐成为当今社会关注的焦点。

目前，共享经济俨然成为促进全球社会服务行业创新发展的一股强大的推动力，例如在住宿、交通出行、技能、生活服务、旅游等领域涌现出了一批以Airbnb、滴滴出行、在行、我有饭、去哪儿网等为代表的优秀共享经济企业。2018年，国家信息中心分享经济研究中心、中国互联网协会分享经济工作委员会发布《中国共享经济发展年度报告（2018）》②。2016年，我国共享经济市场交易额达3.45万亿元，同比

① 中国互联网络信息中心（CNNIC）.第42次中国互联网络发展状况统计报告［EB/OL］.（2018-08-30）. http：//m.elecfans.com/article/749450.html.

② 张萌，等. 共享经济中国模式日渐成型 未来料将保持40%高速增长［EB/OL］.（2018-01-15）. http：//finance.sina.com.cn/roll/2018-01-15/doc-ifyqqciz7092998.shtml.

增长103%，这一增速位居全球之冠；2017年，我国共享经济市场交易额约为4.92万亿元，比上年增长47.2%。未来几年将继续保持年均40%左右的高速增长。报告还提出，我国共享经济领域的创新与创业取得了举世瞩目的巨大成就，成为全球共享经济的创新者和引领者。截至2017年年底，全球224家“独角兽”企业中有中国企业60家；其中具有典型共享经济属性的中国企业31家，占中国“独角兽”企业总数的51.7%[①]。可以看出，共享经济不仅将会推动人类的生产与生活方式变革，同时还会创新经济生活的表现形式，逐渐跨越以往的市场表现方式。

共享经济持续稳定的发展潜力为华商企业的发展提供了极其优良的土壤，以滴滴出行为例，如果没有共享经济的发展，滴滴出行或许就不能走进大众的生活。不仅如此，大数据、云计算和移动支付等一系列互联网概念及相应的新的科技产品和应用的出现和发展，都为滴滴出行的发展壮大提供了技术支持。以移动客户端为例，它可以提升线上和线下的运营水平，完成企业远距离供需的快速对接。所以移动客户端平台入口的重要性和价值性便自然成为诸如滴滴出行这类企业关注的重点。

移动客户端下的共享经济代表性华商企业商业模式发展重点在于用户流量，即华商企业吸引的用户数量越多，使用的用户数量越多，华商企业商业价值也就越高。但是，仅仅依靠共享经济发展的经济基础和互联网发展的技术基础并不能保证华商企业的绝对稳定发展，同行业的竞争、宏观经济政策的不断调整、科学技术不断更新换代都对企业目前状况与未来发展有着潜移默化的影响。即使在共享经济下商业模式创新带来的市场前景广阔，但是由于其兴起时间尚短，无成功经验可以借鉴，仍处于摸着石头过河的阶段，依然有很多问题亟待解决，所以华商企业的发展也需要更多科学的理论来指导。商业模式创新恰好能够综合考虑各方面的因素，并根据企业发展特征与实际情况进行灵活调整，因此企业加强对商业模式及其创新的研究对于具有需要不断发展和变化的互联

① 李栋，仝宗莉. 2017年我国共享经济市场交易额比上年增长47.2%［EB/OL］.（2018-02-28）. http：//money.people.com.cn/n1/2018/0228/c42877-29838951. html.

网特质的华商企业来说是必不可少的。

经济全球化已经成为当今世界不可逆转的潮流，经济、技术、市场的全球化的程度正在进一步深化，这也就导致企业间的竞争对象从产品、品牌、服务等要素开始转为商业模式。著名管理学大师彼得·德鲁克说："当今企业之间的竞争，不是产品之间的竞争，而是商业模式之间的竞争。"①从理论角度来看，商业模式是企业进行价值创造和获取价值的理论描述过程和方法论指导过程，商业模式创新则是在企业已有商业模式的基础上对企业创新能力的提升和对实现企业可持续发展的革新力量的增强。基于此，本研究通过选取有代表性的华商企业在共享经济背景下的商业模式进行分析，结合共享经济理论、商业模式理论、商业模式创新理论来对其进行详细的剖析与评价，认识探究华商企业商业模式的构建优势和不足，从而有针对性地尝试提出其进行商业模式创新的策略和方向，以此为共享经济下华商企业以及未来行业的进入者提供一些可供借鉴的启示策略。

2.研究意义

1）理论意义

共享经济的发展推动共享经济商业模式逐渐成为当今社会经济进步繁荣的重要力量，越来越多的具有共享经济性质的华商企业涌现出来，如滴滴出行、美团等，呈现出一派繁盛的景象。但是随着企业不断发展壮大，其表现出的矛盾和问题也逐渐显现。于是吸引了更多的学者开始重视以共享经济发展为基础的华商企业商业模式。以滴滴出行为例，自2012年成立以来，它在共享出行领域迅速崭露头角，占据移动出行领域的优势地位，自然也就成为各方面学者关注的重点。滴滴出行作为共享经济移动出行方式中代表性的一员，其商业模式和商业模式创新策略对华商企业和全球其他相关企业都具有重要的理论指导意义。

首先，商业模式本质上是实现企业成功交易的方法论指导，或

---

① 郭黎星. 国内外商业模式研究综述［J］. 商场现代化，2012（3）：11-12.

者是企业为实现可持续发展的一种生存体系。商业模式可以在明确企业战略、获得盈利收入、节约企业成本、创新盈利模式等方面给予方向性的指导。所以对华商企业的生存模式和收益方式进行充分研究，对于共享经济下华商企业的健康发展具有十分重要的意义，可以充分利用商业模式理论体系并结合企业发展特征，深入探讨商业模式创新的方法。这不仅为华商企业的可持续发展提供理论支撑，还可以为共享经济下全球其他企业商业模式的变革提供更加丰富的理论素材。

其次，由于共享经济下华商企业商业模式创新发展的时间并不是很长，尚处于初级发展阶段，所以目前学术界对于基于共享经济背景下华商企业商业模式的研究相对较少。因此本研究可以弥补共享经济背景下华商企业商业模式研究目前相对欠缺的不足，为未来其更好更长远的发展提供理论指导。

综上所述，本研究结合以往文献对商业模式的分析，以华商企业为研究对象，以案例分析法、理论研究法为基础，对华商企业的企业价值主张、客户关系管理、盈利能力、核心资源、资产管理等方面进行较为深入的剖析，丰富基于共享经济环境下华商企业商业模式的研究，为共享经济的商业模式及其创新提供方法论指导，并有助于华商企业制定切合自身特点的商业模式创新策略。

2）现实意义

从近几年国家发布的政府文件来看，中央及各省级政府高度重视华商企业的发展，将促进华商企业发展壮大作为重要任务之一，解决华商企业相关问题俨然已是一项国家的战略。本研究从研究者的角度，以华商企业作为研究对象，探讨共享经济环境下华商企业商业模式及其创新策略。通过分析华商企业的主要商业模式构成要素，并对这些要素进行评价，可以在此基础上探索华商企业对商业模式进行创新的手段，以期提出一些切实可行的发展策略。

本研究通过对有典型意义的华商代表性企业的案例进行详细剖析，试图从中归纳总结出华商代表性企业的商业模式相比于其他企业的优点和不足，进而发现其未来商业模式创新和发展的方向；同时，其他华商企业也可以借鉴成功华商企业的商业模式，取长补短，并将其认为行之有效的商业模式推广应用于本企业的商业实践当中，更好地发挥共享经济下商业模式的优势，并逐渐摸索建立起更适合本企业特点的有效商业模式，从而为本企业的长远发展创造更大的空间。所以，本研究具有较为重要的现实意义。

第二节 国内外文献综述

基于共享经济的商业模式研究已经引起国内外众多学者的研究兴趣，企业对商业模式的重视和关注程度空前高涨，并且在实践过程中取得了一定的成绩。但是，目前对于共享经济下华商企业商业模式的研究仍然缺乏一些更成熟的著作或更深入的挖掘，尤其是对海内外华商企业来说，其需要的更是一个不断完善和发展的过程。同时，通过不断的发展探索和研究，也将为共享经济下更多的互联网企业未来的发展提供更多的借鉴，从而为丰富商业模式理论、商业模式创新理论提供更多的案例素材，推动商业模式理论研究和实践发展更上一个台阶。

1.国外研究现状

1）国外商业模式的研究现状

国外学者对商业模式的研究起步较早，研究成果较为丰富。

商业模式最早的定义是在20世纪70年代，Konzal和Dottore在中期管理领域文献档案中首先用business model一词时产生的。经过多年的发展，商业模式定义随着时代的发展和研究的深入呈现出多样化定义的特点，但是并没有脱离商业模式的本质。1998年，学者Timmers将商业模式定义为产品结构、服务和信息流，其中涵盖不同商业参与者及其角色的描述，以及各种商业参与者的潜在利益和收入来源的说明[①]。Mahadevan（2000）把商业模式定义为价值流、收益

① TIMMERS P. Business models for electronic markets [J]. Journal on Electronic Markets, 1998, 8 (2): 3-8.

流、物流的混合体①。Shafer、Smith 和 Linder（2005）将商业模式作为一个企业基本核心逻辑的代表，是为了在价值网络中创造或获取价值的战略选择②。其中，随着商业模式研究的深入，学者 Osterwalder 和 Pigneur（2010）的观点被引用的频率一直以来是最高的，他们将商业模式划分为九个构成要素：价值主张、消费者目标群体、分销渠道、客户关系、价值配置、核心能力、合作伙伴、成本结构和收入模型，以此来描述企业创造价值、传递价值和获取价值的基本原则，并采用“画布”的形式展示企业创造收入的逻辑③。有些学者会将商业模式定义为“利润倍增机制”，因为从整体来观察其更像是企业特有的价值网络，在企业的价值网络上都存在相应地被称为“引爆点”的独特节点，它是一种促进价值创造的独特方式。《发现利润区》的作者亚德里安·斯莱沃斯基称之为利润模式或者盈利模式，它是构成商业模式的基本单元，最后通过“引爆点”之间的协同效应，各“引爆点”之间相互协同，达成相互叠加，相乘或乘方的结果④。

从上述定义出现的时间来看，商业模式在国外兴起的时间较早，研究的内容相对比较全面多样，视角比较广阔。总的来说，虽然国外很多学者对这一领域进行了大量的研究，也取得了很多优异的成果，但依然有些不成熟的描述需要学者们去深入探究。并且随着经济环境、社会环境与技术创新不断的发展变化，商业模式的定义与研究也在发生着变化，所以商业模式这一领域依然有许多需要学者们去努力挖掘的研究课题，研究内容也要与时俱进，这就为后续进行深入挖掘的学者们提供了更加充足的研究空间。

2）国外商业模式创新的研究现状

对商业模式创新的文献分析，大多数学者会从研究视角来对其进行

① MAHADEVAN B. Business models for Internet-based ecommerce: an anatomy [J]. California Management Review, 2000, 42 (4): 55-56.

② SHAFER S M, SMITH H J, LINDER J C. The power of business models [J]. Business Horizons, 2005, 48 (3): 199-207.

③ OSTERWALDER O, PIGNEUR Y. Business model generation: a handbook for visionaries, game changers, and challengers [M]. Hoboken, NJ: Wiley, 2010.

④ 薛在君，刘进华. 企业战略与商业模式 [M]. 北京：机械工业出版社，2015：120-123.

分析和界定。总的来看，国外学者主要从以下几种视角进行商业模式创新：构成要素、价值链理论、战略以及系统整合。

（1）基于构成要素视角的商业模式创新

从上文的文献分析中发现，学者Osterwalder和Pigneur（2010）曾经将商业模式分为九个要素，所以很多学者也从要素入手来研究商业模式创新。他们认为商业模式创新可以通过调整商业模式构成要素之间的联系来实现。例如，Weill等（2001）强调了改变商业模式组成要素之间的关系的重要性，提出了“原子商业模式的概念”，并指出每个原子商业模式都具有战略目标、营收来源、关键成功因素和必须具备的核心竞争力这四个特征，通过改变原子商业模式的组合方式就可构成新的商业模式[①]。同时，也有学者致力于从商业模式构成要素本身出发来实现商业模式创新。例如，Osterwalder（2004和2007）说过，在商业模式价值体系中，包含着价值主张、目标客户、分销渠道、顾客关系、核心能力、价值结构、伙伴承诺、收入流以及成本结构等一系列要素，企业可以通过改变这些要素来实现商业模式创新[②③]。Johnson等（2008）认为，商业模式包含顾客价值命题（CVP）、盈利模型、关键资源、关键过程四个要素，这四个要素可以涉及企业经营的方方面面，企业可以通过价值主张、核心资源及关键业务、收入来源路径先后依次实现企业的商业模式创新[④]。

从以上分析来看，基于构成要素的商业模式创新是将抽象概念转换成更具体的要素去分析，这样便使创新具有实际可操作性。但是研究者在研究过程中也会偶尔忽略一方面或者几方面的要素，而过于强调一个要素的创新，使研究缺乏整体性和系统性。而且学术界对商业模式的构成要素的具体内容并没有给予一致性概括，这使得在要素基础上的商业模式创新也面临着一定程度的非议。所以这种方法虽有利于商业模式部

① WEILL P, VITALEM R. Place to space: migrating to e-business models [M]. MA: Harvard Business School Press, 2001.

② OSTERWALDER A. The business model ontology-a proposition in a design science approach [D]. Lausanne: Université de Lausanne, 2004.

③ OSTERWALDER A.Business model design and innovation [EB/OL]. [2019-01-18]. http: //business - model - design.blogpot.com/.

④ JOHNSON M W, CHRISTENSEN C M and KAGERMANN H. Reinventing your business model [J]. Harvard Business Review, 2008 (9): 51-59.

分方面的创新，却不能实现商业模式整体创新[①]。

（2）基于价值链理论视角的商业模式创新

一些学者从价值链的角度出发对商业模式进行创新。Paul Timmers（1998）认为商业模式的创新方法分为价值链重构和分拆两类，这两类创新方法是在通过价值链整合和交互模式所构成的一种商业模式分类体系的基础上产生的[②]。Magretta（2002）提出新的商业模式是隐藏在所有商业活动中一般价值链上的变量，价值链由与生产活动相关的活动和与销售相关的活动两部分组成，其中所有与生产有关的活动是设计、购买原材料、制造的环节；而所有与销售有关的活动是寻找并接触顾客、交易、分销渠道和售后服务等环节，所以，他的结论是：一个新的商业模式或开始于一个产品的创新，或者开始于一项流程的创新[③]。

从文献的角度来看，虽然从价值链角度出发进行商业模式创新可以在某些方面展现商业模式创新本身内在的本质和联系，有一定的理论指导意义和突破性，但是缺乏从价值链角度去实现商业模式创新的具体实施措施和指导原则，在一定程度上缺乏对商业模式创新的实践指导意义。所以后续学者应该继续加强对其的实践研究。

（3）基于战略视角的商业模式创新

与上文研究视角不同的是，有学者从战略的角度出发去探究商业模式创新的策略和必要性。因为很多学者认为战略一定意义上是商业模式的统领者和指导者，战略在一定程度上甚至对商业模式创新的发展方向起着决定性作用，所以基于战略视角的商业模式创新很早以来就受到国外学者的关注。Hamel（1998）将商业模式创新定义成一种战略创新，他认为商业模式创新可以扰乱竞争对手的“作战方式”，从而为顾客和利益相关者获取新的价值与财富，即商业模

① 项国鹏，周鹏杰．商业模式创新：国外文献综述及分析框架构建［J］．商业研究，2011（4）：84-89.

② TIMMERS P. Business models for electronic markets［J］. Journal on Electronic Markets，1998，8（2）：3-8.

③ MAGKETTA J. Why business models matter [J]. Harvard Business Review，2002（5）：4-6.

式创新是重新构造企业现行商业模式的一种活动[①]。Petrovicetal 等学者也认为商业模式创新的逻辑起点与重要组成部分就是战略分析本身[②]。Mitchell 等（2003）则以竞争战略视角对商业模式创新进行了分析，他们认为大多数企业取得竞争优势的战略包含四种：低价格可以在低成本的基础上取得、产品和服务更加诱人、选择和信息更多、与客户能够保持密切的联系，有的公司选择同一种战略和商业模式便可以取得成功，而有的则需要应用不同的战略，但却始终应用同一种商业模式获得成功[③]。Markides 等学者（2004）提出了同一公司针对同一市场可以同时应用两种不同的商业模式的假设并进行研究，称之为双商业模式（dual business model），并通过新加坡航空公司、IBM 等企业进行佐证，在此基础上他们以两种商业模式之间的相似度作为横坐标，以两种商业模式之间的冲突作为纵坐标，列出了企业应用两种商业模式的战略四分图，即融合战略、阶段融合战略、分开战略、阶段分开战略[④]。

总的来说，国外学者迄今为止对以战略视角为基础的商业模式创新分为早期和后期两部分。早期的定义被简单描述为战略是进行商业模式创新的逻辑起点，而后期则将企业战略与商业模式创新逐渐融合为相互影响的一体，即从企业层面来看，商业模式创新就是对企业的战略进行变革的行为方式，同时企业战略也会为商业模式创新提供方向指导。但是许多学者也会单一地将商业模式创新定义成战略规划的辅助工具，而忽略两者之间的联系。这表明从战略视角进行商业模式创新的理论还依然很不成熟。

（4）基于系统整合视角的商业模式创新

商业模式创新成果愈发丰富，也引导着学者们开始关注是否可以从系统整合的角度出发去进行商业模式创新。Casadesus-Masanell 与

---

① HAMEL G.Leading the revolution［M］. Boston：Harvard Business School Press，1998：89-102.

② PETROVIC O，KITFL C，TEKSTEN R D. Developing business models for e-business［R］. Vienna：International Conference on Electronic Commerce，2001.

③ MITCHELL D，COLES C. The ultimate competitive advantage of continuing business model innovation［J］. Journal of Business Strategy，2003，24（5）：15-21.

④ MARKIDES C ，CHARITOU C D. Competing with dual business models：a contingency approach［J］. Academy of Management Executive，2004，18（3）：22-36.

Richart（2007）从系统动力学的角度对商业模式的定义、创新过程、绩效评估等问题进行研究，他们认为商业模式就是选择到结果的因果关系，同时企业之间也要重视商业模式的互动问题，即可以通过商业模式竞争的实质，改变企业的商业模式适应竞争对手的选择的同时，对竞争对手商业模式的变化做出反应。商业模式创新过程就是企业与竞争对手、辅助组织和环境的共同演进过程[①]。他们认为商业模式的创新实质是通过企业内外部的利益相关者之间的博弈互动过程来形成的，是系统变化的结果[②]。Amit 和 Zott（2009）认为商业模式是一个由相互影响的若干活动所共同构成的体系，它可以使企业和它的合作伙伴共同创造企业价值，企业也可以从中获得一些价值收益，同时，商业模式活动体系的设计者需要考虑设计组成和主题等相关的因素，其中设计组成因素包括内容、结构和治理等要素；设计主题则要表现出新颖性、锁定性、互补性和效率等特征，可以说商业模式活动体系价值创造的源泉源自于这部分的叙述[③]。

总的来说，从系统角度进行商业模式创新可以为企业建立一个更加全面和更加系统的分析框架，并且充分考虑企业的内外部因素。但是系统整合角度往往也需要从实际案例研究中选取案例进行框架分析，这样便在一定程度上会影响框架的科学性和普适性，并且国外学者对这方面的研究也较少，所以并不是十分成熟，还需要更加深入地研究。

2.国内研究现状

1）国内对商业模式的研究现状

近年来，国内学者对商业模式的研究也取得了较为丰富的成果，这对于拓展国内商业模式理论研究的深度和广度均具有十分重要的影响。本研究通过对其相关文献阅读，整理见表1-1。

---

① CASADESUS-MASANELL R，RICHART J E.Competing through business models［Z］. IESE Working Paper，2007，（11）.

② 赵婷婷. 团购网站的商业模式研究［D］. 长春：吉林大学，2016：5.

③ ZOTT C，AMIT Z.Business model design：an activity system perspective［J］. Long Range Planning，2009，（7）：1-11.

表1-1 **国内学者对商业模式的相关研究**

研究者	研究成果
张乐乐，张林[①]（2012）	商业模式是一种战略组合，它是企业为了满足顾客需要而进行的盈利活动
王波、彭亚利[②]（2002）	商业模式既是经营性商业模式，即企业的运营机制，又是战略性商业模式，即一个企业在动态环境中如何通过不断改变达到持续盈利的目的
黄培，陈俊芳[③]（2003）	商业模式运营分为企业资源和能力的内层商业模式、企业业务层次的中层商业模式和企业实现模式的外层商业模式三部分
刘敦虎，矫健，唐孝文[④]（2004）	价值主张、价值支撑和价值保持三要素是商业模式的价值分析体系的构成要素，也是客户界面、伙伴界面和内部构造三个部分中有意义的要素组合
罗珉（2005）	商业模式是企业对所有的利益相关者为了实现战略创新、组织构建和制度安排进行整合管理的一项活动，同时也是企业建立及运作的那些基础假设条件和经营行为、手段和措施
钟耕深（2006）	商业模式是企业为了创造和获得价值对内外部资源进行整合的业务开展形式
李振勇[⑤]（2006）	商业模式是通过整合企业的内外部要素，形成完整高效、具有独特竞争力的运营系统，并以提供产品和服务的方式，使系统可以不断获取收益和实现企业价值最大化的一种整体性的管理方案
原磊[⑥]（2007）	商业模式定义的发展轨迹要从经济类、运营类、战略类和整合类四种关系呈现逻辑递进方式发展
雷家骕，王兆华[⑦]（2008）	商业模式是在特定的商业运营流程里更好地利用自身已有资源，将最终的产品和服务成果呈现给消费者，并获取相应投资收益的一种解决方案

① 张乐乐，张林. 企业商业模式研究综述［J］. 管理现代化，2012（6）：76-78.
② 王波，彭亚利. 再造商业模式［J］. IT经理世界，2002（7）：88-89.
③ 黄培，陈俊芳. 赢利定律——商业模式的理论、方法与实践［M］. 北京：中国标准出版社，2003：33-35.
④ 刘敦虎，矫健，唐孝文. 移动互联网企业商业模式创新关键要素模型构建及分析［J］. 管理现代化，2015（5）：92-94.
⑤ 李振勇. 商业模式——企业竞争的最高形态［M］. 北京：新华出版社，2006：25-27.
⑥ 原磊. 国外商业模式理论研究评介［J］. 外国经济与管理，2007（10）：17-25.
⑦ 雷家骕，王兆华. 高技术创业管理：创业与企业成长［M］. 北京：清华大学出版社，2008：83-85.

续表

研究者	研究成果
魏炜、朱武祥[①]（2010）	商业模式是企业各个利益相关者进行交易的结构
严宽[②]（2010）	从系统论角度提出商业模式的价值模式（含价值主张与价值形成逻辑、资源组合、运作流程）与界面模式（营销模式、供应模式）的框架概念
龚丽敏等[③]（2011）	商业模式是为了实现价值创造和价值获取而构造价值链和外部网络的过程
刁玉柱（2012）	商业模式是企业发展战略、生产要素以及收入模式的全新利用
王雪冬，董大海[④]（2013）	通过对有影响力的商业模式进行横向或者纵向的比较，构建一个多层次商业模式整合模型
陈学猛等[⑤]（2014）	通过对外文文献的分析，总结了商业模式的共性特征：价值共赢，从而为商业模式的研究与测量提供了一个比较统一的度量标准
汪寿阳等[⑥⑦]（2015、2016）	将商业模式视作由显性和隐性知识构成的复杂系统，并对主要行业的商业模式进行分析

资料来源：根据文献分析整理。

从表1-1中我们发现，学者们对商业模式研究的视角不同，进而就会有不同的商业模式概念的描述，在这方面，国内外学者的研究结论呈现出一致性特征。国内外对商业模式研究的方法及理论有相似之处，但国内更多的是对国外研究成果的继承与发展。同时，国内的学者更关注商业模式的综合性和全面性，所以国内的商业模式理论都呈现了一种系统性的特征。但是，我国学者对商业模式的研究兴起较外国较晚，所以仍然有些不成熟的地方需要继续学习和探究，并且各国商业模式都是要符合各个国家的企业的实际情况，因此，在研究商业模式理论的前提

① 魏炜，朱武祥．商业模式设计手册［J］．深圳特区科技，2010（Z4）：68-83．

② 严宽．商业模式创新研究［D］．北京：北京邮电大学，2010：46-52．

③ 龚丽敏，江诗松，魏江．试论商业模式构念的本质、研究方法及未来研究方向［J］．外国经济与管理，2011（3）：1-8，18．

④ 王雪冬，董大海．国外商业模式表达模型评介与整合表达模型构建［J］．外国经济与管理，2013（4）：49-61．

⑤ 陈学猛，丁栋虹．国外商业模式研究的价值共赢性特征综述［J］．中国科技论坛，2014（2）：143-149．

⑥ 汪寿阳，敖敬宁，乔晗，等．基于知识管理的商业模式冰山理论［J］．管理评论，2015（6）：3-10．

⑦ 汪寿阳，乔晗，胡毅，等．商业模式研究全景图［M］．北京：科学出版社，2016：18-22．

下，应注意国内商业模式的特殊性。

2）国内对商业模式创新的研究现状

国内对于商业模式创新的研究起步时间与国外相比也是较晚的。与国外相比，国内的许多研究成果尚处于起步阶段，虽然取得了一定的成绩，但尚需不断完善。

首先，从技术角度来说，吴菲菲等（2010）提出商业模式的变革会受到技术的影响[①]。王茜（2011）提出新型互联网企业在创新自身的商业模式时，需要充分利用信息技术，以使企业的内部信息高效流通，企业外部信息整合可以无障碍传播。同时，充分结合网络时代的大数据优势，实现更好地满足客户需求，加大企业竞争优势，获得更多收入来源的目标[②]。王雪冬和董大海（2012）认为商业模式创新应该更好地与技术创新结合起来，找到商业与技术的结合点，所以在之后的研究中应更多地去发现商业模式创新与技术创新相结合的手段措施与理论方法[③]。从这些学者对商业模式创新的探索中可以看出，技术更新换代为商业模式创新的发展提供了更加高效的革新工具，这与学者们处在技术变革的时代背景密不可分。我国学者关注商业模式创新恰好是互联网技术出现快速变革的时期，而这也促使了许多新的商业模式不断涌现，而原有商业模式也在不断地发展完善。所以重视技术创新对商业模式创新的影响，对未来企业的发展具有非常重要的指导意义。

其次，国内学者对商业模式创新的研究重点往往是价值创造或者价值链。高闯（2009）提出可以利用价值链的延展、分拆和价值创新等几种方式的混合实现商业模式创新。翁君奕（2010）从三个角度对商业模式创新进行定义：从“产品”到“商品”再到“消费品”的价值实现、以“有效需求”为核心的创新和通过跨界与整合的“产业链集成创新”[④]。王琴（2011）从重新构建价值网络的角度定义商业模式创新的

---

① 吴菲菲，徐艳，黄鲁成．新技术引致商业模式创新的研究［J］．科技管理研究，2010（23）：1-4.

② 王茜．IT驱动的商业模式创新机理与路径研究［J］．管理学报，2011（1）：126-132，150.

③ 王雪冬，董大海．商业模式的学科属性和定位问题探讨与未来研究展望［J］．外国经济与管理，2012（3）：2-9.

④ 翁君奕．商业模式创新［M］．北京：经济管理出版社，2010：28.

方法，主要包含了交易方式、交易内容、交易结构等的重构[①]。通过国内文献的描述我们会发现，国内学者围绕价值创造和价值链进行商业模式创新都提出了具体的内容，这对于商业模式创新具有很重要的借鉴意义。

总而言之，如何创新是国内商业模式创新研究的侧重点和进行更加深入研究的突破口。李长云（2012）在对比传统商业模式和新兴商业模式后，认为商业模式创新动力是新一代的信息技术，并从学习机制、互动机制和知识管理机制的角度进行模式的创新[②]。本书发现国内对商业模式创新的研究是专注于如何去做，这样可以更好地为企业的商业模式创新提供更贴近实际发展状况、操作性较强的策略性建议。需要说明的是，由于国内对商业模式创新的研究时间较短，因此仍有很多观点和阶段性研究成果并不十分成熟和深入。

3.文献评述

通过文献整理和回顾发现，国内外的学者对商业模式及其创新理论都有了较为深入的探究与分析，但是由于共享经济下的商业模式及其创新目前处于初级阶段，所以国内外的学者对其的研究成果相对有限，还没有形成相对完整的知识体系。

商业模式兴起较早，学术界对商业模式理论的分析和整理已经是相对全面的。但是国外学者较国内学者在这方面的研究更加深入，国内的研究成果正在处于发展和完善阶段，且大部分成果是以国外商业模式理论为基础而进行的发展和继承，所以对这方面的较为深入的研究仍然显得相对单薄。但是也要看到，国内学者对商业模式理论也进行了发展，为商业模式理论的发展提出了更多不同视角的、更具体的实践指导意见。从研究内容来说，国外学者基于研究内容的差异性，形成了不同且较为成熟的商业模式理论体系，比如要素、价值链、价值创造等方面，国内学者即使如此，还是缺乏更加系统的理论。

其次，国内外学者对商业模式创新理论所关注的侧重点既呈现出一

① 王琴．基于价值网络重构的企业商业模式创新［J］．中国工业经济，2011（1）：79-88.
② 李长云．创新商业模式的机理与实现路径［J］．中国软科学，2012（4）：167-176.

定的差异性，也具有一定的相似性。但是学术界对商业模式创新理论的研究，大多数是从学者们自己所认知的视角出发进行分析与深入挖掘。而且在之前的文献描述中我们会发现国外学者更加重视商业模式构成要素的创新，国内学者则更注重从价值链角度出发推动商业模式创新。国外学者在商业模式创新方面研究时间相对较长，理论程度及内容更加深入全面；国内虽然也取得了一定的成绩，但是依然缺乏一些更加深入和具有独创性的理论成果。因为从构成要素角度出发能够更全面了解企业商业模式的面貌和本质，所以本研究将从构成要素的角度出发对华商企业的商业模式及其创新进行深入的分析和探究。

第三节　研究内容与方法

1.研究的内容

本书以华商企业为案例及研究对象，在回顾了共享经济、商业模式、商业模式创新等相关概念下，主要从以下四个方面展开研究：

1）商业模式相关理论的回顾

通过总结回顾国内外对共享经济、商业模式构成要素及其创新理论等概念的描述，为深入研究华商企业的商业模式提供理论依据。

2）华商企业商业模式构成要素分析

在了解相关理论的概念和成果的基础上，基于商业模式构成要素的视角，对华商企业的价值主张、资产管理、盈利模式和客户管理等方面进行分析，进而认识到华商企业当前在商业模式构成要素等方面的优势与不足，然后对华商企业的商业模式进行较为全面科学的评价与判断。

3）共享经济环境下华商企业面临的机遇与挑战

华商企业的价值主张、客户关系、企业基础设施、盈利模式都会受到共享经济的影响。本研究从华商企业所处的宏观环境，即政治、经济、社会、技术四个维度，分析影响华商企业发展的宏观环境、所面临的机遇和挑战。然后基于共享经济的视角，利用波特的五力模型来分析其所面临的行业环境压力。最后，在分析华商企业所处的宏观环境与行业中观环境的基础上，说明共享经济与华商企业商业模式之间的关系，分析共享经济给华商企业商业模式带来的机遇与挑战。

4）共享经济背景下华商企业商业模式要素创新的思路和转化策略

本书在充分认识华商企业商业模式的特点与共享经济下对其影响的基础上，从构成要素出发，对华商企业的商业模式创新策略尝试提出若干思路，以更好地促进共享经济环境下华商企业的转型升级和长远发展。

最后，通过以上四个方面的分析，本书从华商企业的平台保障、企业组织结构建设和文化建设等方面提出华商企业商业模式健康发展的保障性措施。

2.研究的方法

本书结合共享经济理论、商业模式理论和商业模式创新理论，采取理论研究与质性分析相结合的方法，对华商企业商业模式及其创新进行研究。

1）文献综述法

通过查阅国内外期刊对商业模式研究的相关论文、专著、网上数据等文献，获取与本书主题相关的资料。基于以往学者的研究，本书对已有的华商企业商业模式相关研究的成果及方法进行总结，这些相关文献为本书的论述提供了理论支持。

2）案例分析法

对华商企业商业模式发展存在的问题和商业模式创新策略的研究，本书有意识地选择了具有典型意义的代表性华商企业作为研究对象进行较为深入的剖析，以期找到这些华商企业在商业模式发展中存在的问题和在共享经济环境下其商业模式可能存在的创新之处，进而为整个华商企业商业模式的创新提供借鉴意义与价值。

第二章　概念界定和相关理论

围绕共享经济背景下华商企业商业模式创新这一研究主题，本书需要运用的相关理论包括共享经济理论、商业模式理论及商业模式创新理论等。因此，本章接下来将会分别对上述理论进行阐述，并将其用于探讨共享经济环境下华商企业商业模式的创新问题。

第一节　共享经济综述

1.共享经济的内涵及演变

共享经济是近年来崛起的一股经济力量，属于经济领域的新兴事物，所以其发展的广度和深度在不断加深的同时，也呈现出不确定性的特点，例如，其商业领域覆盖范围不断更新，应用领域也没有明确的定义，所以学术界对于共享经济的概念也呈现出多样化的定义，但其本质都呈现出了统一性的特征。

国外对共享经济理论的研究相对较早。美国社会学教授费尔逊和斯潘思于1978年最早明确了“共享经济”的概念，即共享经济是利用信息技术建立的第三方平台为共享基础，消费者则利用该信息技术平台进行产品的交易，从而完成资源、信息的共享[①]。但是这一概念并没有引起学术界的重视。同样，六年后麻省理工学院马丁·威茨曼教授在加深对“协同共享”的思想和实践的理解后，进一步描述了共享经济的内涵，但是此次研究成果依然没有吸引人们的注意。直到现在，由于移动互联网技术的兴起与应用水平的提高，以及社会过剩产能的出现，为了进一步提高社会资源的利用率，共享经济社会现象才开始出现并发展起来。

2010年，美国学者Rachel Botsman将互联网时代协同消费理念和发展模式分为若干阶段：第一阶段是代码共享。代码共享是利用互联网的功能向客户提供单向的信息传递，即客户不可以对其提供的信息内容进行评论与交流。第二阶段主要是利用社交网络平台与不熟识的人分享自己的信息与观点的生活或内容共享，如微博等相关社交工具，但其也有相应的局限性，比如分享形式只能是内容或信息分享，不涉及实物交易和金钱报酬等相关活动。第三阶段是通过线上的分享协作，进行渗透和延伸直到线下，并以这种方式逐渐改变文化、经济、政治和消费世界[②]。共享经济走进大众的生活以及受到学者的注意始于2011年的一篇《共享型经济是一场静悄悄的革命》的文章。著名经济学家罗宾·蔡斯（2015）在《共享经济：重构未来商业新模式》一书中认为，“共享经济是适应时代发展的新经济模式，也是未来最主要的经济模式之一”[③]。英国学者Alex Stephany（2016）在《共享经济商业模式：重新定义商业的未来》一书中通过总结维基百科的定义，提出了共享经济的价值在于能使社会团体通过互联网利用未充分利用的资本，进而减少对这类资本所有权的需求[④]。

① FELSON M，SPAETH J L. Community structure and collaborative consumption：a routine activity approach［J］. American Behavioral Scientist，1978，21（4）：614-624.

② 董成惠. 共享经济：理论与现实［J］. 广东财经大学学报，2016（5）：4-15.

③ 蔡斯. 共享经济：重构未来商业新模式［M］. 王芮，译. 杭州：浙江人民出版社，2015：42.

④ STEPHANY. 共享经济商业模式：重新定义商业的未来［M］. 张敏，译. 北京：中国人民大学出版社，2016.

共享经济在国内兴起较晚，相对完善的研究成果较少。郑永彪、王丹（2015）提出共享经济是在区分了对物品的支配权和使用权的基础后，拥有支配权的所有者将一些价值较高、成本巨大，但使用率较低的资源的部分使用权按照一定条件转移给别人的一种经济形态[①]。国家信息中心信息化研究部、中国互联网协会分享经济工作委员会（2016）在其发布的《中国分享经济发展报告2016》里定义共享经济是通过使用互联网等现代信息技术进行整合、分享海量的分散化的闲置资源来满足多样化需求的经济活动总和[②]。学者许海洋等（2017）则将共享经济定义为：共享经济是利用互联网第三方平台，将拥有所有权的所有者的闲置资源使用权进行短暂性转移，从而实现生产要素的社会化，通过提高所拥有的闲置资产的利用率为客户创造价值，以更加高效的方式来推动经济的可持续发展[③]。

通过对国内外文献的回顾，我们发现虽然每个学者对共享经济都有自己的理解，但是对于共享经济的定义都具有共同的特征，即互联网技术（互联网平台的发展）、闲置资源（供给方）、消费者（需求方）以及共享。笔者认为，共享经济是以为需求方提供经济效益，为利益相关者创造收益，为社会创造价值，利用移动互联网、大数据等技术通过建立互联网共享平台整合社会闲散资源，然后利用互联网平台技术实现资源匹配，实现社会闲散资源使用权共享的新型商业形态。

2.共享经济的特点

从已有资料对“共享经济”的描述来看，首先，共享经济的出现和发展重点在于诸如大数据、云计算，以及移动互联网、物联网、LBS服务和移动支付等技术的出现。这也就意味着，共享经济的产生与发展是在信息技术革命不断推动的条件下实现的。其

① 郑永彪，王丹．基于移动互联网背景的分享型经济发展探析［J］．北京市经济管理干部学院学报，2015（2）：3-7.

② 国家信息中心信息化研究部，中国互联网协会分享经济工作委员会．中国分享经济发展报告2016［EB/OL］．［2019-04-07］．http：//www.sic.gov.cn/News/260/7734.htm.

③ 许海洋，战显钊．共享经济模式探究［J］．合作经济与科技，2017（3）：32-33.

次，一部分群体出现资源短缺问题，另一部分群体拥有过多的闲置资源（供给方），供需不平衡、信息不对称导致供求结构失衡，所以如何更高效地利用社会已有的资源来满足其他群体的需求成为我们关注的焦点。所以，基于此，共享经济的特点可以归纳如下：

1）闲置资源使用权临时性转移

人们的所有权与使用权的分离是共享经济发展的突出特征。在共享经济条件下，人们利用“租”而不是传统的“买”的方式，来实现自己的消费需求。在此之后，“租”方将资源使用权归还给提供方，从而使闲置资源使用权以短暂性共享的方式，实现交易的完成并促进整个社会形成良性循环的体系。

2）互联网平台是实现共享经济的信用保障和交易保障

共享经济以互联网虚拟平台为基础，将供求信息发布在平台上；供求双方在平台获得所需信息后选择相应的合作方，开始业务的合作与资源的共享。这里的互联网虚拟平台就是社交网络平台。这些平台经过多年的运营发展，建立了比较成熟的信任机制与相关交易规则，这为共享经济下实现公平交易提供了非常可靠的信用保障。

3）现代信息技术是保障

定位系统、大数据、云计算、基于位置的服务（LBS）等丰富多样的信息技术为共享经济的发展提供了技术保障；同时，智能手机及移动终端、第三方支付平台的应用与推广也极大地促进了共享经济的发展。

4）发展目标是实现资源的高效持久利用

共享经济通过注重产品的使用价值，将个体拥有的一直未及时利用的闲置资源进行社会化的配置和利用，最终实现资源的有效配置与高效利用，从而促进经济的可持续发展[①]。

---

① 汤天波，吴晓隽．共享经济：“互联网+”下的颠覆性经济模式［J］．科学发展，2015（12）：78-84．

第二节 商业模式理论

1. 商业模式概念

无论是在经济学还是在管理学领域，商业模式已成为一个经常被提及的概念，国内外学者都在加强对它的挖掘和分析。并且随着互联网经济的快速发展，商业模式对于互联网企业的发展壮大、传统企业的转型升级都有着十分重要的理论和实践指导意义。但是，由于经济形态的多样性以及每个企业的实际发展特色，对于商业模式的定义学术界并没有十分明确的标准，这也就意味着商业模式的内涵也呈现多样化特征。关于商业模式的概念，在前文所述的国内外文献综述已进行了明确的描述，本节不再赘述。

从之前对商业模式的概念文献回顾中，不同的学者都给出了自己对商业模式概念的理解。这里主要关注的是基于构成要素对商业模式内涵的概述，即商业模式是由价值主张、关键业务、分销渠道、客户关系、客户细分、核心资源、重要合作伙伴、成本结构和收入模型等要素所构成，以创造价值、传递价值和获取价值为目标，以企业为核心的利益相关体，进行顾客价值创造和获取利润的体系。

2. 商业模式的构成要素

明确商业模式的构成要素可以更加准确地对商业模式进行概括，从而帮助企业更好地制定适合发展的商业模式，为今后研究企业的其他方面提供系统的方法论指导，促进企业的可持续发展。前文中有关商业模式概念的描述是多种多样的，所以学者们对商业模式的构成要素的界定也是众说纷纭。表2-1总结了不同的学者对商业模式构成要素的理解。

表2-1 **商业模式构成要素总结归纳**

来源	构成要素	数量
Timmers[①]（1998）	产品/服务/信息流结构、参与主体利益、收入来源	3
Hamel（2000）	核心战略、战略资源、价值网络、客户界面	4
Amit 和 Zott[②]（2001）	交易细节、交易结构、交易管理	3
Gordjin（2001）	参与主体、价值目标、价值端口、价值创造、价值界面、价值交换、目标顾客	7
Chesbrough 和 Rosebloom（2002）	目标市场、价值主张、内部价值链结构、成本与利润、价值网络、竞争战略	6
Afuah和Tucci (2003)	客户价值、范围、定价、收入来源、关联活动、实现、能力、持久性	8
Osterwalder和Pigneur（2004）	价值主张、渠道通路、客户细分、客户关系、收入来源、成本结构、关键业务、合作网络、核心资源及能力	9
Morris 等（2005）	供给属性、市场要素（用户）、内部能力要素、竞争战略要素、经济要素、个人/投资者要素	6
Brousseau 和 Penard[③]（2007）	配对、聚集、知识管理	3
Johnson, etal[④] (2008)	价值主张、关键资源和关键业务、收入逻辑	3

① TIMMERS P. Business models for electronic markets [J]. Research Note, 1998, 8 (2): 3-8.
② ZOTT C, AMIT R, MASSA L. The business model: recent developments and future research [J]. Journal of Management, 2011, 37 (4): 1019-1042.
③ BROUSSEAU E, PENARD T. The economics of digital business models: a framework for analyzing the economics of platforms [J]. Review of Network Economics, 2007, 6 (2): 81-114.
④ JOHNSON M W, CHRISTEN C M, KAGERMANN H. Reinventing your business model [J]. Harvard Business Review, 2008, 86 (12): 57-68.

续表

来源	构成要素	数量
Demil & Lecocp[①] (2010)	资源和能力、组织结构、价值定位	3
Iden & Methlie[②] (2012)	价值主体、收入、市场战略、价值网络	4
Huamg (2013)	概念模型（创新、资源、市场、价值）、财务模型（成本、收入、利润）	2
翁君奕（2004）	价值主张、价值支撑、价值保持	3
罗珉等（2005）	外部经济环境、内部结构、战略创新	3
原磊[③]（2008）	价值主张、价值网络、价值维护、价值实现	4
栗学思[④]（2008）	目标客户的价值需求、产品或服务的价值载体、销售和沟通的价值传递、业务运作的价值创造、战略控制活动的价值保护。	5
魏炜、朱武祥[⑤] (2010)	定位、业务系统、关键资源能力、盈利模式、自由现金流结构和企业价值	6
程愚、孙建国[⑥] (2013)	价值成果、资源和能力、决策	3
张越、赵树宽[⑦] (2014)	目标市场、企业运营流程、核心产品、企业价值分配原则、企业的价值链结构	5

资料来源：笔者根据文献整理。

通过文献回顾，我们会发现1998年以来，学术界不同学者对商业

① DEMIL B, LECOCP X. Business model evolution: in search of dynamic consistency [J]. Long Range Planning, 2010 (43): 227-246.
② IDEN J, METHLIE L. The drivers of services on next generation networks [J]. Telematics and Informatics, 2012 (29): 137-155.
③ 原磊. 商业模式分类问题研究 [J]. 中国软科学, 2008 (5): 35-44.
④ 栗学思. 卓越的商业模式 [J]. 东方企业文化, 2008 (10): 58-65.
⑤ 魏炜, 朱武祥. 商业模式设计手册 [J]. 深圳特区科技, 2010 (Z4): 68-83.
⑥ 程愚, 孙建国. 商业模式的理论模型：要素及其关系 [J]. 中国工业经济, 2013 (1): 141-153.
⑦ 张越, 赵树宽. 基于要素视角的商业模式创新机理及路径 [J]. 财贸经济, 2014 (6): 90-99.

模式的构成要素都有不同理解。本研究主要以学者Alexander Osterwalder的“商业模式新生代”九要素的观点为依据，为下文华商企业商业模式及其创新的研究奠定理论基础。

为下文分析方便起见，这里对“商业模式新生代”中的九要素进行细致的阐述。

《商业模式新生代》的作者Alexander Osterwalder提出，商业模式是一种含有一系列要素及其关系的概念性工具，目的是来表达清楚某个特定实体的商业逻辑。商业模式表达了企业所能为用户实现的顾客价值和企业的内部布局、商业活动伙伴网络和关系资本（relationship capital）等借以实现这一价值并产生可持续收益的要素。所以商业模式九要素模型因此而诞生，该要素模型已经在全世界范围内得到了应用和检验，成为企业、学术界和学者们引用频率较高的理论。关键业务、核心资源、重要合作伙伴是支持企业开展业务的重要的供给保障，没有这三种要素，企业开展的业务也就是“空中楼阁”，所以笔者将其归纳为企业的资产管理。价值主张体现的是企业所提供的产品和服务，它是市场提供者的角色，是企业体现企业和顾客价值的现实形式。客户关系、客户细分、渠道通路体现了企业如何实现客户需求的过程，所以笔者将其归纳为客户管理。成本和收入是决定企业能否盈利的关键要素，是企业整个业务开展的资金保证，良好的盈利模式可以保证企业的可持续发展。所以笔者将成本结构和收入来源归纳为盈利模式。其具体分类和表述如图2-1和表2-2所示。

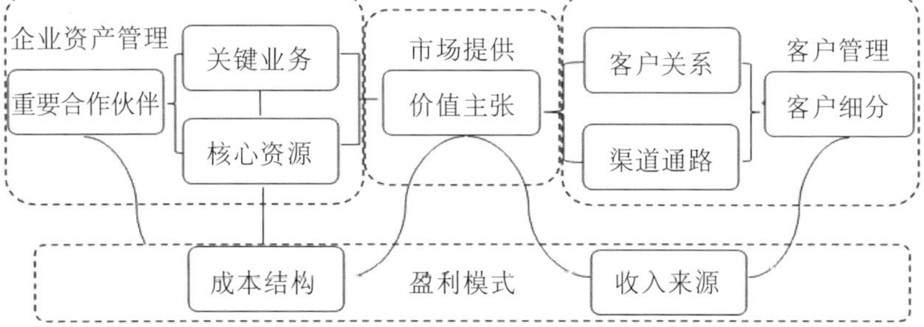

资料来源：根据相关文献整理。

图2-1　商业模式框架图

表2-2 商业模式构成要素介绍

要素	定义	其他
价值主张	企业可以向消费者成功地提供企业的产品和服务，实现顾客的价值需求	产品或服务主张、客户群体三种表现形式
核心资源	提供和交付价值主张（所提供的产品和服务）要素所必备的重要资产	企业的物质资产，知识产权、人力资源和金融资产等
关键业务	使企业运转的商业模式，企业必须执行的一些关键性活动，是企业必须做的事	传统制造业：制造产品 咨询公司等服务机构：问题解决 互联网平台：平台管理和推广等
重要合作伙伴	为保证企业商业模式的有效运转，供应商和相应的合作伙伴所形成的战略合作网络	非竞争者之间的商业联盟，竞争者之间的战略合作以及合资合作等同属于重要合作伙伴
客户关系	企业与特定客户细分群体之间建立的一种稳定的关系类型	商业模式的整合，提高收益的重要保证
渠道通路	企业通过沟通、分销和销售渠道向目标客户细分群体传递价值主张的过程	建立良好的渠道通路能够积累更多的用户流量，不断提高市场占有份额
客户细分	对企业接触和服务的不同人群或组织依据一定的分类规则或者特点进行更加细致的组织或者分类划分	更好地区分客户群体，是维护客户关系，满足顾客需求，实现企业价值主张的前提
收入来源	企业成功传递给客户企业的价值主张所获得的相应收益	实现企业利润的关键性要素
成本结构	运营一个商业模式所需要的所有成本	与企业收入来源呈对应关系，也是决定企业利润的关键性要素

这些要素之间是相互渗透、互相作用的，Alexander Osterwalder的九要素系统全面地描述了商业模式的方方面面。这为全面系统了解一个企业的商业模式提供了十分有效的理论指导，可以更好地识别出公司的竞争优势以及公司所面临的问题，从而找到更加适合企业实际情况的商业模式，以促进企业持续长久地发展。

第三节 商业模式创新理论

1. 商业模式创新的内涵

商业模式创新是近几年出现的新型的创新形态，所以人们对商业模式创新的深入研究和关注的相关史料还是相对较少的。由于商业模式创新概念兴起的时间并不是很长，所以对于商业模式创新的定义并没有一致的概括。笔者通过对有关商业模式创新的阅读，对国内外学者对于商业模式创新的定义进行整理，见表2-3。

表2-3 **国内外学者对商业模式创新的定义**

国外或国内	人物、时间	内容
国外	Timmers（1998）	商业模式的创新可以利用价值链的重塑来实现
	Hamel[①]（2000）	商业模式创新是为了创造新的顾客价值，为利益相关者创造新的利润方式，扰乱竞争对手的战略布局而对行业商业模式进行重新构造的一种战略创新的方式
	Linder（2000）	根据企业市场主体的运作方式改变的过程，将商业模式创新划分为实现模式、完善模式、扩张模式和履行模式，这四种模式是递增的关系
	Tucker（2001）	商业模式创新就是从客户的角度出发，充分发挥各种想象力来让整个事情变得更加完善的一个过程
	Kazem（2003）	在进行顾客的价值创造和价值实现的过程中，价值创造是商业模式创新的核心

① HAMEL G. Leading the revolution［M］. Boston：Harvard Business School Press，2000.

续表

国外或国内	人物、时间	内容
国外	Osterwalder[①]（2005）	商业模式创新是一个以价值主张设计为基础，包括设计资源、流程等的运营模式、与成本、收入等的盈利模式相关的设计过程
	Chesbrough[②]（2006）	商业模式创新是企业通过创立启发式逻辑，把技术和其中所含有的潜在经济价值进行关联起来的过程
	Markides[③]（2006）	商业模式创新是引入新的盈利模式，改变已有规则，创建新规则的过程
	Pohle（2007）	商业模式创新是一种带有战略性竞争优势的关键能力，是新时期企业所必须拥有的
	Aspara，et al[④]（2010）	商业模式创新是重新布局既有市场结构、关注客户潜在需求、以实现顾客价值跳跃式增长为目标、进行独特的业务系统的设计、开拓新渠道或彻底颠覆竞争规则的创新
	Zott和Amit[⑤]（2010）	商业模式创新是企业重构合作伙伴关系和已有资源来设计（或改造）新的运营体系

① OSTERWALDER A, PIGNUER Y. Clarifying business models: origins, present, and future of the concept [J]. Communications of the Association for Information Systems, 2005 (16).

② CHESBROUGH H. Open business models [M]. Boston: Harvard Business School Press, 2006.

③ MARKIDES C. Disruptive innovation: in need of better theory [J]. Journal of Product Innovation Management, 2006, 23 (1): 19-25.

④ ASPARA J, HIETANEN J, TIKKANEN H. Business model innovation vs replication: financial performance implications of strategic emphases [J]. Journal of Strategic Marketing, 2010, 18 (1): 39-56.

⑤ ZOTT C, AMIT R. Business model design: an activity system perspective [J]. Long Range Planning, 2010, 43 (2): 216-226.

续表

国外或国内	人物、时间	内容
国内	翁君奕（2004）	商业模式创新是在挖掘企业内部环境和外部环境的关联关系过程中获得持续盈利能力的一种方式
	原磊[①]（2007）	将商业模式创新以战略规划、层层递进、知识管理、价值系统、模块重组、变革程度等六大视角进行划分，并且结合了代表性的观点，对每个视角进行了板块式研究
	齐严（2010）	商业模式创新是以改变企业价值创造基本逻辑的方式来进行价值创造的，从而以更有效的新形式来获取利润
	乔为国[②]（2012）	商业模式创新是通过将新的商业模式引入原有的模式中，来为企业和客户创造最大价值的过程
	刁玉柱等[③]（2012）	商业模式是企业发展战略、生产要素以及收入模式的全新利用
	董大海（2013）	商业模式是企业进行创新发展的过程

资料来源：笔者根据相关文献资料整理。

2. 商业模式创新的重要性

创新是实现企业可持续发展的根本的动力。无论是对于传统的企业还是新兴产业的发展来说，要想使企业屹立不倒，逐渐成为整个经济世界的佼佼者，就需要不断地进行创新。更重要的是，我们处于一个信息迅速更新换代的时代，加快创新的步伐对于互联网企业的发展已经迫在眉睫。而商业模式的创新与企业技术创新一样，是整个企业最根本的创新之一，企业的更新换代与可持续发展大部分都要依靠商业模式的创

① 原磊. 国外商业模式理论研究评介［J］. 外国经济与管理，2007（10）：17-25.
② 乔为国. 战略性新兴产业的商业模式创新分析［J］. 科技促进发展，2012（3）：65-70.
③ 刁玉柱，白景坤. 商业模式创新的机理分析：一个系统思考框架［J］. 管理学报，2012（1）：71-81.

新。假如没有商业模式的创新这一根基，诸如管理方面的创新、技术创新、产品创新等都会犹如“空中楼阁”，不可能实现稳定和长久的发展。商业模式创新的重要性主要体现在以下三个方面：

1）商业模式创新是增强企业竞争力的重要途径

商业模式创新是企业从整体出发对企业的各个细分部分进行充分整合，从而提高企业的价值地位，利用高效率的创造力和核心竞争力去参与市场竞争。商业模式创新是从提升企业的运作效率，充分利用企业丰富的既有资源，创造企业更高价值的角度出发，在充分考虑了企业内外部的因素后通过重塑商业模式体系的方式来提高企业竞争力的过程。企业可以根据自身的实际情况、发展特点进行创新，尽量不要僵化地模仿其他企业的发展，比如一些企业可以利用自己的规模适度与市场进行直接联系或者调整，也可以根据客户的发展需求来调整企业的商业模式和发展战略，从而实现顾客价值的创造。进行商业模式创新可以帮助企业以较低的成本或者更高的利润获得企业核心竞争力优势的充分发挥。

2）商业模式创新是企业增强市场竞争力理应拥有的关键能力之一

商业模式是从整体的视角来审视企业所具备的成长潜力。企业是否能在激烈的竞争中取得竞争优势，取决于其商业模式是否符合企业自身的发展模式。商业模式的特点是具有个性化的，任何一个企业都不可能通过机械地照搬一些相对成熟的企业的商业模式实现长久的发展。每个企业都应该根据自己企业的实际情况以及自身所具备的条件水平和特点，进行符合企业自身健康发展的商业模式创新；否则，企业的商业模式就会面临严重的问题，乃至最后无法实现企业的战略目标。在全球化的发展潮流中，企业具备参与市场竞争的关键能力是扩大市场占有率，而商业模式创新就是使企业具备核心关键能力的强大动力和关键。每个企业都应该树立以核心竞争力为中心，进行商业模式创新的实践来加大企业资源的整合力度，在企业宏微观环境的变化中进行商业模式的调整与创新。

3）商业模式创新是获得企业优势发展机会的首要条件

传统企业的发展特点是发展周期长、发展过程艰辛，并且企业只能通过拥有了可以实现持续发展的核心资本才能获得成功。近年来，随着互联网经济的迅速发展，许多企业通过对商业模式的深入研究和初步的实践，利用巨额资金注入的方式获得了周期短和效果好的发展成果。比如DD公司就属于这种类型。但是如果仅仅把利润放在首要位置，却不注重企业的发展特点和实际发展能力，即使在一定程度上取得了较好的成绩，也会浪费一定的资源。企业要不断创新自己的商业模式，这样自身才能获得发展的机会。同时，如果企业内外部发展环境发生改变，商业模式创新便是企业较好的一种选择。

第三章　共享经济下DD公司商业模式研究

近年来，打车软件已经成为我国打车消费中的一个必不可少的工具。而作为中国移动出行市场迅速发展的一匹黑马，DD公司以其独特的商业模式和服务方式发展成为网约车市场的佼佼者，抢占了中国大部分的打车市场。DD公司的成长和已经取得的优异成果与它有效的商业模式是密不可分的。

DD公司拥有一个新兴的互联网商业模式，在其快速发展的同时也面临着诸多问题，比如“烧钱大战”后，企业该如何留住客户、如何提供更有效的服务、如何增加企业的收入来源都对企业的发展至关重要。而要处理好这些问题，我们就要先认识这个企业的商业模式，了解企业发展所处的商业环境，再根据企业的实际情况对症下药，提出适合的建议。

本章以DD公司作为研究对象，在共享经济的商业背景下主要从商业模式构成要素的基础上对DD公司的商业模式进行详细的分析介绍，并借助PEST分析和五力模型分析工具来了解DD公司目前面对的环境与挑战。最后根据商业模式创新理论，对共享经济下的DD公司的商业模式创新要素进行分析，提出企业未来商业模式发展的转换策略与保障策略。

第一节 DD公司的商业模式发展现状分析

1. DD公司简介

2012年6月，程维创建北京小桔科技有限公司。三个月后，DD公司在北京上线，DD公司是通过打车软件切入出租车市场的。最初的DD公司并无十分明确的战略目标和远大的规划，其出发点是满足用户打不到车的现实需求。人们打不到车，打车难，出租车司机载不到人，挣不到钱，信息不对称导致这方面的供求结构失衡。DD公司的初衷是希望使这个行业有所改变。发展两年后，DD公司获得腾讯的投资注入。该公司借助微信平台中“红包”这样一种与营销结合的产品，在朋友圈疯狂传播，迅速被大家熟知和认可。

2014年5月20日，企业将名字更改成“DD打车”。2015年以来共享经济大爆发的时代来临，此时DD打车正是作为共享经济下的移动出行市场的新贵，以惊人的发展速度引起了众人的关注并逐渐改变传统的经济格局。2015年情人节那天，DD打车宣布与快的打车进行战略合并，合并后公司在组织结构上将应用CO-CEO制度，DD打车CEO程维及快的打车CEO吕传伟共同接任联合CEO。双方企业间的人员组织架构保持原有的结构不变，双方业务继续平行发展，并将继续保留自有的品牌和业务独立性。2015年9月9日，“DD打车”又将名字更为“DD公司”，创建全新的LOGO，推出新版“DD公司”移动客户端。DD和快的实现战略合并后，抢占了中国移动出行的大量市场份额，优步（Uber）成为其最主要的竞争对手。根据艾瑞咨询发布的报告，截至2015年年底，DD公司的用户覆盖率达到了88.4%，国内移动端出行服务的用户乘客数量总计接近4亿人[①]。

2016年8月，DD公司宣布与Uber全球达成战略协议，DD公司将收购Uber中国的品牌、业务、数据等全部资产，此次交易被产业界视为中国共享出行行业进入新的发展阶段的重要标志，协议规定DD公司和Uber全球将相互持股，成为对方的少数股权股东。Uber全球将持有DD公司5.89%的股权，相当于17.7%的经济权益，Uber中国的其余中国股东将获得合计2.3%的经济权益，DD公司也成为唯一一家由腾讯、阿里巴巴和百度共同投资的企业[②]。2016年，DD公司与Uber合并后，DD公司抢占了将近93.1%的中国移动出行的市场份额。这表明DD公司已经在中国移动出行市场中成为当之无愧的“领导者”。

2. DD公司商业模式构成要素研究

1）DD公司商业模式中的市场提供——价值主张

DD公司是共享经济下中国移动出行市场最具有代表性的共享经济商业模式企业。在共享经济大爆发的今天，它深深地改变着且引领着人们的出行方式。结合上文Alexander Osterwalder的商业模式九要素对于价值主张的描述，价值主张是向顾客所展现和供应的产品和服务的体现；同时，共享经济下的DD公司是一种互联网平台，平台上存在两组不同的需求群体，这正好体现了共享经济下的互联网平台具有双边市场的特征[③]。所以本书基于共享经济的特征、平台特征和商业模式九要素对价值主张的描述，将DD公司的价值主张分为显性价值主张和隐性价值主张两大类（如图3-1所示），显性价值主张包括整合社会闲置资源、挖掘社会需求、建立互联网信用交易平台、关注服务体验四类，其中整合社会闲置资源和挖掘社会需求正好体现了双边市场的特征，而隐性价值主张包括提高运营效率和倡导共享经济，这是基于DD公司的企业目的形成的。

① 蔡依陶，闫旭晖．基于价值链理论探讨滴滴出行的竞争策略［J］．管理观察，2016（17）：73-75.

② 孙冰．滴滴收购优步中国更大目标在“全球化”［J］．中国经济周刊，2016（31）：62-63、88.

③ 袁心术．平台型企业商业模式构建路径研究［D］．长春：吉林大学，2016：19-20.

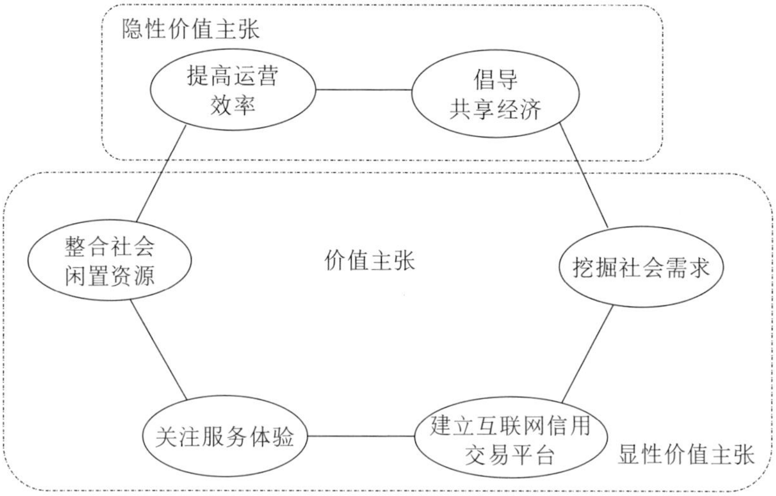

资料来源：笔者根据已有文献整理[①]。

图3-1 DD公司价值主张体现

（1）显性价值主张

①整合社会闲置资源

衣食住行是人类日常生活不可缺少的要素。随着时代的进步和经济的发展，在出行方面我们会发现有限的公共交通工具已经不能使庞大的市场需求得到充分的满足。但另一方面道路上却出现了许多私家车，私家车内除了驾驶员一般无其他乘客，甚至有些车闲置在车位、车库里。这导致城市道路的“交通拥堵病”越来越严重，闲置的私家车也没有得到充分利用从而导致了资源的浪费。基于此，DD公司紧紧抓住共享经济的发展机遇，利用大数据技术整合各路社会闲置资源。DD公司作为一个移动出行平台企业，虽然不拥有任何一辆车，但却可以整和社会闲散的资源，通过互联网平台整合闲置的私人汽车、汽车租赁公司，甚至和出租车公司合作，为整个社会群体提供多样化的用车服务。

②挖掘社会需求

任何企业商业模式价值的实现都体现在能够满足客户需求。随着人类社会人口密度的不断增加，人类社会的需求也越来越向多样化和个性

① 刘长晓. Uber公司商业模式创新策略研究［D］. 大连：大连海事大学，2016：26-28.

化发展：有的人追求的是高效安全且价格低廉的出行方式；有的人追求环境更加舒适、便捷和个性化的出行方式；有的人则希望可以实现自驾游的梦想。DD公司正是基于上述现实，不断挖掘客户需求，从而全方位考虑社会各个阶层的出行需求，建立了DD出租车、专车、快车、DD企业（政务）出行、DD顺风车、DD代驾、DD巴士、DD试驾、DD自驾出租、DD敬老出租等一系列产品线。其主要产品具体体现价值主张见表3-1。

表3-1 **DD公司产品一览表**

分类	价值主张
出租车	通过DD公司APP，将出租车司机与乘客连接，以互评功能为基础建立信用评价体系，APP快速匹配和交换供求信息来实现客户和司机出行效率提升，减少出租车拒载和服务态度差等问题
专车、快车	专车、快车是基于一些客户追求更加舒适便捷的个性化出行需求建立的。DD公司在共享经济的趋势下，通过搭建互联网信息平台，签订“四方协议”（四方协议：司机、平台、租赁公司、劳务公司四方签署协议）将乘客与私家车主连接起来。当乘客发出专车快车用车需求时，系统利用精确的大数据算法快速匹配合适的车辆提供门对门服务，然后将乘客安全地送达终点，并在乘车过程中供应瓶装水、手机充电等标准性商务服务
DD企业（政务）出行	基于各地党政部门的用车需要，配合政府公车改革，DD政务用车上线，政府机关利用这类出行方式可以有效调整不同岗位之间公务出行的不均衡、交通体系不完善地区的公务用车难、车辆闲置浪费以及紧急公务出行用车等问题，可以帮助政府机关节约控制出行费用，科学有效地监管问责，借助GPS定位、实时记录技术手段实现全方位监督，使政务出行信息化、透明化
DD代驾	基于传统代驾收费高、到达慢和安全无保证问题，DD代驾利用互联网技术升级改造传统代驾行业来为客户与司机提供直接对接的平台，减少了传统代驾中间的抽成环节

续表

分类	价值主张
DD巴士	DD巴士的目标客户是一些年轻女性、孕妇以及不愿意挤地铁的人群。其可以实现乘客出行体验与巴士服务提供者效益的双赢，从而实现公共交通领域的高品质出行体验及高收益回报。其主要是与有客车租赁经营资格的企业合作，利用互联网技术联结线下闲置的巴士资源匹配数据，规划路线，实现乘客寻车需求。提高人们的出行效率同时缓解交通拥挤状况
DD试驾	乘客通过DD公司的试驾入口浏览预约品牌汽车，然后平台认证过的车主提供上门服务。乘客按照自己的规划线路亲自驾驶，并同时与认证车主互动聊天来了解车辆真实使用情况，从而为乘客提供更加优质的服务
DD自驾出租	基于一些想要驾车出行、体验租车给生活带来自由自在和无限可能的群体的需求，DD自驾租车利用大数据驱动的智能匹配调度体系以及全平台的规模优势，在线上设置租车的预订、支付、订单修改、费用结算及评价反馈等环节，用户只要在服务时间内提前2小时下单无须花费额外费用，就可享受免费上门送取服务
DD敬老出租	基于老年人“打车难”特殊群体制定的，“DD老人打车”中子女可以通过打开DD公司APP出租车栏目左上角的“消息中心”来选择“开通敬老服务”，设置老人电话、姓名等基本信息进行开通，从而方便老人出行

资料来源：笔者根据已有资料整理[①][②]。

③建立互联网信用交易平台

互联网平台是共享经济商业模式的基础保障，社会所有的供求信息都会在这个平台进行展示，供需双方可以依据自己的需求进行业务合作与资源共享[③]。但是共享经济的交易基本上都是建立在供需双方未知的基础上，供需主体本身的诚信无法显现，只能利用第三方平台进行衡量才能保证交易的真实性、对等性及有效性[④]。而DD公司作为共享经济

① 佚名. 滴滴：服务绿色高效出行［J］. 高科技与产业化，2016（9）：72-75.

② 周颖. 滴滴巴士的运营模式和营销策略——一个以需求为导向的供给侧改革样本［J］. 交通与港航，2016（2）：19-20.

③ 许海洋，战显钊. 共享经济模式探究［J］. 合作经济与科技，2017（3）：32-33.

④ 周礼艳. O2O共享经济商业模式现状及发展策略研究［J］. 中国高新技术企业，2016，（36）：1-2.

下移动出行市场的代表性移动出行平台，也是通过大数据技术吸纳闲置资源和引入需求方，构成“车辆闲置+DD公司平台+人人加入”的模式，在恰当的时间对供需双方进行数据匹配，交易结束后平台收取一定的管理费用的互联网信用交易平台①，即DD公司平台是在供需双方相互诚信基础上，通过建立一系列的诚信体系，利用大数据技术，为实现乘客与司机合理的供需匹配而建立的互联网信用交易平台。

④关注服务体验

在用户体验这方面，DD公司平台在司机端方面是利用大数据进行数据分析、计算、智能搜索、LBS等将信息精准推送到最适合区域内的司机，司机进行抢单，谁优先获得订单②，谁进行满足顾客需求的出行任务。司机接单后没有拒载的权利，否则会扣除一定的积分，影响自己在平台的评价星级，通过这种方式确保司机对乘客诚信服务。DD公司通过补贴优惠，让乘客以最小的代价享受更好的服务，让司机通过高效的方式增加收入。

在用户界面上，DD公司的选择方式是多样的，通过点击右上角的符号来获取各种服务类型，不同的需求人群可以根据自己的需求、爱好来选择自己的出行方式，从而为客户提供多样化的选择和个性化的定制。其中快车、出租车、专车、代驾都是点击相应的页面，系统会自动定位出发地点，乘客只需要手动输入目的地就可以了；在输入页面系统也会推送附近常用路线，减少短途需求乘客的输入。在顺风车页面，主要有市内行程和跨城行程两部分，同时可以添加常用行程，并有跨城车主推荐，更加人性化的是跨城车主包含超赞车主故事部分。故事中有他们的个人介绍和分享他们成为顺风车主的故事，这里不仅有钢琴老师、IT公司程序员，也有创业公司的老板。通过这一超赞车主故事的介绍，乘客对以后出行的车主有更加充分的了解和认识，还能够结识不同行业的精英，拓宽视野，甚至可以成为合作伙伴等；同时这些车主不仅可以通过顺风车获取额外收入，也可以获得友谊，交流等，获得更多的认识。试驾页面包含推荐车型和全部车型，内容丰富，可以充分供乘客选

① 李怀勇，张贵鹏. 基于共享经济的商业模式创新［J］. 商业经济研究，2017（1）：120-122.
② 姜华山. 滴滴：分享经济的领跑者［J］. 企业观察家，2016（4）：48-49.

择。自驾租车则包括上门送和上门取，以及用车时间和还车时间，通过简单地输入时间地点就可以实现在家门口实现自驾出租。而面对老年人的特殊问题，页面十分简单便捷，字体相对比较大，只包括出发点、目的地和敬老专线三部分，而出发地系统已经实现了自动定位。所以，DD公司在页面上针对不同需求群体真正实现了多样化和个性化的结合。

DD公司推出不同形式的出行产品线，所针对的客户群体是不同的，但是已基本覆盖整个社会的全部群体。根据社会不同需求制定差异化的服务方式，通过不同的出行方式为乘客带来不同的乘车体验，很好地满足乘车需求。

（2）隐性价值主张

①提高企业运营效率

DD公司在提高运营效率这方面已经属于移动出行市场的佼佼者。

在供求预测方面，DD公司首先掌握了海量的数据。有关资料显示，DD公司在交通领域的数据量全球第一，每天峰值订单量超过2 000万笔、处理数据超过2 000TB，涵盖了交通路况、用户叫车信息、司机驾驶行为、车辆数据、行驶路线等多个方面；其次，DD公司具有强大的云计算技术，这样DD公司不仅可以预测路况，还能提前对供需进行预测，DD公司目前对15分钟后供需预测的准确度已达到了85%[①]。

在路径规划方面，DD公司是我国第一家把机器学习成功应用到ETA（预估任意起终点所需的行驶时间，要求精准性）的公司，这是实现"订单高效匹配"和"司机运力调度"的关键性技术[②]。

通过供求预测、路径规划、智能派单等一系列算法后，DD公司的运行效率已经得到了很大程度的提高。有关资料显示，DD公司目前高峰期平均每分钟会接收超过3万条乘客出行请求，每两秒钟作一次订单匹配，每一次发单背后，DD公司大脑运算次数达到百亿次级别[③]。DD

① 叶杰平．拆解滴滴大脑：谈出行领域算法技术［N］．中国信息化周报，2017-03-20（015）．
② 叶杰平．拆解滴滴大脑：谈出行领域算法技术［N］．中国信息化周报，2017-03-20（015）．
③ 叶杰平．拆解滴滴大脑：谈出行领域算法技术［N］．中国信息化周报，2017-03-20（015）．

公司通过掌握的大数据和云计算技术、交通出行的潮汐规律，保障了出行的稳定性、安全性、灵活性，并且提高了供需匹配和预测的效率，加强了精准营销、用户画像以及自动计费等功能，充分提升了DD公司的运营效率。

②倡导共享经济

DD公司是从“共享经济”的理念出发，利用互联网应用技术，定位于服务整个中国的出行市场，甚至在近几年发展壮大后，开始了向国际市场进攻的步伐。DD公司可谓是共享经济商业模式下中国移动出行市场最具代表性的企业，并且为共享经济做出了不少的贡献。它充分利用了社会的闲置资源，抓住社会过剩的私家车资源，利用互联网平台，将私家车主出行方式共享给社会有需求的乘客。这不仅使闲置的私家车主获得了收入和灵活的工作时间，同时也更好地满足了社会需求，提高了资源的利用效率。

2）DD公司企业资产管理

在Alexander Osterwalder的商业模式九要素的基础上，笔者将核心资源、关键业务和重要合作伙伴总体概括为企业的资产管理。接下来将分别分析DD公司的企业资产管理模式。

（1）核心资源

核心资源是企业进行组织创造，提供价值主张，接触市场和与用户建立关系的基础保障。企业只有拥有核心资源，才有与其他企业竞争的资本，才可能获取可持续发展的收益。DD公司的核心资源与传统制造业相比有共性和差异性，主要有以下几类：

①雄厚的资本支持

DD公司作为共享经济的新贵，经过短短六年的成长就成为中国移动出行市场的巨头，最大的原因就在于强大的资金支持。首先，DD公司成立初期需要通过大力的优惠和补贴来吸引消费者和私家车司机。只有十分强大的优惠力度，才能吸引越来越多的司机加入DD公司，才能够吸引更多的消费者使用DD打车，从而提高DD公司的知名度和扩大市场占有率。其次，从DD公司发展之初直到当下，它依然需要补贴和优惠来提高用户的忠诚度和挖掘潜在顾客。另外，DD公司提供智能出行，需要技术水平的不断提升，互联网和大数据技术研究也需要更多的资金投入。随着互联网经济的发展和人们生活水平的提高，用户出行需求也不断发生改变，移动出行市场广阔的发展前景吸引了强大的资本力量为DD公司提供强大的资金支持。

腾讯和阿里巴巴两大金融资本作为DD公司的重要支持方，为DD公司的发展提供了十分重要的帮助。首先，腾讯在DD公司成立不久便为DD公司介绍了中信产业基金作为领投方，腾讯跟投了300万美元①。其次，DD公司内部吸引了许多优秀的人才加盟后也带来了资金支持，比如前高盛董事、总经理柳青的加盟，加盟后仅3周时间就完成了7亿美元的投资。DD公司和快的合并后，阿里巴巴作为支持快的发展的资本力量继续投资DD公司。目前，DD公司成为唯一由腾讯、阿里巴巴以及百度共同投资的企业。同时，DD公司也陆续吸引了更多的资本力量为其发展提供资金支持，例如，2016年苹果②、中国人寿③先后向DD公司投资10亿美元和6亿美元；同年8月，中国邮政集团公司与DD公司宣布达成战略合作④，中国邮政成为DD公司的战略投资人。同时，许多传统的汽车企业也开始纷纷开启移动出行投资之路，截至目前，DD公司已经吸引了包括中投、中国平安、中国人寿、北汽产业投资基金、中金甲子、中信资本、BL集团等在内的国资背景投资方。有如此雄厚的资本力量作为DD公司的核心资源，DD公司的发展潜力的确不容小觑。

②强大的人力资源支持

任何企业的成长都离不开强大的人力资源的支持。人才是企业发展进步的最重要的推动力。DD公司作为一个知识创意型的互联网企业，人力资源对DD公司来说是十分重要的。

首先，DD公司作为一个互联网出行平台，需要分析预测大量的市场出行信息，这需要强大的技术力量，所以DD公司首先就应该有自己的技术团队。用户流量的增多需要大规模的数据存储、计算以及精细学

① 曾子芯. 滴滴打车融资案例讨论［J］. 经营管理者，2016（28）：80.
② 彭训文. 苹果投资“滴滴”意在投石问路［J］. 中国测绘，2016（3）：80-81.
③ 陶力. 滴滴获中国人寿6亿美元投资，布局出行生态链［N］. 21世纪经济报道，2016-06-14（017）.
④ 佚名. 中国邮政：战略投资滴滴出行［J］. 商业文化，2016（25）：47.

习，这都在不断推动着DD公司技术团队提高技术水平和加强对技术人才的引进与培养。DD公司目前拥有了一支数百人的大数据团队，主要进行大数据的开发、建模，以此研究司机和乘客的行为习惯；同时DD公司还创建了机器学习研究院，它由国内外顶级的机器学习大数据的专家教授专门组建，进行新的模型和算法的开发[①]。

其次，产品被消费者所接受和钟爱，需要的是企业的市场开发人才的作用。DD公司也正是因为拥有一批强大的销售团队，才可以让DD公司这一新事物在短短六年就被大众接受和熟知。例如，DD公司在早期进行用户使用习惯的培养、获取用户流量方面做了大量的销售推广工作。正是销售团队高效率的工作，逐步为DD公司建立巨大的客户群体积累了越来越多的市场需求[②]。同时，DD公司组建地推团队，地推团队邀请出租车司机关注并帮助安装DD公司打车用户端，利用补贴的方式激励司机更多使用DD公司打车APP。

DD公司在组织架构上也形成了一个符合企业发展的人力资源安排。DD公司内部有不同的部门、层级、周期的运营计划，为确保给用户提供更加高效的大数据匹配服务，市场、公关、财务、人力以及其他的职能部门，都要从集团层面出发进行统筹；平台产品的设计、功能开发、运营、数据分析，以及每条产品线又都有自己的团队。团队可以独立地做推广计划以及本部门内部的产品功能开发，但也要保持在企业平台上进行整体运作。例如，细分到专车或顺风车需要多少数量的优惠券，需要做哪些推广活动或者拓展怎样的功能都是事业部根据企业整体运作规律进行独立性创新[③]。

③强大的技术保障是其核心竞争力

拥有完整的高水平的互联网技术是移动互联网企业生存发展的核心关键。DD公司作为一个面对海量数据的互联网平台，为了更好、更迅速地处理客户信息，就必须拥有自己的技术优势。DD公司的技术是其

① 赵方婷. 滴滴出行：服务客流的供应链协同［N］. 现代物流报，2015-09-25（A03）.

② 史彦泽. 创业公司可以从阿里的销售铁军身上学些什么？［J］. 今日工程机械，2016（1）：66-67.

③ 赵方婷. 滴滴出行：服务客流的供应链协同［N］. 现代物流报，2015-09-25（A03）.

核心竞争力的体现，比如大数据、云计算、匹配能力、存储、调度能力等方面，DD公司都已经形成了自己完整的技术系统。

首先，DD公司已经形成的技术系统被称为“DD公司大脑”[①]，这个大脑的智能系统可以分为大数据、机器学习和云计算三部分，见表3-2。

表3-2 **DD公司大脑构成部分**

名称	内容
大数据	对搜集到的数据进行处理分析，然后总结规律，在得出计算规则后进行供求预测
机器学习	机器学习关键在于算法。DD公司已经搭建的核心算法模型可以实现更精准地预测和智能调配能力，提高效率的同时降低运营成本，从而达到最优运力调度
云计算	在客户目的地输入后，DD公司大脑需要在最佳合理调度内以毫秒级的速度来计算，为了实现多维度最佳订单匹配，DD公司利用云计算搭建了大规模实时分单处理平台

其次，DD公司和Uber合并后，也将进一步增强DD公司的技术优势。因为Uber的核心优势在于精准的自动匹配算法和独特的溢价算法。精准匹配可以实现自动根据就近原则派单来完成订单匹配；溢价算法则可以根据供需来确定市场价格，尤其是人们在出行高峰时遇到供不应求的情况下，系统可以根据某个区域的供需关系来制定出一个闪电倍数，闪电倍数会在短时间内发生变化以保证供求的动态平衡状态。这样在出行服务结束后，乘客需要支付的价格就是基础车费相应的闪电倍数相乘的结果[②]，实现了科学迅速的车费计量。DD公司通过合并掌握Uber的核心优势，优化本企业的技术水平，这样可以不断增强其系统运行的技术水平。这对于DD公司来说是十分重要的核心资源。

④最具实力的品牌价值

2016年8月，DD公司入选美国《财富》杂志的“2016年改变世界的

① 叶杰平．拆解滴滴大脑：谈出行领域算法技术［N］．中国信息化周报，2017-03-20（015）．
② 李怀勇，张贵鹏．基于共享经济的商业模式创新［J］．商业经济研究，2017（1）：120-122.

50家公司”榜单，而且DD公司是本年度唯一上榜的中国企业；也是这个杂志创立该榜单后唯一一家入选的网约车企业。同年9月，胡润研究院发表《2016胡润品牌榜》，其中共有200个最具价值的中国品牌上榜，DD公司首次在200个最具价值中国品牌上榜到品牌Top 10第2位的位置。

DD公司的出现不仅改变了人们的出行方式，还积极响应国家发展共享经济的理念。DD公司利用互联网技术来聚合和调动闲散的社会交通资源，不仅为城市出行难问题提供了解决方案，还为城市的环保做出了巨大的贡献，并为国内经济提供了新型的就业机会。依据DD公司的大概统计，2015年其平台在年化基础上日均减少了100万车次出行，等于节省了5亿升汽油和1 350万吨碳排放，同时，DD公司的出租车业务在400个城市有效延长了出租车的使用率；巴士业务为较长途通勤供应私人巴士服务，而拼车业务则降低了拥堵程度[①]。在就业方面，据有关资料[②]，截至2016年4月，DD公司为社会大众提供了超过1 300万灵活就业的机会，直接充分就业超过100万人，其中包括女性、下岗人员、自主创业者等。在国家17个重点传统产业去产能省份，有超过100万名产业工人积极参与到移动出行服务中；此外，DD公司平台还带动了4 000多家新成立的创新创业企业，为2 000人提供了就业机会。从以上的资料显示，DD公司的品牌价值已经逐渐提升到国际水平。

⑤强大的用户流量

流量是企业之间必争的资源，DD公司的客户流量是支持其快速发展的强劲动力，流量越多则企业拥有越强大的竞争力和吸引力。

首先，通过6年的“烧钱大战”，DD公司目前已经获得了全国超过3亿注册用户，超过1 500万名注册司机，为中国超过400个城市提供约车服务。比达咨询《2016中国互联网细分行业发展报告盘点》显示[③]，DD公司用户出行认知率最高，尤其是专车。用户认知率和活跃用户覆盖率分别达到96.3%和97%，月活跃用户达到4 400万。DD公司通过自

---

① 陈明．滴滴出行入选《财富》“2016年改变世界的50家公司”榜单［EB/OL］．（2016-08-20）．http：//news.qiye.gov.cn/a/dongtai/201608/20/15456.html.

② 佚名．滴滴出行入榜2016年50家改变世界的公司［J］．知识经济（中国直销），2016（9）：8.

③ 比达咨询．2016中国互联网细分行业发展报告盘点（节选之专车）［EB/OL］．（2017-02-28）．http：//www.bigdata-research.cn/content/201702/390.html.

身的发展已经吸引了足够强大的用户流量。

其次，DD公司拥有腾讯QQ、微信和支付宝三大社交流量入口的优势。有关资料显示[①]，仅腾讯QQ、微信两大社交软件，就拥有高达5亿用户规模的流量优势。DD公司通过占据如此之大的流量优势，已经为企业锁定了全国最大的用户群体。

（2）关键业务

关键业务是保证企业商业模式成功实施的基础性活动。只有明确企业的关键业务，才能对企业的价值链进行高效的整合，充分发挥资源和核心竞争力优势。DD公司是共享经济下移动出行市场中最大的出行平台，也是全球领先的一站式多元化出行平台，其关键业务也具有类似企业关键业务发展的特色和共性。

DD公司的首要业务是进行互联网出行平台的搭建。为实现乘客和司机的安全便捷交易提供一个信任保障平台。其次，DD公司需要对出行平台进行开发与维护，通过维护和升级创新来为司机和乘客提供更优质和更安全高效的交易环境。平台是DD公司开展所有业务的基础，DD公司通过平台为出行的消费者提供各类令其满意的多样化出行方式，从而实现其价值主张。

从业务开发层面来说，DD公司团队在不断开发出新的业务功能，逐步覆盖起全方位的出行模式，有效地整合了社会的闲置资源并提高了群众的出行效率。从技术维护层面来看，DD公司利用强大的技术优势来实现乘客日常出行的安全运作，并且经受住了交易高峰的严峻考验。

（3）重要合作伙伴

企业在发展过程中是不能实现独自发展与繁荣的，无论是传统企业还是新型的互联网企业都需要建立良好的合作伙伴网络实现企业长久健康的发展。建立良好的合作关系不仅可以优化企业的商业模式，还能够降低风险、获取资源、实现企业间的共赢。共享经济商业模式下的合作网络与传统的企业合作网络有所不同，传统企业根据产业性质，拥有明确的供应商网络和销售网络，而DD公司的合作伙伴是不断扩大和改变

---

① 王巍．碎片化背景下的服务电商平台商业模式创新研究：以滴滴打车为例［D］．济南：山东大学，2016：37-38.

的。这里将DD公司的合作伙伴进行了分类，见表3-3。

表3-3 **与DD公司相关的合作伙伴**

分类	企业	内容
资本合作	腾讯	成立之初，一直为DD公司提供资金支持
	阿里巴巴	DD公司与快的合并后，阿里巴巴为DD公司提供资金支持
	中国邮政	2016年，中国邮政与DD公司达成战略合作，中国邮政成为DD公司的战略投资人。未来，双方将从各自优势领域出发，整合资源和运营经验，探索并展开全方位和多层次的合作
	单车ofo	2016年，战略投资共享单车平台ofo，双方将在城市出行领域展开全方位合作
	巴西移动出行服务商99	2017年，DD公司与巴西移动出行服务商99签订战略合作协议；DD公司为99进行战略投资，并加入99的董事会；同时为99提供技术、产品、运营经验、业务规划等全方位战略支持
第三方支付平台的合作	微信和腾讯QQ	提供支付和流量入口
	支付宝	提供支付和流量入口
	招商银行	2016年，DD公司与招商银行进行战略合作，在资本、绑卡支付、金融、服务和市场营销等方面进行深入合作，开通了“一网通银行卡支付”，从而通过与银行的合作搭建支付平台①
传统企业的合作	上海海博出租车	2016年，上海海博出租车与DD公司宣布将在出租车、专车、巴士业务以及汽车后市场等领域展开深入合作。海博出租首批将投运500辆网络预约车在DD公司的平台上运营，这些车辆均有出租车营运资质②
	大众汽车	2016年，DD公司与大众汽车集团（中国）确定战略合作关系。双方将协同彼此在产品、市场、品牌、数据技术等方面的优势，为中国用户提供更加优质、安全、高效的出行服务

① 佚名．招商银行联合滴滴出行发行国内首张可发声的信用卡［J］．金卡工程，2016（7）：36-37.

② 陶力．海博“专车”落户滴滴出行：专车竞争转向服务［N］．21世纪经济报道，2016-04-27（016）.

续表

分类	企业	内容
传统企业的合作	宇通客车	2015年，全球最大的客车制造企业宇通客车与DD公司确定战略合作关系，共同构建绿色出行的互联网巴士新型生态圈。宇通客车将为DD公司巴士平台提供具有客车租赁资格的车辆，实现全生命周期覆盖，同时在整车及汽车后市场都进行合作①
	传统出租车企业合作	2016年，DD公司与北上广深杭等十余个城市的近50家出租车企业达成战略合作。这些企业将引入DD公司的互联网技术、计算机算法、平台大数据和运营管理思路，同时DD公司将在智能派单、流量融合等方面展开探索
政府部门	深圳交警	2017年，DD公司与深圳交警签署战略合作协议，双方将在平台融合、酒驾干预、推进HOV共乘车道等方面进行全面合作，共同探索道路交通协同治理机制
跨界合作	旅游平台TripAdvisor猫途鹰	2016年，DD公司与旅游平台TripAdvisor猫途鹰签署战略合作协议，将智能出行进一步深入到旅游行业；以线上平台开放合作、线下建立DD公司车站方式打造“酒店+车”“景区+车”定制产品等新型合作形式，共同创造包含旅游资讯、行程安排、途中用车的旅游生态链
	凯德	与凯德战略合作，搭建DD公司车站、打通线上线下场景化营销体系，为双方用户提供“住+行+购物”的一站式便捷出行服务②
人才合作战略	密歇根大学	2017年，DD公司与密歇根大学达成战略合作，双方将围绕“智慧交通”进行前沿技术的学术研究、成果转化，以及科研人才的培养
	北京交通大学	2015年，北京交通大学与DD公司进行战略合作，通过共建“北京交通大学DD公司共享交通大数据研究中心”来进行大数据分析及整合，研究以应用为核心的大数据智慧分享平台

资料来源：根据相关文献和DD公司官网整理。

① 祁娟．滴滴联手宇通布局定制巴士业务平台［J］．运输经理世界，2015（17）：76-77.

② 艾瑞咨询．2017年中国高端商务人群APP使用习惯盘点白皮书［EB/OL］．（2017-02-04）．http：//www.iresearch.com.cn/report/2921.html.

从表3-3中我们发现，近几年DD公司已经与多个相关行业建立起自己的合作网络，并且逐渐走向国际舞台，同时加强了与政府和研究机构之间的合作，缓解了各方矛盾激化的利益碰撞，带动了传统行业的转型升级。DD公司正在逐步建立一个覆盖面广且又十分科学的生态圈网络。

3）DD公司客户关系管理

（1）客户细分

客户细分表现了企业对接触的客户人群不同特质所进行的分类。从企业平台看，DD公司面对的客户是乘客和司机。单纯从产品角度看，企业所有的产品线面对的是不同收入群体的乘客。

①按平台性质划分

DD公司是将乘客与司机连接起来的平台，所以按平台性质划分其所面向的客户一方面是司机，另一方面是乘客。

②按提供服务种类划分

DD公司目前是国内移动出行市场中第一个提供出租车召车、专车、快车、顺风车、代驾、试驾、巴士和企业级等全方位出行服务的网约车企业。同样，这些不同的出行方式也面对着不同种类的消费群体。

DD公司专车的目标客户是高端消费人群，所以其主攻中国高端商务用车市场。国内权威第三方数据研究机构艾瑞咨询发布的《中国高端商务人群APP使用习惯盘点白皮书》[①]显示，DD公司因其服务丰富、选择空间大、信息完整及时与服务周到等优点成为中国高端商务人群最偏好的APP代表之一，高于行业平均水平。可以说DD公司高端商务人群出行服务已经获得市场的肯定，DD公司的专车服务市场取得了引人瞩目的成绩。我国的高端商务人群集中在企业中高层管理者群体中，有过半人群都集中在一线城市，这与DD公司将企业目标客户群体定位于都市中产精英和时尚白领等高端商务人群是十分吻合的。

DD公司快车是以中低端消费群体为目标客户的，主要服务于消费者日常出行市场。顺风车以出行时间相对固定的上班族群体为目标客

① 艾瑞咨询．2017年中国高端商务人群APP使用习惯盘点白皮书［EB/OL］．（2017-02-04）．http：//www.iresearch.com.cn/report/2921.html.

户，定位于廉价的通勤固定路线拼车市场。DD公司巴士面向的消费群体是由独立需求和自然形成或通过召集人的聚群需求形成的群体。其中独立需求主要包括上班、上学、购物、旅游、商务聚会活动等所需要的各类独立出行需求；而自然形成或通过召集人形成的聚群需求包括公众出行的自然汇流、公司学校的行政负责人及活动的发起者和组织者的聚集、移动互联网线路定制平台的聚集。近年来DD公司又相继推出了代驾、自驾出租和敬老出租，其面向的消费群体分别是有车一族、想要自己享受出行服务群体和老年人群体。

（2）客户关系

客户关系主要指企业与其用户之间所创建的联系，主要是信息的沟通反馈。DD公司的客户关系主要包含与乘客和司机的交易关系，而维护这种关系的方式主要依靠补贴优惠、跨界营销、强大的线下推广团队、会员制度、客户反馈机制和良好的用户体验。这里主要分析DD公司的补贴优惠、跨界合作和良好的用户体验。

①补贴优惠

DD公司在成立之初进行新业务推广时，以加大现金红包补贴力度来吸引消费者和培养用户消费习惯。比如快车启动时，组织“桔色星期一”活动来吸引消费者；在顺风车业务投入使用时，进行首单1分钱的活动宣传。在DD公司拥有一定的客户量后，DD公司改变红包战略，通过折扣红包来维护已有客户和吸引新的用户。用户支付费用之后，只有通过分享给其他人才能获得一定的补贴，而这个补贴在下次乘车时享有折扣费用，折扣点数随机[①]。其实此时的补贴已经开始理性地回归市场，并且充分地以分享的形式推动了品牌的多次传播，这对挖掘潜在客户，提高客户的忠诚度有着重要意义。DD公司同时利用用户的节日情结，在春节等重大节日向用户群发放节日红包，通过情感来维系与客户的关系。

②跨界合作

DD公司不断创新跨界合作方式，建立多元的沟通连接方式。DD公

① 徐艳琴. 出行O2O创新营销策略分析——基于滴滴出行的分析［J］. 现代商业，2015（36）：33-35.

司的跨界合作形式主要有跨界营销、跨界公益和联合促销。

A.跨界营销

DD公司与蒙牛进行合作，乘客使用微博、微信、DD公司打车APP等软件参与活动，抢“牛运红包”来增强产品互动；同时DD公司专车的用户在上车后也可以享受蒙牛的新品牛奶体验，增加了蒙牛与用户接触机会。这样的方式实现了DD公司与蒙牛的共赢，双方都达到了自己的宣传目的，增强客户黏性的同时为双方赢得了潜在的客户资源。

2015年圣诞节，DD公司与华为进行了一场别开生面的跨界营销活动的宣传。DD公司官方微博首先发出了“智能出行，温暖寒冬”的微博并@华为终端官方微博，隐藏的惊喜和神秘礼品引爆微博转发，为此次的合作营销做好了充分的前期宣传造势。活动当天，华为使用带有新产品HUAWEI WATCH标语的专车为客户提供免费出行服务，在充分获得体验HUAWEI WATCH产品机会后，华为会为幸运客户提供免费产品并向无法参与活动的用户提供40元的DD公司券[①]。这次跨界合作，不仅提高了华为新产品在人们心中的地位，同时为DD公司又一次扩大了品牌影响力。

B.跨界公益

为了加强企业与乘客和司机之间的亲密感，提高大众对DD公司的认同感，DD公司自成立以来，积极通过跨界公益来增加大众与DD公司的联系，通过树立良好的公益形象来提升企业品牌的知名度和美誉度。其具体表现措施见表3-4。

DD公司的这些跨界公益活动不仅可以改善出租车行业的工作环境，提高司机的忠诚度；同时也可以保证司机提供令客户更满意的服务，从而加强司机和乘客的双向沟通，增强用户黏性，扩展“粉丝”经济的范围，并且在跨界公益合作中也可以传播企业的品牌文化，提升DD公司的品牌美誉度。

C.联合促销

DD公司目前跟多家企业合作，在客户端个人主页建立了“积分商

① 梁瀚宇．智慧出行引爆社交圈［J］．计算机与网络，2016（1）：15.

表3-4 **DD公司跨界公益活动**

时间	活动	合作方	内容
2014	滴士节	敏捷地产	向广州的出租车司机免费提供纸巾盒、饮料、充电宝等日常礼品
2015	DD公司候车室	石家庄36524便利店	在河北省全部的36524便利店，出租车司机可以进行休息，享受WIFI、热水等免费服务。而乘客也可以利用每次打车的积分，在这种便利店兑换相应积分
2016	出租车司机子女公益助学计划	好未来	好未来将为在DD公司平台注册的出租车司机子女免费提供半年的网络教育课程
2016	DD公司成为公安部儿童失踪信息紧急发布平台	公安部	DD公司成为儿童失踪信息紧急发布平台权威发布渠道之一，全国400多个城市超过3亿多DD公司用户也加入到了协助警方寻找失踪儿童的行列来

城”平台。用户可进入APP界面的积分商城中用打车取得的积分兑换自己所需的礼品和优惠券。在积分商城中，DD公司用户的积分用滴币来计算，用户每乘 次车就可以获得相应的滴币。足够的滴币不仅可以更多获取DD公司的优惠券，还可以取得许多不同企业的优惠券或者补贴。DD公司与餐饮、航空、电影院、美容院、旅行社、酒店等都达成了合作，通过足够的滴币可以获得相应的生活服务，比如美食、旅游等优惠补贴。

DD公司这种方式不仅与各个领域的互联网企业达成了良好的合作关系，同时也提升了用户的消费体验。DD公司的用户不仅可以获得DD公司的优惠补贴，同时也可以尝试其他生活方式，这为DD公司的用户提供了更加便捷的生活平台出口，在提高用户忠诚度的同时也加强了DD公司的口碑传播。因为当客户兑换喜欢的奖品或优惠券后，客户获得的优良用户体验便在无形中转变为客户的口碑传播。利用客户的社交网络进行口碑相传，DD公司的品牌美誉度也无形中得到了提升，经历的时间越长久，客户利用积分商城进行自发的口碑传播行为便越会无形推动DD公司的品牌知名度提升。

③良好的用户体验

良好的用户体验是加强已有客户黏性的重要因素。在前面我们已提到良好的用户体验是企业价值主张的体现，但是更好的用户体验不仅仅体现在便捷、实惠和选择多样性上，更多的体现在服务质量和安全保障上。DD公司在用户体验方面做了许多努力，不断提升着DD公司产品和服务的安全保证，为大众出行提供安全、高质量的出行服务体验。这里总结了一些DD公司在提升客户良好体验方面的具体措施，见表3-5。[①]

表3-5 **DD公司服务安全升级措施汇总**

分类	措施	内容
安全体验	人脸识别	推出司机服务前进行人脸识别，保证实名实人
	一键行程分享、呼救功能	保证乘客乘车安全
安全管理委员会	建立“安全司机”“安全车辆”“安全技术”“安全管理”“安全保障”等十分安全的系统管理制度	安全保障：DD公司和保险公司合作，创新推出了“DD公司平台司乘意外综合险”。 “先行垫付”制度：在所有责任认定之前，DD公司平台将向伤者垫付相关医药费和丧葬费，并为伤者提供人道关怀[①]
司机服务	评分系统	对高评分司机给予优先派单奖励，而对评分低的司机将减少派单频率，直至司机提高服务水平来使评分上涨
配置方面	提高车型要求	DD公司专车服务提高对车型的要求，逐渐减少不符合商务需求的车辆种类。同时，除了保证专车饮水、纸巾等基础服务外，还提供专车专属香型，从而极大地提升客户乘坐体验

DD公司的安全保障措施和服务体系的升级，都会进一步增强乘客对DD公司的使用信心，提高用户黏性，并通过口碑传播，挖掘更多的

① 王涛. 滴滴出行：安全是网约车的关键竞争力［N］. 中国交通报，2016-03-09（008）.

潜在用户。

（3）渠道通路

企业的渠道通路是向目标客户细分群体传递价值主张的过程，沟通、分销和销售渠道都属于企业发展渠道通路的方式。每个企业根据其实际发展状况，会有其不同方式的发展渠道。DD公司的渠道通路主要是线上推广、线下地推、口碑传播和线上线下同步推广。

①线上推广

在DD公司成立初期，通过线上的补贴优惠来吸引注册司机和乘客。利用线上补贴的方式培养乘客和司机的消费和支付习惯。例如，在顺风车启动时以首单1分钱的方式来吸引用户群体；通过第三方支付方式合作，比如微信支付立减10元等方式来进行补贴，并且为支付入口增加流量，实现合作共赢的局面。

②线下地推

DD公司在吸引用户、培养乘客及司机使用和消费习惯等方面做了大量的销售推广工作。首先，DD公司的地推团队在机场、加油站等出租车集散地，邀请司机注册后帮助司机安装DD公司打车APP，并以补贴方式激励司机使用DD公司打车APP。其次，DD公司也与出租车承运公司以合作的方式进行推广。DD公司的地推团队高质量的销售推广工作在短时间内为DD公司创建了庞大的客户群体。

③口碑传播

DD公司通过地推建立了一定的司机和客户群体后，利用司机、用户间的口碑传播，以机场、高铁等位置的广告宣传、开展特定的优惠及奖励为辅，DD公司迅速拥有了大量的用户数据，这款移动客户端应用也逐渐走进大众的生活里，并且使大众逐渐产生了依赖感，增强了用户黏性。

④线上线下同步推广

目前，DD公司的推广渠道已经逐渐扩展和改变，补贴力度已经逐渐减小，在线上逐渐实现跨平台的合作，通过电视节目、娱乐节目来植入广告方式进行营销。例如DD公司曾经与湖北电视台合作，与热播节目《我为喜剧狂》和《打车找乐》结合，进行电视、移动端、微博和微信的多种渠道平台互动来提高DD公司的知名度和影响力。同时，也通过明星效应来进行宣传，邀请了一大批知名度高的明星为其代言。通过明星的影响力，不仅传达了DD公司的价值主张，同时也提高了DD公司的影响力。在线下，DD公司加大与各个文化传媒媒体的合作，与携程、东航，以及各种快捷酒店等推出多样的“消费+补贴”的优惠活动。

4）DD公司盈利模式

（1）成本结构

成本结构主要指企业在经营过程中进行客户关系管理和企业资产管理等相关活动时，与企业价值链辅助活动有关的固定资产成本、人力成本、研发成本、推广成本等一系列成本的结构。DD公司作为一个互联网平台公司，其成本结构与传统企业的成本结构有很大的不同，但也有共性。DD公司的成本主要有以下几种：

①平台成本

首先，DD公司的平台成本是基于DD公司与其他平台合作，为DD公司提供流量入口以及其他服务的平台使用成本而定义的，主要包括平台使用费、软件技术服务费等。其中DD公司最重要的两大流量入口便是支付宝和微信，即意味着DD公司在使用其平台流量入口时，也需要缴纳一部分平台使用费和软件技术服务费。其次，DD公司向司机和乘客在平台展示的位置服务需要和百度地图、高德地图等合作来获取地理位置信息和城市交通的路况信息，在这方面DD公司也需要付出使用成本。

②行政人力成本

DD公司的办公成本，企业研发人员、销售人员、管理人员、维护人员等工资奖金成本，DD公司司机的工资成本以及维持公司正常运作的日常支出都是DD公司的重要行政人力成本。

③运营成本

DD公司的运营成本主要包括平台建设成本、进行技术研发的成本、开发维护技术成本、网站内容的扩充和更新成本以及网站发展和销售成本等。

④推广成本

由于DD公司的补贴优惠是其扩大市场占有率的手段之一，所以也是其推广成本之一。而且，市场营销是其进行推广的最重要的方式，所以DD公司的推广成本主要包括补贴成本和营销成本。

A.补贴成本

DD公司作为互联网初创企业，在成立初期想迅速占领市场，赢得用户认可，只有通过大力补贴来实现用户量的增长，通过吸引消费者来扩大市场占有率。虽然DD公司现在已经积累了一定数量的用户，但是面对越来越多的竞争者以及部分用户黏性的缺乏，目前DD公司依然需要通过补贴来加强用户黏性。无论是加强已有顾客的忠诚度，还是挖掘更多潜在的消费者，补贴成本都是DD公司在一定时间内进行推广和发展必不可少的成本。

B.营销成本

DD公司为增强客户黏性，拓展业务范围，挖掘潜在客户，需要不断创新企业的营销方式。比如，为了提高企业的知名度，进行跨界营销、跨界公益以及节假日和各类活动的打折、促销的宣传成本，都是DD公司进行营销推广的成本。

⑤投资和业务拓展成本

目前，DD公司已经告别了“疯狂补贴”的时代，其市场价格已经逐渐回归理性。DD公司基于已有的产品线，开始进行拓展，不断向其他相关领域投资渗透。比如2016年DD公司斥资数千万美元战略投资共享单车ofo；DD公司开始对国外的移动出行企业也进行投资；DD公司不断开发新的产品线。这些拓展成本都是DD公司成本的一部分。

（2）收入来源

收入来源是企业在经营过程中成功向消费者传递了企业的价值主张，满足顾客需求后实现价值转化得到的收益来源。DD公司的收入来源主要有交易手续费、广告收入、合作收入、资本运作收入、业务拓展的收入。

①交易手续费

交易手续费即DD公司向一部分人群收取的交易佣金。DD公司主要为司机提供乘客的出行信息和位置信息，提供一个安全快捷的交易平台。所以，DD公司的司机并不是免费享受这种服务的。司机在完成对乘客的出行服务后，DD公司作为信息平台要向司机扣除一定比例的信息传递费用和软件服务费用。同样在预定专车服务时，DD公司也会从乘客的车费中抽取部分佣金或全部费用（视专车租用或自营的性质而定）。

②广告收入

DD公司早期通过地推和“疯狂补贴”积累了海量用户，而且一些客户拥有较高的消费能力，消费潜力是比较大的。于是DD公司与其他消费型企业进行合作，为其进行广告宣传。DD公司的广告形式主要包括植入广告、推送广告和积分换购等。

A.植入广告

DD公司在APP软件页面上植入广告元素，用户只要点击相关广告就可以收取广告商家的相关费用。例如，DD公司的试驾产品就是平台内的广告收入，试驾产品的车型涉及国内外知名汽车品牌。

B.推送广告

DD公司利用客户端、微信和短信等来推送广告，从中获取广告收入。例如，2015年DD公司与企业一起合作推出由企业冠名的DD公司红包，通过在微信群和朋友圈内“疯转”，DD公司收取广告商相应成本费用；或者通过置换资源的方式来获得点击率和曝光率，DD公司也因此激活市场。

C.积分换购

DD公司客户端APP建立了积分商城，用户可以在乘车后获取相应的滴币，而DD公司的用户可以通过滴币积分兑换其他商家或者DD公司的优惠券，比如东方航空的20元机票红包，便捷酒店的住宿优惠券等。其他商家则要分成给DD公司平台，DD公司从而间接收取了广告费用。

③合作收入

DD公司目前拥有海量的数据资源，同时DD公司与许多商家建立了亲密的合作关系，这种合作关系也为DD公司带来了巨大的利润。例如DD公司与地图导航进行合作，由最初的单一发布打车信息和乘客需求信息，发展为地图导航的持续更新提升；与各大地图信息提供商达成合作对接后，无论消费者通过任何下载链接和应用链接进行应用下载，DD公司和相关利益者都会获得相应比例的收入和进行互推佣金的分配。这样双方便在合作中互惠互利，收取利润分成。

④资本运作收入

首先，DD公司早期利用“疯狂补贴”的方式激活了用户，拥有了海量的用户并设置了自己的支付体系，客户可以在DD公司平台的钱包里预存余额以便支付车费时预先使用；同时DD公司平台每日都有来自乘客与司机的资金滞留在平台，比如出租车司机通过DD公司平台收取的费用不会马上提现。这些资金按银行利率计算，便可以获得可观的纯利润。这些现金流为DD公司带来了可观的流动资金和资本运作收入。

其次，DD公司对其他相关领域的投资，比如共享单车，以及国外移动出行市场的企业等进行投资。从其他相关领域的投资获取的收益也是其收入来源的一部分。

⑤业务拓展收入

目前，DD公司不断进行业务拓展，构建了中国移动出行市场最大的出行生态圈。DD公司建立的这些丰富多样和互补的产品生态链，从打车到专车、拼车、代驾、自驾出租等，充分满足了乘客对多元化细分出行领域服务的需求，形成了DD公司稳定持续的收入生态体系。

3. DD公司商业模式要素画布的绘制及其评价

DD公司商业模式要素画布如图3-2所示。

画布（图3-2）左侧的重要合作伙伴、关键业务和核心资源属于企业资产管理界面，描绘了DD公司商业模式正常运营所必需的重要因素，体现了商业模式的运作效率。目前，DD公司逐渐与许多行业领域的企业都开展了战略合作，DD公司的重要合作伙伴在不断地增加，这对于DD公司未来建立中国甚至世界级的大型全方位的生态出行网络具有重要的奠基作用。DD公司的关键业务目前能够顺利保证企业平台的高效的发展，并没有出现制约企业发展的问题。

同时，DD公司在不断利用共享经济平台和大数据技术，更新升级自己的平台服务和体验，这说明DD公司的关键业务在不断提高和进步，

<table>
<tr>
<td rowspan="2">重要合作伙伴（KP）
1.资本合作：
腾讯
阿里巴巴等
2.支付平台合作
微信
支付宝
招商银行
3.传统行业合作
海博出租车
大众汽车
宇通客车等
4.政府部门
深圳交警
5.跨界合作
猫途鹰
凯德
6.人才战略合作
密歇根大学
北京交通大学</td>
<td>关键业务（KA）
互联网平台搭建
平台开发与维护</td>
<td rowspan="2">价值主张（VP）
1.整合闲置资源
2.挖掘社会需求（出租车、专车、顺风车、代驾、试驾、敬老出租、自驾出租是其满足社会需求的价值体现）
3.建立交易平台
4.关注服务体验
5.提高运营效率
6.倡导共享经济</td>
<td>客户关系（CR）
交易关系：
补贴优惠
跨界合作
良好的用户体验</td>
<td rowspan="2">客户细分（CS）
1.平台性质：
司机
乘客
2.服务种类：
高端商务人群
中低端消费群体
独立和群聚消费群体
老年消费群体等</td>
</tr>
<tr>
<td>核心资源（KR）
资本支持
人力资源
技术保障
品牌价值
用户流量</td>
<td>渠道通路（CH）
线上推广
线下地推
口碑传播
线上线下同步推广</td>
</tr>
<tr>
<td colspan="3">成本结构（C$）
平台成本
人力成本
运营成本
推广成本
投资和业务拓展成本</td>
<td colspan="2">收入来源（R$）
交易手续费
广告收入
合作收入
资本运作收入
业务拓展的收入</td>
</tr>
</table>

图3-2 DD公司商业模式要素画布

这为DD公司的未来发展提供了安全保障。在核心资源方面，DD公司的核心资源较为丰富，但是尚处于不完善阶段，但是相比其他同类市场仍然处于优势地位，所以应该加强核心资源的保护和创新。

画布（图3-2）的中间描述了DD公司的价值主张要素。DD公司通过整合闲置资源，挖掘社会需求、建立交易平台和关注服务体验的方式，在提高企业运营效率的同时，也向社会表现了DD公司作为共享经济“代言人”的角色。在充分挖掘社会需求后，DD公司根据客户需求不断为社会提供具有代表性的产品与服务，更加具体地体现了其价值主张。与其他中国移动出行市场同类企业的价值主张相比，DD公司的价值主张较为丰富，其更多追求的是出行方式的多样性和全面性。基于此，DD公司提供的产品比其他的企业要多一些，基本可以满足用户多样化及个性化的出行需求。但是DD公司在增加不同的客户细分时，也应该相应调整其价值主张，多关注企业出行服务的安全和服务体验。

画布（图3-2）右侧展现了DD公司的客户关系、客户细分和渠道通路，这三个要素组成了DD公司的客户管理部分。它不仅展示了DD公司的细分客户群体，还揭示了DD公司如何建立和维护与客户的关系，以及通过何种渠道与客户产生联系。其实，企业进行客户细分是企业挖掘客户需求的开始，客户的需求指导整个商业模式，因为DD公司只有确定自己将要面对怎样的客户群体，才能够根据企业已有的资源和能力来满足客户需求，从而为客户提供令其满意的服务和产品。相对来说，DD公司在客户细分方面真正考虑了整个社会群体的出行需求，相比于其他同类企业的客户细分更加全面和详细。客户关系体现了企业与用户之间的亲密程度，直接决定了客户体验，良好的客户关系可以为企业带来稳定的客户流量。对于互联网企业来说，客户就是一个企业生存发展的关键点，所以搞好客户关系就变得更加重要。DD公司成立之初，维持客户关系方式相对较多，也取得了一定的成果。但是DD公司在用户体验方面仍然遭到许多客户的质疑，尤其是在安全、诚信保障等方面仍然需要加强。渠道通路是公司与客户如何进行沟通，如何维护客户细分群体从而表达其价值主张的过程。DD公司的渠道通路是自下而上推广。传统企业的渠道通路是自上而下进行推广，但对DD公司来讲线下的作用愈发重要。尤其对三四线城市来说，司机和乘客的线上观念相对缺乏，就更应该重视自下而上的推广形式。但是也不应该忽视线上推广，应该促进线上和线下的良好整合。

画布（图3-2）的下方是DD公司的盈利方面要素，分别列举了DD公司的成本结构和收入要素，体现了DD公司的盈利模式。成本结构和收入来源描述了企业商业模式正常运转所必需的全部成本和利润来源。DD公司不仅要追求创造价值，提供优质服务，也要学会降低企业成本，同时提高收入水平，增加利润来源，增强客户忠诚的稳定性，保证丰富的收入来源。

综上所述，DD公司的商业模式的九个要素看似独立，实际上却有着紧密的联系，并形成了有机的整体，共同构建起了DD公司的商业模式。只有各个要素之间相互紧密联系，高度配合和相互作用于其他要素，才能更加高效地推动DD公司的商业模式更加完善，才能为其创建全方位的生态出行网络体系提供坚实的保障。

第二节　DD公司商业模式面临的环境与挑战

国家的政治、经济、社会、技术环境等因素都对企业的经营活动有着制约或者促进其发展的影响。任何企业的发展都不能忽略宏观环境与行业环境因素对企业的发展与制约。企业要想在激烈的竞争中成为市场的佼佼者，在选择符合自身发展的商业模式的同时也要时刻关注企业所处的环境。本节运用PEST模型、五力模型等工具对DD公司所处的宏观环境和行业环境进行较为全面的分析，并就共享经济对DD公司商业模式的影响进行单独分析。

1. DD公司的宏观环境分析——PEST分析

1）政治环境

（1）政策环境

总的来说，目前中国的互联网经济正处于不断发展变化之中。从整个国家的战略角度来看，无论是“互联网+传统行业”还是移动互联网以及新型的互联网经济的不断涌现，都得到了国家的大力支持。2015年3月，李克强总理在第十二届全国人民代表大会第三次会议做的政府工作报告中就表达了“互联网+”行动计划，并在7月的行动指导意见中，强调发展网络约租车、在线租房等新业态的共享经济[①]。推动共享经济的发展不仅可以增加就业机会和提高人民收入，还可以推动社会的纵向流动和实现公平正义。

在共享经济迅速发展的今天，中国的移动出行市场也从2015年开始获得了井喷式的增长。2016年7月28日，国务院办公厅发布了《关于深化改革推进出租汽车行业健康发展的指导意见》[②]，从明确出租汽车行业定位、深化巡游车改革、规范发展网约车和私人小客车合乘、营造良好市场环境等方面，全面提出了深化出租汽车行业改革的目标任务和重大举措。国家政策逐渐关注到中国移动出行市场的发展。这说明DD公司面对的政策环境也越来越清晰，在得到国家政策的支持下，DD公司也要根据政策要求调整企业已有商业模式来适应国家政策的发展。

（2）法律环境

2014年7月17日，交通运输部下发的《关于促进手机软件召车等出租汽车电召服务有序发展的通知》[③]中明确指出“出租汽车电召服务包括人工电话召车、手机软件召车、网络约车等多种服务方式。其中，手机软件召车能够为乘客提供高效便利出行服务，有利于提高服务效率和服务水平”。

2016年7月28日，交通运输部发布《网络预约出租汽车经营服务管理暂行办法》（以下简称《办法》）[④]，11月1日起正式实施。该《办法》肯定了网络预约出租汽车经营者构建网络服务平台，从事网约车经营服务的企业法人地位，并指出网约车运价实行市场调节价。该《办法》正式肯定了网约车的合法地位。同年，各地方政府在《办法》正式实施前纷纷出台了各自的网络预约出租汽车经营服务管理实施细则或规定的征求意见稿，其中不仅增加了对网约车排量、轴距、驾驶人员户籍等多项新规定，北京等城市甚至提出了“本地车、本地人”的要求[⑤]，

---

① 李波，王金兰．共享经济商业模式的税收问题研究［J］．现代经济探讨，2016（5）：29-33．

② 李海洋．“新规”为网约车提供法律支撑［N］．中国商报，2016-08-09（W04）．

③ 交通运输部．打车软件纳入统一管理［J］．交通与港航，2014（4）：68．

④ 交通运输部．网络预约出租汽车经营服务管理暂行办法［N］．中国交通报，2016-08-01（003）．

⑤ 国家统计局．中华人民共和国2017年国民经济和社会发展统计公报［EB/OL］．（2018-02-28）．http：//www.stats.gov.cn/tjsj/zxfb/201702/t20170228_1467424.html．

这又对网约车的发展提出了更高的要求和挑战。

2014年和2015年交通运输部颁布的促进网约车发展的通知为DD公司的迅速发展创造了宽松的政策环境。不过从现实中我们看到，虽然国家陆续颁布政策条例来支持网约车的发展，但是网约车的合法地位一直没有得到肯定，并且由于网约车的安全漏洞问题一直频繁出现，所以网约车一度被大家定义为传统的“黑车”。这不仅导致网约车受到政府的管制，同时也让一些人不敢信任网约车，这也使DD公司的发展受到了一定程度的限制。直到2016年交通运输部才正式颁布《办法》肯定了网约车的合法地位。该《办法》制定后DD公司、优步、神州专车、易到用车、首汽约车等网约车平台均对《办法》表示欢迎与接受，大家一致认为该《办法》充分评估了市场需求情况，对网约车行业合法的身份地位给予肯定，为网约车行业的发展创造了更加公平的法制化竞争环境，对推动网约车市场健康有序和高效的发展具有十分积极的作用。虽然网约车的合法地位得到肯定，但是地方政府却进一步提高了网约车的准入门槛，这使DD公司等网约车平台依然面临着严峻的政策环境的考验；另一方面，这也督促网约车市场更加规范，促进DD公司进行转型升级，为乘客提供更加安全与高效的服务，因此这对于DD公司来说既是机遇又是挑战。

2）经济环境

据《中华人民共和国2017年国民经济和社会发展统计公报》[①]显示，2017年我国国内生产总值达到827 122亿元，比上年增长6.9%；全年国民总收入825 016亿元，比上年增长7.0%。这说明我国的经济发展呈现良好的发展态势。

在国民经济较快发展、互联网技术广泛应用、国民收入不断增加与人民生活水平逐步提升的背景下，我国居民对生活质量的需求也逐渐发生改变。在这种环境背景下，我国的互联网经济也迅速发展起来，并不断为国民经济的增长贡献着自己的力量。可以说互联网经济现在已成为当前我国经济发展的时代特征。2018年，互联网相关行业继续保持了

① 国家统计局. 中华人民共和国2017年国民经济和社会发展统计公报［EB/OL］.（2018-02-28）. http：//www.stats.gov.cn/tjsj/zxfb/201802/t20180228_1585631.html.

高速增长势头，带动和影响了一大批新兴经济业态的出现与发展。互联网和信息技术的快速发展不断促进新产业、新业态、新经济模式的产生，最值得注意的是各类与共享经济相关的企业不断获得资本的热捧，呈现出蓬勃发展的景象。

2018年的全球宏观经济虽然景气程度不高，但是共享经济领域资本热度不减。从Uber到DD公司，从Airbnb到小猪短租，资本市场对共享经济表现出了极大的兴趣。据腾讯研究院2018年的《中国分享经济全景解读报告》[①]，近年来全球共享经济呈现井喷式爆发，新增共享经济企业数量同比增长3倍。到2025年，全球共享经济市场规模将达到3 350亿美元，年均复合增长率达到36%。2017年中国共享经济市场规模约为52 850亿元，增长率43.81%；服务提供者多达5 000万人，约占劳动人口总数的5.5%[②]。未来3～5年，中国共享经济规模将达到世界第一；到2020年，共享经济将占中国GDP的10%，将成为中国长期重要的新经济引擎之一[③]。

我国共享经济的迅速发展离不开国家政策的支持。李克强总理在2015年就提及了共享经济，并将共享经济写入了政府工作报告。正是共享经济的发展为DD公司的发展，包括中国整个移动出行市场提供了更加公平和稳定的经济环境。

3）社会环境

首先，随着国民收入的增多，人们的生活开始改变，消费理念也相应发生了变化；同时，年轻群体对新事物的接受能力增强，促使人们的社会需求呈现了多样化和个性化的发展。这为移动出行市场的出现奠定了社会基础。同时，人们收入水平的提升也促使中国的私家车呈现了迅速增长的态势。但是，私家车资源并没有得到充分高效的利用，造成了社会资源的极大浪费。所以在共享经济发展的同时，如何更好地利用共享经济带来的发展机遇实现资源的高效利用成为许多企业开始思考的问

① 腾讯研究院．中国分享经济全景解读报告（2018）．[EB/OL]．（2017-06-24）．http：//www.docin.com/p-1958369206.html.

② 电子商务研究中心．2017年度中国共享经济发展报告［EB/OL］．（2018-04-01）．https：//www.useit.com.cn/thread-18511-1-1.html.

③ 吴勇毅．共享经济：促进经济发展 点亮智慧城市［J］．上海信息化，2018（2）：10-14.

题。在这种社会环境下，DD公司开始整合私家车资源，充分高效地为私家车主和乘客建立了较为安全便捷的交易平台。这不仅迎合了社会大众多样性和个性化的出行需求，同时也提高了资源利用率，还增加了就业，最终为国民经济的健康发展做出了一定的贡献。

其次，传统的出租车行业在出行市场的垄断有十几年的历史。但随着经济的发展和社会的进步，出现了许多难以解决和调和的矛盾与问题，比如出租车司机工资低、态度差、拒载，乘客打车难、等待时间长等问题，给社会大众带来出行不便的同时也使司机出现了消极怠工的情绪。人民日益增长的美好生活需要与传统出租汽车行业固步自封的发展不相适应，促使具有远见和创新精神的企业家看到了出行市场所存在的潜在机会。于是DD公司之类的移动出行企业便由此诞生。

最后，城市拥堵以及环境污染问题也愈发严重。2016年1月，高德地图正式发布了《2015年度中国主要城市交通分析报告》。报告指出，我国目前大部分城市处于拥堵状态，并且一直有增无减，甚至开始向小城市蔓延。以拥堵延时指数对一个城市的拥堵状态来判断，以拥堵排名26的南京为例，南京高峰时期拥堵延时指数达到1.672，其车速平均为27.52千米/小时[①]。其实，笔者认为，正是资源利用率较低才导致了城市交通拥堵的出现。随着私家车数量的增多，空驶率也随之提高，但是由于信息不对称，空驶的车辆却无法和整个社会日益增长的出行需求结合。这必然会导致城市的交通问题出现，也造成了社会资源不合理的利用。同时，车辆增加导致汽车尾气排放增多，最后造成大气污染愈发严重，环保问题也相应突出。在这种社会现象愈发严重的情况下，减少信息不对称，整合城市出行系统，减少城市拥堵和环境污染也成为网约车市场发展的动力。

4）技术环境

有关数据显示，DD公司作为领先的一站式出行平台，每天可以完成2 000万次以上的出行服务，这些服务涵盖范围广泛，包括专车、出租车、快车、顺风车、代驾、公交、小巴、租车等多种出行方式。而且

① 高德. 2015年度中国主要城市交通分析报告［EB/OL］.（2016-01-19）. http：//www.199it.com/archives/431059.html? utm_medium=referral.

属于网约车服务的专车、快车已经覆盖了全国400多个城市，2016年全年通过DD公司专车、快车获得灵活就业和收入机会的司机已经超过1 750万名，而且大约有207万名专车和快车司机在DD公司平台获得的收入日均超过160元①。DD公司之所以能够快速、高效地处理如此多的订单，与大数据技术和云计算的发展、精准的移动定位技术、科学的定价系统和支付手段等息息相关。

（1）大数据技术和云计算的发展

近年来，随着计算机技术、网络技术、云计算的迅速发展，数据正在全世界范围内以指数级的方式迅速增长。麦肯锡公司最早提出“大数据”时代已经到来②，全世界已经成为数据的结合体。正是大数据技术的不断发展和应用，才为DD公司的高效预测、科学调度、动态调价和精准定位以及为巨大的用户流量提供安全保障提供了可能。DD公司目前不仅可以实现系统精准供需预测、路径规划以及智能派单，还创造了新的技术要素——九霄。九霄是将错综复杂的时间、空间、业务维度的n次元出行领域的数据变为易于理解的二次元数据，并且协助运营、产品及研发人员去发现、分析、解决问题，产生切实的业务收益的出行领域智能决策的技术创新产品。它不仅可以提升业务决策效率，同时也可以增加决策的效益。

（2）移动定位技术的发展

乘客在使用移动出行工具的时候，乘客和司机的实时位置都会在地图上显示出来，这正是受益于移动定位技术的发展。全球定位系统、地理信息系统技术、遥感技术以及LBS（基于位置的服务）的发展不仅为人们的出行带来了极大的方便和安全保障，也在不断推动移动技术的发展，而DD公司的线路规划、实时定位都离不开移动定位技术。

（3）第三方支付平台技术的发展

以支付宝和微信为代表的第三方移动支付平台技术的成熟发展和应用，确保从线下到线上的交易中整个交易过程的资金安全性，为DD公

① 蒋毅棪．滴滴出行打破竞争资质局限 进一步满足用户个性化需求［N］．通信信息报，2017-03-08（C04）．

② 陈海英．大数据时代背景下高校档案管理模式的变革和优化［J］．辽宁经济，2017（1）：59-61．

司的安全支付提供了极大的便利和可靠的保障。

2. DD公司的行业环境分析——五力模型

哈佛商学院的著名战略管理学者迈克尔·波特（M. E. Porter）创造了五力模型来分析产业竞争情况和环境。他认为一个行业中有供应商的讨价还价能力、购买者的讨价还价能力、潜在竞争者进入的能力、替代品的替代能力、行业内竞争者现在的竞争能力等五种基本的竞争力量。这里也将从五力模型出发，对DD公司的行业环境进行较为深入的分析。

1）DD公司供应商的讨价还价能力

共享经济平台与传统企业的价值链结构是不同的。在具有共享经济性质的互联网平台中的供应商应该是平台连接一侧的服务提供者，另一侧是企业面对的消费者。对DD公司而言，其供应商根据产品线的不同主要分为私家车主和汽车租赁公司。车主通过DD公司平台注册，为乘客提供自己的接送服务，从而获得相应的收入；在此过程中DD公司会抽取一定比例的佣金作为自己的技术服务和信息提供费，这也是其收入来源之一。

私家车主和汽车租赁公司的定价一般都是根据平台的规定来制定的，包括抽取司机佣金的比例，以及DD公司对司机的奖励力度等。而私家车主和汽车租赁公司只有在是否加入DD公司平台这一问题上有选择权。在加入DD公司平台后，车主可以根据自身的情况，比如时间、距离长短、费用等具体情况来自主决定是否接单。车主是否可以通过平台赚取更多的收益，取决于车主自己订单量的多少和DD公司平台的奖励额度。换言之，车主只有接的订单足够多或者DD公司平台的奖励额度足够高，车主才可以获得相应较高额的报酬。所以，如果DD公司平台经营得不好，客户较少，车主的收益相对就会减少，车主就会提高讨价还价的议价能力；反之，车主就会降低讨价还价的能力。从目前看来，DD公司与传统企业的差异在于它的“供应商”是几乎没有议价能力的。

总之，DD公司的车主的议价能力取决于平台的经营效果，DD公司的平台目前较其他国内网约车企业的规模而言是比较大的。根据有关数据统计，DD公司和优步中国合并后的市场份额超过90%。虽然各家机构的统计数据有所差异，但DD公司的市场份额一直占据着中国移动出行市场的首位，这说明DD公司的“供应商”的议价能力是相对较弱的；而且DD公司在平衡车主和乘客的需求的同时，随着订单的增多和已有车主利润的增加，通过市场口碑的传播也会吸引更多车主加入这一平台为更多的乘客提供出行服务。于是，在不断变化的生态循环中，这一平台的规模也在不断扩大。

2）DD公司购买者的讨价还价能力

DD公司平台的购买者，是平台另一侧的乘客。乘客在平台上也是没有直接的议价能力的。乘客在乘车时由平台来进行车费计算，乘客可以根据自己的意愿来决定是否选择该平台的服务，这也会对平台的实际定价规定产生间接影响。同时，乘客作为个人消费者，价格敏感度较高，且可以对平台的出行方式或服务进行评价，同时乘客在互联网上与其他网约车比价非常容易，因此乘客的议价能力是相对较强的。但由于目前移动出行市场还处于行业规范建立的过程中，各环节服务流程的优化仍有提升空间。另外，单个乘客因个体分散、订单的独立等原因在交易中仍然处于被动地位，因此其议价能力仍然相对有限。

影响DD公司乘客议价能力的要素主要有以下几类：①时间。如果时间紧迫，乘客的价格敏感度降低，从而议价能力就会降低。②服务质量。车主能否提供良好的服务，如果车主可以提供良好的服务，比如车主的服务态度好，熟悉路况，准时送达，顾客的议价能力也会相应降低。③消费习惯。如果乘客已经对出行平台产生了依赖，其议价能力也会相应地降低。

虽然DD公司平台的乘客不会直接与平台议价，但是乘客的评价、消费习惯以及服务体验都会间接影响DD公司的议价能力。虽然DD公司目前用补贴来降低顾客的议价能力，但是随着人们形成消费习惯后，平台内补贴将会逐渐减少。当然，对于DD公司来说，降低其顾客议价能力的最佳方法莫过于为顾客提供更加舒适和满意的服务。

3）潜在进入者进入的能力

潜在进入者是指那些有意向并有能力进入这个领域的竞争对手。对于DD公司来说，其潜在的竞争对手就是有意向并且有能力进入移动出行领域的竞争者。DD公司在中国移动出行领域是整个市场的佼佼者，中国IT研究中心（CNIT-Research）发布的《2016年中国专车市场研究报告》指出，从主要专车应用活跃用户覆盖率和专车市场订单量份额来看，DD公司占据着两方面的绝对领先优势。数据显示，DD公司活跃用户覆盖率达96.7%，订单量占94.6%的市场份额，远远超过易到、神州专车等同行。这说明DD公司已经成为中国移动出行市场领域的领军企业。但是由于移动出行市场的出行平台并没有形成稳定的系统，很多产品和服务还处于探索阶段，加之各种政策还处于不断变化中，这也给许多有意向且有能力的竞争者进入这个领域的机会。不仅如此，传统的出租车行业也准备涉入此领域，例如2015年9月首汽集团和北京祥龙出租客运有限公司面向北京地区合作建立“首汽约车”平台，提供预约出租车服务，正式进入互联网用车市场。2016年3月，上海大众出租汽车的“大众出行平台”也正式上线，为乘客提供预约出行租车。DD公司未来可能将要面对更多的传统出租车公司相继步入移动出行领域的局面，而且这些潜在竞争者有其自身优势，这说明未来的潜在竞争者的进入能力及发展潜力是不容小觑的。

不仅在国内有很多未来的潜在进入者，国外网约车也有可能进入中国的市场。由于移动出行的发展，人们对汽车的购买意愿可能会降低。而传统的汽车制造业因为拥有汽车制造优势以及巨大的原始资本积累，面对互联网的冲击，是否会涉入移动出行领域增加了未来移动出行领域竞争的不确定性。目前，许多传统汽车制造商纷纷向移动出行企业抛出“橄榄枝”，所以未来可能许多传统汽车制造商也会独立打造B2C模式的独立移动出行专车业务，这对于DD公司的发展来说都是具有极大的潜在威胁的。所以虽然目前市场上潜在进入者进入的能力相对较弱，但是未来许多潜在的进入者都具有强大的潜力和优势进入该领域。DD公司应该努力完善企业的商业模式，来增强自身的竞争能力并提高防范潜在进入者威胁的能力。

4）DD公司替代品的替代能力

移动出行领域的市场潜力是巨大的。随着共享经济的发展，越来越多的出行工具逐渐进入出行领域，DD公司所面对的能够提供相似服务的替代出行工具也越来越多。这类产品范围非常广泛，包括传统的出行工具和共享经济下以互联网平台为中心的出行工具。

（1）传统的公共出行工具

传统的公共出行工具有着悠久的历史。虽然随着移动出行工具的出现，许多人选择了类似DD公司平台提供的代步工具，但是由于传统的公共出行工具更加实惠安全，仍然有许多人选择这类交通工具，比如公交、地铁，而且公交和地铁是某些大城市大多数人出行的首要选择。以武汉市地铁3号线为例，在其开通后，2015年12月28日至2016年1月2日，6天时间里线路平均客流量已达20.16万人次，地铁日均客流量突破了200万人次，达到了203.44万人次，最高峰时可以达到248万人次。传统的公共出行工具因为其具有价格优势和安全优势，所以一直以来是人们短途出行的首要选择。如何有效获取这一市场的消费者是未来DD公司的一大挑战。

（2）线上交通工具

①共享单车

共享单车的发展也将为DD公司的短途出行带来挑战。共享单车在校园、地铁站点、公交站点、居民区、商业区、公共服务区等提供自行车单车共享服务，起步价在0.5元左右。这对于赶时间，追求实惠、便捷的短途出行者来说，是十分明智的选择；而且共享单车不用考虑交通拥堵问题和城市污染问题，已经慢慢被许多年轻群体和上班族等接受。自从2016年4月起，国内共享单车迅速发展甚至是爆发式发展，迄今为止我国单车市场上已有约30多个共享单车的企业出现，其中以ofo、摩拜最为出名。可以看到，共享单车领域的竞争是十分激烈的。不仅如此，共享单车领域用户数量也是处于不断上升的阶段。第三方数据研究机构比达咨询（BigData-Research）发表的《2016中国共享单车市场研究报告》[①]指出，2015年至2016年一年之内共享单车市场整体用户数量从245万增长到1 886万；预计2017年，共享单车市场用户数量在年底

---

① 比达咨询. 2016中国共享单车市场研究报告［EB/OL］.（2017-02-08）. http://www.bigdata-research.cn/content/201702/383.html.

将达到5 000万。共享单车的市场潜力是巨大的，未来对DD公司的短途出行将会带来极大的挑战。

②共享汽车

自共享单车出现后，不仅仅是共享单车出现了爆发式增长，共享这一理念也被运用到了汽车领域。共享汽车以实行分时租赁来实现共享汽车的模式。共享汽车一般是电动的新能源汽车，符合社会所倡导的环保理念，未来可能会得到社会的极大推崇。此外，由于电动汽车最大出行里程可达到150千米，所以共享汽车可以成为满足中短途出行需求的理想工具。与传统租车业务相比，共享汽车实行分时租赁无需押金，按分钟计费，流程相对简单，用手机即可解锁车门，这对于共享经济来说也是一大创新。虽然共享汽车刚兴起不久，但是已有许多企业看到了它的潜力，纷纷进入共享汽车领域。以北上广深四个城市为例，目前已有首汽集团旗下“Gofun出行”、上汽集团与上海国际汽车城（集团）有限公司共同出资成立的环球车享、广州已有的“有车出行”、EVCARD、驾呗等共享汽车运营商；在深圳共享汽车市场，比亚迪、中兴、车普智能、联程共享等企业纷纷进入，戴姆勒旗下即行car2share也加速进入深圳市场。共享汽车的潜力是巨大的，环球车享汽车租赁有限公司总经理曹光宇在2017年中国电动汽车百人会论坛上预测，2030年中国新车年度总销量将为4 000万辆，其中分时租赁的车辆将为1 200万辆，占30%，届时汽车分时租赁将达到8 000亿元的市场规模[①]。从这里我们会发现共享汽车对于DD公司的短途出行替代性也是十分强的，而且共享汽车符合环保理念，得到了许多强大的资本的青睐，未来对DD公司的挑战是不容忽视的。DD公司应该不断完善企业的产品与服务，来保持自己的竞争优势。

（5）DD公司行业内现有竞争者的竞争能力

DD公司和优步并购，市场占有率超过中国网约车市场的九成。但是DD公司依然面临着很强劲的竞争对手。截至目前，DD公司的主要竞争对手是易到和神州专车。易到和神州专车主要市场领域是专车领

① 麦婉华．共享经济下的喜与忧［J］．小康，2017（5）：70-71.

域，其中易到与DD公司同属于P2P模式，即私家车主或者租赁汽车司机与乘客直接交易的模式，而神州专车属于B2C模式，其通过自营汽车为乘客提供出行服务。总的来说，DD公司在国内网约车市场上是占绝对优势的。2016年11月的《2016中国专车市场研究报告》就指出，当年第三季度DD公司的专车活跃用户覆盖率占比和订单量市场份额两指标均稳居第一，而易到、神州专车则分别排第二名和第三名。虽然DD公司稳居首位，但是易到和神州专车的竞争能力是不容小觑的。

易到较DD公司成立得早，在2010年易到就在北京成立了。易到的主要服务是提供即时用车、预约用车、接送机、周边游以及集团用车等服务。易到的优势在于成立较早，拥有丰富的管理经验和市场推广经验，同时拥有海外市场资源和乐视提供大量资本支持，并与乐视一起打造差异化生态管理模式。易到的管理模式与DD公司的不同，首先在招募私家车主方面，易到审核要比DD公司更为严格。同时，易到实行会员充值管理，这种管理模式有如下特点：一方面，实行会员充值的资金可以为企业提供巨大的资金流，如果以同时期银行利率来计算，易到会因此获得巨大的利润。同时，也避免了乘客不守信、不按时支付等道德问题出现。据有关资料显示，易到2015年11月到2016年7月累计充值金额达到60亿元①，运营能力优势十分突出。另一方面，易到会员可以享受乐视、携程等企业的共享服务，实现了资源共享，激发了用户价值。而且易到用车业务拓展能力也十分强大，2016年实现了与8 595家企业的合作。可以说，易到用车不仅实现了生态化的管理模式和营销模式，而且更加关注服务的质量，建立了汽车生态入口。

神州专车于2015年1月在中国60个城市推出了互联网专车服务。与DD公司和易到不同的是，神州专车全部使用自有的租赁车辆，并与专业化的驾驶员服务公司合作，配备经过统一培训过的驾驶员，这说明神州专车提供的服务更加标准化，对司机管理更加规范化，安全保障更高些。神州专车的优势就在于资本实力相对雄厚，拥有大量的自有车辆和自有司机，服务标准化。未来移动出行领域转型到对服务水平要求更

① 李尚. 易到100%充返总金额超60亿［EB/OL］.（2016-07-01）. http://auto.cnr.cn/qcpdjjtt/20160701/t20160701_522555217.shtml.

高的阶段，神州专车具有很大的优势，对于DD公司来说则是巨大考验，这就需要DD公司不断完善自己的服务体系和安全体系，不断提高服务质量。

3. 共享经济对DD公司商业模式的影响

信息技术不仅促进着互联网技术水平不断提高，更是成为促进共享经济产生和发展的技术动力。共享经济本身就形成了一种全新的商业模式结构，共享经济自近几年迅速发展壮大后，不仅改变了人们日常的消费和生活习惯，而且对传统企业和互联网企业的改革与发展都产生了重大影响。具体来说，共享经济下新型的商业模式理念将会在企业的价值主张、企业资产管理、客户关系管理和盈利模式等构成要素方面产生重要的影响。DD公司是共享经济下十分具有代表性的企业，所以本节将对我国共享经济对DD公司商业模式产生的影响进行单独分析。

1）共享经济对企业价值主张的影响——关注企业产品价值向顾客需求转变

首先，随着互联网经济的发展和人们生活质量的提高，加之80后、90后新一代消费群体的出现，人们的消费理念开始转变，即人们更加注重产品质量和服务体验的提升，对消费概念的理解不再仅仅停在满足标准化需求的基础上，而是更多地开始追求个性化、多样化和精神质量的提高与满足。但是这类群体也面对着生活成本提高的困境，而共享经济的出现恰好可以为满足消费者这种多样化、个性化的消费需求提供可能。因为共享经济可以让人们花更少的钱办更多的事，不仅可以大大提高资源利用率，而且共享经济商业模式呈现出多样化的发展趋势，恰好满足了顾客需求转变的需要。以DD公司的商业模式为例，正是因为人们对出行更好体验的追求，以及对多样化、个性化的出行方式的需求，DD公司才牢牢抓住顾客的需求实现这一关键诉求点，成为提供出租车、顺风车、专车、自驾租车以及代驾等一系列出行服务的一站式出行平台。

其次，共享经济的发展使人们沉溺在过去单一（或独立）产权的时代已经结束，人们开始强调合作精神和分享美德。在共享经济时代，如果企业单纯从企业的产品价值出发，不关注客户需求的改变，企业就会失去发展的机会。例如，DD公司的私家车主通过DD公司平台发布出行信息，找寻同路人，不仅扩大了自己的交际朋友圈，甚至可以收获到意想不到的想法和建议，还可以获得额外收益，使人们在分享中获得精神财富和物质财富双赢的效果。这不仅实现了私家车主对精神财富和物质财富的追求，还满足了乘客多样化、个性化和高效出行的需求，通过共享的方式实现了供需双方的共赢。

所以，在共享经济的影响下，企业的价值主张出现了前所未有的改变。传统的企业商业模式更多的是从企业产品的价值实现出发，强调供给决定需求；市场上产品有供应，需求者有需求就自动实现供求匹配。但是正是由于传统企业的这种价值主张在信息不对称的条件下会导致供过于求——产品过剩造成资源浪费，或者供不应求——客户需求无法得到满足等，从而引发一系列不匹配的问题。共享经济的出现不仅解决了信息不对称的问题，也开始逐渐引导企业从关注产品价值向关注客户需求转变。DD公司的每一条产品线都是基于乘客的高效与多样化的出行需求定制的，DD公司商业模式的价值主张更多关注的是如何为乘客和司机提供更好的产品和服务体验，从关注乘客和司机需求出发，真正打造覆盖全中国乃至世界的服务体验和高效多样化出行方式的出行平台。

2）共享经济对企业资产管理的影响——高效利用核心资源，构建合作生态圈，实现平台多样化精准服务

共享经济环境下产品和服务的载体是互联网平台，而促进共享经济产生和发展的因素是信息技术革命带来的诸如大数据、云计算等一系列互联网技术的发展；同时由于共享经济理念的发展，企业和企业之间改变了以往相互独立运作的方式和单纯的竞争关系，跨界合作和分享合作等理念在企业之间成为时代新风尚。所以，共享经济的发展不仅改变了消费群体的生活方式，同时在企业的运营方面和资产管理方面都产生了巨大的影响。在共享经济的影响下，DD公司充分利用共享经济带来的技术资源、资本资源、人才资源以及用户流量和社会闲置的可利用资源等核心资源来搭建移动出行平台，精准匹配需求，智能派单，高效出

行。这不仅提高了资源的利用效率，还满足了客户出行需求，减少了城市交通拥堵等问题，真正传承和发展了共享经济的理念。同时，在共享经济环境下，DD公司深入挖掘需求信息，利用一切可以合作的机会，打造绿色出行的生态出行系统。DD公司目前已经与机场、酒店、公交以及其他许多行业实现精准的合作推广模式，为客户提供多方位的生活服务模式和出行方式，逐步实现了在共享经济发展环境下DD公司打造共享出行全方位生态系统的模式。

3）共享经济对企业客户关系管理的影响——精准挖掘客户需求进行客户细分，改善传统渠道通路，优化客户关系网络来提高消费者的忠诚度

共享经济的发展得益于互联网技术的发展，但是互联网技术也随着共享经济商业模式而不断优化升级和更新。DD公司建立出行平台后，需要掌握海量的大数据、云计算来实现订单的高效处理与客户数据的安全管理。DD公司目前基本掌握全国所有城市的出行数据。面对如此大的数据容量，如果没有在共享经济的环境下掌握充分的大数据和云计算技术，DD公司是无法实现对客户需求进行精准挖掘，然后进行更为深入的客户细分的。同时在共享经济下，企业之间的跨界合作，线上推广利用明星、社交网络效应成为建立和维护客户关系的多样化的方式。DD公司在渠道通路和优化客户关系网络方面做了很多努力，比如进行明星代言宣传、跨界营销、公益宣传等活动。但是在客户关系维护方面，DD公司未能在企业与客户之间建立良好的售后服务反馈体系，平台与乘客和司机之间良好的交流和沟通还缺乏成熟的体系，导致许多客户和司机对DD公司产生不满。因此，DD公司在共享经济环境下，不仅应该实现司机与乘客资源共享，也应该通过与乘客和司机之间良好的交流，及时解决乘客和司机的问题，从而真正实现平台、乘客、司机的信息交流共享，不断从客户和司机的角度来优化平台服务质量。

4）共享经济对企业盈利模式的影响——逐渐扩大企业服务辐射范围和服务种类，增加企业收入来源

在传统的出行方式下，出租车唯一的盈利方式是其收入来自路边打车的乘客，出行服务方式和辐射范围有限。随着共享经济的发展，DD

公司及类似的互联网移动出行平台的出现，出行方式不仅呈现出多样化的特征，而且通过将出行信息发布到互联网平台，出行效率得以大大提高。DD公司的出行方式涵盖出租车、专车、顺风车、自驾出租等方式，基本覆盖了全部的消费群体，获取收入的途径也大大拓展。同时在共享经济发展的影响下，DD公司不再将客户的定义局限于传统意义上的乘客，而是与许多企业合作，比如酒店、饭店，这种合作是跨界合作模式，改变了传统出行企业单一的盈利模式，以实现客户资源共享的方式获得了推广的广告收入。DD公司现在正处于飞速发展阶段，随着共享经济的飞速发展，DD公司也将在共享出行领域拓展更多的盈利模式来打造全方位、多层次的出行生态链。

第三节　共享经济环境下DD公司商业模式要素创新

共享经济理念的广泛传播，不仅改变了整个出行市场的外部环境因素，同时对整个出行市场的商业模式各要素都产生了很大影响。共享经济的发展促进了人们共享理念的产生，也不断影响着人们的消费方式和消费理念。消费者的需求逐渐向个性化和多样化方向发展，在传统经济发展环境中，由于信息不对称，即使消费者对产品和服务有更高层次和更多样化的需求，但是囿于经济技术环境的局限性，这些需求也是不可能实现的。但是在共享经济的影响下，不仅有效地消除了信息不对称，而且利用目前的技术还可以充分高效地挖掘供求信息进行匹配，进而实现资源的高效利用。以DD公司为例，共享经济的出现不仅使乘客个性化和多样化的出行需求得到满足，而且彻底颠覆了整个出行市场的商业模式。其实不仅是DD公司，包括传统的整个出行行业都开始创新商业模式，使整个行业的产业链的效率得以改善和提高，整个出行市场的外部网络关系不断得到优化发展，从而对整个出行市场的企业运营和盈利模式产生了巨大的影响。当然，在共享经济环境下，DD公司仍需对企业的商业模式要素不断进行调整和创新，从而实现企业的进一步变革和发展。

1. 共享经济环境下DD公司商业模式要素创新分析

1）共享经济环境下DD公司价值主张要素创新分析

价值主张的关键在于企业向消费者所传递的产品和服务是否可以满足消费者的需求，即企业的价值主张是否围绕消费者的需求来体现。在共享经济时代，消费者需求在信息和资源共享的环境下已经悄然发生了巨大的嬗变。消费者购买产品和服务时越来越追求个性化和多样化，同时随着人们收入水平的提升，人们从对产品（或服务）价格的追求向对产品（或服务）的品质和体验的追求转化。最重要的是，共享经济商业模式成功与否就在于用户流量的多少。只有关注客户需求，共享经济商业模式才能够吸引更多的消费者，企业才能够实现可持续发展。所以，DD公司作为共享经济领域移动出行市场的领军企业，在确定自身价值主张的时候应该时刻关注消费者出行需求的变化，准确把握消费者的最根本需求，保证企业的价值主张与客户需求始终一致。

在共享经济迅速发展的今天，移动出行领域涌现出许多具有代表性的网约车企业，但是所有企业提供的服务基本都呈现同质化趋势，而且安全问题和服务质量问题也愈发突出，成为社会公众最为关心的问题。所以，DD公司在对价值主张要素创新时，应该从社会关注的需求出发，通过不断强化安全意识，提升服务质量来提高消费者对DD公司的消费信心。例如，在安全方面，DD公司应该从源头开始治理，加强对私家车主的审核、培训；并加强车辆的实时监控，出现问题的时候及时联系相关人员，尽量避免不必要的伤害出现。在服务方面，努力做好乘客的反馈评价机制，当乘客或者司机出现问题的时候，DD公司的客服人员应该能够及时调整或者提供帮助或者解决办法，服务效率的提升是增强企业核心竞争力的重要途径之一。同时，基于共享经济环境下消费者需求多样化和个性化的发展，企业在进行价值主张创新的时候，可以增加与企业会员的沟通渠道，积极与新老顾客进行沟通。顾客就是上帝，通过沟通才能及时了解顾客对产品和服务的评价和需求，这不仅可以提升企业的口碑，同时也可以为企业价值主张创新提供新的思路，提高企业的竞争力水平和增强客户黏性。

2）共享经济环境下DD公司企业资产管理要素创新分析

企业的资产管理要素包括关键业务、重要合作伙伴和核心资源。共享经济的发展创新了传统企业商业模式中企业资产管理要素。在关键业务方面，传统的商业模式会涉及产品制造、物流配送、设计研发等环节；而共享经济商业模式简化了关键业务流程，企业主要的关键业务在于平台的运营和维护，平台服务质量和服务效率是整个企业获得客户青睐的基础保障。同时，共享经济的发展也改变了传统的商业模式对于重要合作伙伴性质的定义。传统企业的商业模式可能会涉及供应商、店铺等，共享经济的商业模式中的重要合作伙伴由供应商转为私家车主和汽车租赁公司，更严格地说，私家车主和汽车租赁公司既是供应商又是企业的客户，所以私家车主和汽车租赁公司在企业平台具有双重身份。但是共享经济商业模式也有与传统商业模式的共性，共享经济商业模式也需要具有共同利益的战略合作伙伴关系。共享经济下平台与平台之间的合作也是其平台健康发展的重要保障。与传统商业模式进行对比后，传统的商业模式核心资源在于拥有实体资产，共享经济下的商业模式核心资源在于企业的技术水平、用户流量和资本力量的支持。因为技术是提高服务效率和安全的保障，用户流量是企业利润的来源，资本是宣传企业价值和吸引更多用户的物质保障。所以，DD公司在企业资产管理创新方面，应该紧紧抓住共享经济商业模式要素的特点来创新。

首先，DD公司要不断加强与腾讯、阿里巴巴等强大的资本力量的合作；其次，DD公司要不断更新企业的核心技术力量，通过技术水平的提升来不断提高平台的服务效率和质量。DD公司目前已经掌握了大数据的核心技术，DD公司应该在提高运营效率、加强供需预测和智能匹配之外，不断提高企业的安全保障技术，为客户在乘车过程中的安全和高质量的服务提供保障。同时，DD公司也应该不断加强与其他企业的合作，进行跨界合作，形成以客户需求为中心，以技术为保障，以资本为支撑，与其他企业进行战略合作共创收益的出行服务生态系统。

3）共享经济环境下DD公司客户关系管理要素创新分析

供需双方和共享互联网平台三大利益相关者共同构成了共享经济商业模式的网络体系。与传统企业垂直的供应链不同，在共享经济平台里，供应者本质上也属于客户的类型，因为其有选择是否在平台注册的权利，所以共享经济的商业模式具有双边市场的特点。企业在进行客户关系管理的时候，双边客户群体和如何维持客户关系都是需要企业全面考虑的。而且与传统商业模式渠道通路不同的是，企业在渠道通路方面也需要加大创新力度，才能够不断提升企业的知名度。所以DD公司在对客户关系管理创新方面需要关注供需双方。

DD公司目前的供给方是私家车主和汽车租赁公司，需求方基本覆盖了中国出行市场的社会大众。其实，DD公司在供给方面也可以培育与传统汽车市场的合作，通过自己招募司机来提供出行服务；在消费者方面可以创新提供团体出行、为政府提供出行或者企业活动出行服务等。客户关系维护方面，除了对双方的补贴优惠外，DD公司还应该多与双方进行沟通，提高安全和售后服务保障。比如，可以明确企业的计费标准，提供标准化的服务，为司机提供人性化的奖励；再如，DD公司的跨界公益，资助DD公司司机子女学业就是很好的创新。在渠道通路方面，除了线上线下推广外，还可以加强跨界宣传，助力公益活动等创新活动，或者主动走进人们的生活或者偏远地区来创新企业的渠道通路。更重要的是，DD公司应该充分利用共享经济下的共享效应，来进行口碑传播，从根本上强化和提升企业品牌形象，不断增强企业在市场中的竞争力。

4）共享经济环境下DD公司盈利模式要素创新分析

盈利模式简单地说，就是指公司收入的来源和成本支出。传统企业的盈利模式中收入基本来源于消费者，成本支出一般是用于支付外部供应商的原料供应、内部运营成本以及员工工资等。但是共享经济下的很多商品和服务是接近免费的并可以在共享平台上分享，零边际成本现象随处可见[①]。对共享经济企业来说，其收入来源一般是平台供需双方提供的佣金收入、沉淀资金投资、大数据分析等增值服务收入；成本支出一般是平台的运营、维护及升级、市场和品牌拓展推广、技术的投入和研发投入等。

---

① 佚名．“共享经济”与“零边际成本社会”［EB/OL］．（2019-01-01）．http：//www.chinavalue.net/ pvisit/JeremyRifkin.aspx.

DD公司的盈利模式结构相对比较单一，尤其在收入来源上，与其他企业同质化比较严重；而在成本结构方面，补贴力度比较大，利润相对较少。在盈利模式上，首先DD公司可以加强与共享经济下的其他平台企业的合作。比如DD公司可以与团购网站，如美团等合作。在顾客想要去目的地时，DD公司可以提供出行服务，只要在团购网站地图上点击用车服务就可以实现预约用车；或者DD公司可以在客户到达目的地的时候推荐附近优选商家或者旅游胜地，从而从其他企业或者商家处获得利润来源，打造全方位共享经济下的生态商业圈出行模式。其次，DD公司可以加强对大数据的利用，利用大数据为企业增加更多的收入来源。比如，利用大数据挖掘企业的核心客户，为其提供优惠券或量身定制的个性化服务，增强用户黏性。数据增值对于任何企业来说都是重要的竞争力，所以加强对数据的利用对企业的价值增加是巨大的动力。

2. 共享经济环境下DD公司商业模式转换思路

1）完善产品体系，提高产品利用率

随着DD公司产品线的增多，在APP上的操作和使用上就会出现很多问题，比如操作流程过于烦琐，用户的学习成本增加等问题。所以，DD公司要不断完善产品。

首先，要进行技术的不断完善和升级。计价规则、定位技术、导航技术、支付技术以及智能派单技术都需要DD公司不断完善和升级操作系统，从而提升顾客的出行体验。

其次，DD公司可以继续简化APP界面的操作，在丰富性、美观和交互性方面下功夫。因为DD公司的产品线较多，操作界面相对复杂，这样就会增加乘客的学习成本；甚至因为过于复杂，消费者会选择放弃DD公司。所以DD公司应尽可能简化操作界面，比如紧急状况发生时的呼救操作，以尽量减少乘客的操作步骤，节约乘客的学习时间从而提高出行的效率。

最后，提高供需预测的技术水平。针对一些司机抱怨自己服务路途较远，与预期目的地不符等问题，DD公司应切实提高供需预测技术水平，以使司机在愉悦状态下工作，提高订单的完成率。

2）增加产品渠道通路，提高企业的品牌影响力

一直依靠长久的补贴优惠并非DD公司增强客户黏性和实现企业可持续发展的最佳策略。随着移动出行市场的迅速发展，该市场的竞争会日趋激烈，移动出行市场单靠补贴来获得市场的策略已经逐渐失去作用。所以DD公司应该及时改变策略，加强企业与客户接触的渠道通路的建设，提升企业的知名度和吸引力，进而提升可持续发展能力。

首先，DD公司可以充分发挥已有的资源优势，如利用媒体渠道等来进行宣传，让更多的人了解和接触DD公司；通过提供良好的产品和服务树立好的企业形象，客户形成了对DD公司良好的品牌印象后，自然会进行口碑传播。

其次，DD公司可以与第三方公司加大合作力度，例如，像艾瑞咨询这样的第三方咨询公司或者数据调查分析类公司。通过这些渠道来宣传企业的品牌价值，提高企业在业界的影响力。

最后，企业应尽可能地拓展和维护已有的线上线下的渠道通路。力争线下要尽可能招募到合格的司机和吸引更多的客户，线上要加强与其他企业或者同类企业的跨界营销，实现共赢或者通过明星、广告、公益等效应来提高企业的知名度。

3）创新盈利模式，促进多元化盈利模式的发展

DD公司的盈利模式具有与同行业其他出行企业同质化的特征。所以要想取得市场竞争力，实现企业的利润增加，DD公司就要创新盈利模式，促进多元化盈利模式的发展。

首先，DD公司可以充分利用大数据资源为企业增加收益。DD公司几乎掌握着全国各城市的出行数据，如果DD公司可以更好利用这些数据资源，未来的收益是不可估量的。例如，DD公司可以办理商业信息咨询业务，因为DD公司可以获得全国地级以上城市精确的商业图，并且能够对每一个乘客的出行路线与消费行为习惯做出精确的机器深度学习与分析。所以DD公司可以充分利用这个优势去建立极具权威性质的商业信息咨询业务。

其次，DD公司可以与政府合作，利用自己数据优势为市政建设规划提供数据支持与帮助。通过企业大数据技术分析打车频率与常用地

点，然后根据分析结果总结城市道路的利用效率和堵车节点，基于此协助市政建设部门做出更加合理有序的商业规划、交通规划等城市建设规划图，为改善城市交通拥堵和提高城市道路使用率贡献自己的一份力量；同时与政府的有效合作除了提升自己在出行市场的影响力之外，还可能获得收益与来自政府的优惠政策支持。

最后，DD公司可以加大与传统汽车制造商的合作力度。随着共享经济的迅速发展，出行市场创新了许多新的出行工具，比如DD公司、共享单车、共享汽车的出现导致许多人对汽车的消费观念慢慢发生改变。由曾经自己拥有逐渐转为自己花钱坐车出行，尤其是许多年轻人已不再执着于购买一辆长时间放置在车库且价值不断缩水的汽车。所以许多传统汽车制造商面临着产业转型升级的困境，此时DD公司可以抓住这个机遇，主动与传统汽车制造商积极合作结成战略联盟，建立DD公司平台出行服务供给（兼顾销售）的互助体系。

4）提高服务质量，增加用户良好体验

服务质量是增强用户黏性、加强其忠诚度和吸引新用户的关键要素。提高服务质量不仅包括企业在出行时提供的标准化服务体系质量的提高，更重要的是企业应该加强顾客的出行安全保障体系、信用体系以及售后服务反馈体系的建设。只有加强这三方面体系的建立，建立完善高质量的服务体系，才能增强消费者对企业的消费信心，从而实现市场占有率的提升和收益的可持续增加。

首先，在安全体系建设方面，企业应该从源头开始治理，建立起对司机严格的筛选与审核机制。同时加强司机的培训和监管体系的建立，避免出现乘客预约车型、车牌号等车辆信息与网约车平台上显示的不一致，司机对路况不熟悉或故意绕路导致乘客费用无故增加，降低乘客的出行效率和出行体验等问题。另外，DD公司可以与城市交通管理部门合作，将DD公司的车辆、驾驶员信息、GPS数据接入交警安全监管平台。利用与交通管理部门的合作，DD公司可以有效识别驾驶员档案信息，避免平台接受吸毒或者有犯罪行为的司机；并且实时监控乘客在出行过程中的安全，发现问题及时调动企业和政府力量，尽量将人身安全事故问题降到最低。

其次，DD公司需要建立良好的信用体系和监管体系。诚信对于乘客和司机来说是交易得以达成的基本要求。目前DD公司的信用体系采用了星级评价，取消扣费及积分等多种措施，即乘客在预约用车时可以看到司机的星级评价，行程结束后，乘客可以为此次服务的司机做出自己的评价；同时司机也可以对乘客做出评价。如果乘客恶意取消或者司机恶意取消订单，平台可以用封禁或者扣费等手段来进行警告或者惩罚。在企业实际运营中也出现少数乘客坐车后并不进行支付，这导致许多司机不能获得自己的报酬，所以DD公司在这方面也要加强对乘客的信用体系建设，必要时应该改变乘客的支付方式，实行代扣功能或者会员充值管理等管理建设。

再次，对于部分司机故意绕路增加乘客出行费用的问题，DD公司应该在乘客投诉后立即进行核实。一旦司机的不良行为属实，就要采取相应措施，除了退还司机故意绕路产生的额外费用以外，还应对司机进行数倍于故意绕路费用的罚款，或者将司机纳入黑名单重点监控。

最后，建立完善的售后反馈机制是DD公司增加用户良好体验的关键一环。根据相关调查结果，DD公司的客服效率相对较低，许多司机的提现以及乘客未支付的出行费用，DD公司平台都不能实现及时的解决与垫付；同时乘客和司机的投诉问题，DD公司的售后服务体系都未能及时解答，甚至出现有时乘客和司机的投诉问题是由机器智能系统代为回答的情况，这样会极大地伤害DD公司系统的司机和乘客的忠诚度，所以DD公司应该加强售后服务体系的建设。一方面，DD公司需建立完善的客服体系，利用客户端评价、客服电话、客服邮箱以及其他方式，及时对乘客或者司机的投诉或者要求进行解答和处理，增强企业在司机与乘客心中的可信度和公信力。对于具有普遍性的问题或者正常需求，企业可以在其网站的醒目位置，通过拟定相关文件并及时传达给DD公司的乘客及司机，减少客服的工作量。另一方面，DD公司可以制定用户定期回访与调查的计划，及时了解用户在选择DD公司时出现的疑问或者为企业的发展提出的基于客户自身需要的建议。通过问卷调查或者电话回访，并辅以回馈礼品或优惠券等手段，其可以及时了解客户的最新想法和需求，最后结合用户的建议及需求的变化及时进行产品和服务的调整。

第四节 DD公司商业模式创新的保障策略

1. 加强多方面平台合作保障，确保平台安全高效运营

DD公司商业模式的创新，涉及多方面利益相关者的切身利益；同时DD公司的商业模式又属于共享经济的商业模式，所以依托平台进行的各种保障措施是DD公司进行商业模式创新所必需的策略。

1）自身平台的建设和完善

DD公司在不断增加着多样化的出行服务项目，产品线由早期的专车、出租车逐渐拓展成包括专车、出租车、自驾出租、代驾以及顺风车、敬老出租、DD公司巴士等在内的多种产品线。面对如此多的产品线，企业就需要加强和完善自身平台的建设，保证所有产品线系统都可以安全运转，这是企业得以发展的基础业务保障。同时，产品种类的增多也就意味着DD公司面临着越来越大的客户量，强大的数据库资源如何确保更加精准地分析和更加高效地管理分配，如何更加安全地保障客户数据都将对DD公司平台提出新的要求。所以不断和完善加强自身平台建设，是企业发展的自身要求，也是商业模式创新是否成功的基础保障。

2）第三方平台的合作保障

DD公司作为一个移动出行信息发布与匹配平台，已经与许多第三方平台，比如美团、旅游平台或者政府机构等进行合作，相信未来其也会与越来越多的第三方平台进行合作。所以DD公司要保障与第三方合作平台进行有效的沟通交流与合作。政府也将逐渐加大对这一领域的监管，所以DD公司要与各个第三方平台以及政府机构等加强合作和信息共享，以确保系统在有效的监管下安全运行，避免出现消费者隐私泄露或者合作冲突等问题。

2. 加强企业组织架构建设，保障企业商业模式正常运转

共享经济商业模式下企业的组织结构与传统企业相比有着一定的

差异性。DD公司目前在人才建设、产品建设和市场建设方面都取得了骄人的成绩。例如在人才建设方面，DD公司成立了大数据研究院，在产品建设方面建立了快捷出行事业群（下设出租车、快车、优步事业部、平台运营部和运力中心）和品质出行事业群（下设专车、代驾、企业级、豪华车事业部），以及新建了智慧交通FT团队（下设公交事业部），与各地政府一起携手打造智慧交通体系，利用大数据进行城市交通治理。在市场建设方面，DD公司建立了国际化事业部，布局全球汽车和交通产业，逐渐走向国际化。可以说DD公司的组织结构在不断升级，但是DD公司也需要在以下几方面加强组织结构建设：

首先，建立更加科学有效的人才招聘体系、培训体系以及激励制度是十分必要的。DD公司平台属于科技含量十分高的互联网创新型平台，人才的培养对于DD公司来说至关重要。DD公司可以从公司战略出发，建立对公司重要岗位的管理人才、核心技术人才的科学招聘制度和培训体系，同时引入科学合理的绩效考核制度和薪酬福利制度，并建立相应的奖励机制来促进员工之间学习交流、竞争与合作，从而促进大家共同进步。

其次，应建立企业良好的晋升机制。企业在人才培养方面，不仅要关注员工物质方面的奖励，也要关注员工精神方面的追求，比如职业价值的实现。许多员工努力工作，为公司尽心尽力地服务是为了获得更好的发展机会，实现更大的职业价值。所以为了避免企业人才的流失，保障企业人才的供应，DD公司也应该建立更加公平合理的晋升机制，以保障公司中每个员工都有充分实现自己的职业价值的通道。

最后，DD公司应该对公司所有组织部门建立科学的管理机制和制定科学管理规则。企业中的各个组织部门都是相互联系、相互影响、休戚与共的，但是它们又具有各自的独立职能。因此，如何加强各个部门之间的协调一致性和彼此之间的联系，对于DD公司的整个组织架构的正常运转来说也是十分重要的。

3. 加强企业文化建设，增强企业的凝聚力

很多企业在快速发展时都会忽略企业文化建设，企业文化建设其实

也是促进商业模式创新的动力之一和精神保障。企业文化对员工的工作态度、工作精神产生潜移默化影响的同时，也在一定程度上代表着企业对外的精神风貌。加强企业文化建设可以增强企业凝聚力，创造优秀的企业品牌，可以吸引更多优秀人才的加盟，也可以获得更多合作伙伴的支持与合作以及获得顾客对企业的良好评价。

DD公司是共享经济商业模式下的互联网创新型企业，为了保持其发展活力和创新动力，促进商业模式创新，DD公司首先应该建立起创新型的企业文化。这不仅可以不断吸引优秀的创新型人才加盟，还可以提高企业内部员工对商业模式创新的认同感；同时，DD公司要加大企业文化建设的力度和宣传力度，在企业内外部都形成良好的氛围，共同促进企业商业模式的创新。

其次，DD公司也要利用信息平台技术积极打造安全型的企业文化。建立安全监测和反馈平台机制，一方面要实时监测乘客安全，在乘客安全受到威胁时快速提供帮助，为乘客构建安全网络；另一方面要实时监测车辆和司机的安全，在车辆发生事故或司机人身安全受到威胁时，也能够迅速地响应司机的实时需求，为司机和车辆提供安全协助。

第五节　小结

本节主要是对本章进行归纳总结，并对文中的不足之处和对未来的研究工作进行展望。

1. 研究总结

DD公司的商业模式是带有共享经济特征的商业模式。随着互联网技术和移动互联网的快速发展，经济中的新业态会不断产生，同时也会给传统的企业带来挑战，当然也会带来相应的问题。

本章针对DD公司的研究，主要从DD公司的商业模式要素出发，首先是对研究所涉及的商业模式理论、共享经济理论以及商业模式创新理论进行了回顾，为后续的DD公司商业模式的研究打下理论基础。其次重点分析了DD公司的商业模式要素，研究DD公司的企业资产管理模式、盈利模式、客户关系管理模式，从而对DD公司的运营结构有了一个清晰框架。再次，本章对DD公司面临的宏观环境和行业环境与挑战作出分析，并且明确共享经济对DD公司商业模式的影响。最后，本章对DD公司的商业模式创新及其可行性提供若干建议。

DD公司面临的问题也是大多数网约车企业所面临的问题。这些问题的出现是互联网企业发展的必然，网约车作为一个新生事物必然会触及一些旧事物的利益，必然会遇到一些新的问题。本章通过对DD公司商业模式的研究，可以给有类似共享经济模式的企业提供一些借鉴。

2. 研究不足与展望

1）研究不足

共享经济模式下的打车模式毕竟是新生事物，所以对于这方面的研究可供借鉴的资料比较有限，而且笔者对于商业模式的理论研究还不是十分成熟，导致本书的研究可能会存在许多不足之处。尤其是DD公司目前的商业模式靠补贴来获取消费者的青睐，以此增强用户黏性，赢得忠实顾客实现企业长久发展的策略是否具有可持续性，我们也拭目以待。并且DD公司的迅速扩展也带来许多新问题，诸如安全问题、信用问题、监管问题、税收以及垄断问题等，这些都逐渐对DD公司的商业模式创新提出了更高的要求，学术界也缺乏对上述一系列问题更加深入的研究，所以未来需要持续加强对这些问题的关注和探讨。

2）未来展望

随着共享经济技术的不断发展，基于共享经济的网约车商业模式可能会暴露出越来越多的问题，比如网约车这一出行方式的安全问题，不久前DD公司就发生了两起乘客遇害事件①②；另外网约车的出现必然触及更多传统企业的利益。因此可以预期，政府逐渐会规范网约车的行为，对其进行更严厉的监管；同时更多的学者也将会关注网约车未来的

① 佚名．程维、柳青道歉了，滴滴出行将面临何种处罚？[EB/OL]．(2018-08-30)．http：//tech. qq.com/ a/20180830/040900.html.

② 佚名．温州女孩滴滴遇害，滴滴顺风车全国下线：你还敢坐滴滴吗？(EB/OL)．[2018-08-27]．https：//www.sohu.com/a/250398971_657347.

发展。随着共享经济和商业模式理论研究的不断深化，相信政府相关管理部门会有更加完善的法规推出，因而研究资料也会更加完善。

未来，笔者也会在该专题方面不断地追踪学习，对书中出现的不足之处会根据DD公司未来发展过程中的新情况，不断进行整理归纳和总结，并加以充实和完善。

第四章　供给侧结构性改革背景下BL股份有限公司商业模式研究

推进供给侧结构性改革是目前我国经济工作的主线，优化产业结构是其中重要的内容之一。文化产业作为绿色朝阳产业，在供给侧结构性改革中要扮演的重要角色不言而喻。文化产业是较为理想的供给侧结构性改革的先导产业，同时也为文化产业的发展提出思路[①]。在供给侧结构性改革背景下，对文化产业商业模式要素创新研究具有重要的理论意义与实际作用。

本章首先结合BL股份有限公司发展现状，运用文献综述法和案例分析法，对该公司商业模式要素从价值服务、价值链模式、组织模式、关系网络及收入模式等方面进行分析；其次，针对现有商业模式存在的问题，在供给侧结构性改革背景下提出该公司商业模式要素创新的具体内容；最后，本章尝试提出BL股份有限公司商业模式转换思路与新商业模式有效顺利实施的保障策略。

① 佚名．文化产业如何成为供给侧结构性改革的先导产业？［EB/OL］．（2017-05-19）．https：// baijiahao.baidu.com/s？ id=1567812380661391&wfr=spider&for=pc.

第一节　BL股份有限公司商业模式发展现状分析

1.BL股份有限公司基本情况介绍

BL股份有限公司隶属于中国BL集团公司，是中国大型国有文化企业，2014年在中国香港联交所主板上市。目前，该公司多项业务处于国际领先地位，拥有120余家全资及控股企业，业务遍及国内80多座城市和全球10多个国家和地区①。该公司在2017年“中国文化企业竞争力排行榜”中位列演艺业文化企业竞争力第一位，这表明BL股份有限公司具有相当强的代表性和示范效应。

2008—2017年，BL股份有限公司连续九届入选“中国文化企业三十强”②。同时，该公司拥有世界最大的中国艺术品拍卖平台，2017年实现艺术品拍卖成交总额103.4亿元，连续8年蝉联全球中国艺术品拍卖成交额冠军，成为年度唯一年成交额超百亿元的中国艺术品拍卖企业。

BL股份有限公司组织结构完整、组织规模庞大，现已基本形成演出与剧院管理、艺术品经营与拍卖、影业投资与电影院线管理等多项主业并举的产业格局。BL股份有限公司既包含传统的剧院演出，同时也成立了多家电影院；该公司既包含传统行业的商业模式，也包括加入互联网等媒体后形成的新商业模式，因此在研究文化产业商业模式时该公司具有很强的代表性。

2.BL股份有限公司商业模式基本情况

商业模式是企业如何创造利润的过程。对于企业来说，能否持续创造利润，要看是否拥有健康的商业模式。本节对BL股份有限公司的商业模式从价值服务、价值链模式、组织模式、关系网络、收入模式等方

① 肖瀚. 第十届“全国文化企业30强”（一）[EB/OL].（2018-05-10）. http：//www.xinhuanet.com/politics/2018-05/10/c_1122812343.htm.

② 佚名. 2017年北京保利国际拍卖公司重新突破百亿成交 [EB/OL].（2018-01-21）. http：//mini.eastday.com/a/180121111416286.html.

面进行分析。

1）价值服务

价值服务是企业为客户提供的产品或服务。是否拥有提供优质有价值服务的能力是决定顾客是否选择某个企业的重要原因。一家企业的价值主张主要表现在产品或服务的质量、价值、品牌、企业文化、产品诉求、企业核心价值观等。在成立初期，为提高市场竞争力获得更多客户，BL股份有限公司为消费者提供的服务主要是BL影院和BL剧院服务。从1991年开始，BL剧院已经接待了国内外近700个艺术团体，组织了近4 600场演出。

BL股份有限公司走向正轨后，不仅提供影院、剧院服务，北京BL剧院管理有限公司还开始试水原创剧目和大型演出制作与承办。基于剧院运营的高度专业化，多年的运营管理使北京BL剧院管理有限公司总结出一整套独特的管理理念和管理规范，以向其他剧院提供管理服务为价值服务，同时投资拍摄电影、电视剧，举办大型拍卖会。所以BL股份有限公司的价值服务包括为演出与剧院提供管理服务、艺术品拍卖会以及影院投资与管理、投资咨询的增值服务。

2）价值链模式

价值链模式的内容，一方面是企业处在什么样的价值产业链中，并且在整个链条中处于什么样的位置，另一方面是链条上各个组成部分的价值分配情况。

BL股份有限公司的产业链比较复杂，因为BL股份有限公司有众多子公司和分公司。图4-1是BL股份有限公司艺术品销售的产业链。整个完整的产业链都是由BL股份有限公司负责的。

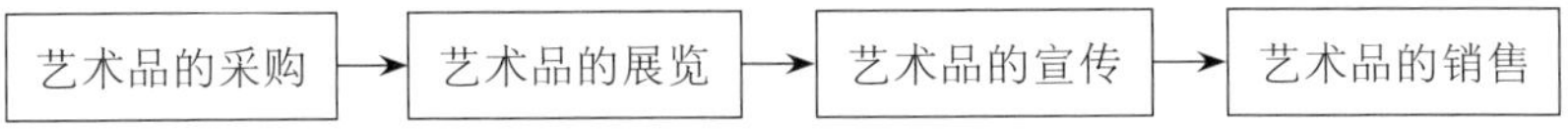

图4-1 BL股份有限公司艺术品销售产业链

3）组织模式

商业模式下的组织模式是指企业在整个运营过程中如何建立先进的管理系统以保证企业正常运行。

（1）剧院管理体制

剧院管理体制健全有效，是BL股份有限公司的核心竞争力。BL文化集团有限公司提出了一系列的同心圆效应。上文提到过基于剧院运营的高度专业化，北京BL剧院管理有限公司通过一整套先进的管理理念和管理规范，为其他剧院提供剧院建设咨询服务。从2002年起至2004年，BL股份有限公司推出了一本较为完整的手册。到2008年，推出的手册比较成熟，手册规范了涉及剧场的所有问题，包括工程系统、自控系统、强电弱电等。BL股份有限公司的委托管理合同经营指标也相当严谨，不仅保证演出场次，更要保证演出质量（一年多少场演出，每种档次的演出所占的比例）。对于BL股份有限公司剧院的管理人才使用“双岗制”，设立人才培养基地，主动引入第三方监管来提高管理质量。

（2）影院管理体制

与剧院管理体制类似，BL股份有限公司在影院经营上也以连锁发展为特点，但影院管理也有自己的特殊性。BL股份有限公司的影院有很大一部分是自建的，所以首先考虑的是投资成本回收的问题。经过一段时间的发展与探索，BL股份有限公司形成了自己的一套建设、运营电影院的体制。

4）关系网络

企业关系网络，不仅包括企业与客户所形成的客户关系网络，还包括企业同其他公司之间形成的合作伙伴网络。①客户关系网络。客户是企业最为重要的资源之一，拥有良好的客户关系网络对于企业长远发展至关重要。BL股份有限公司在成立初期，还未开拓影院投资市场，只有剧院市场，客户群体是演出方和观众。BL股份有限公司发展过程中，客户群体不断扩大，其中包括开拓剧院市场带来的客户，也包括开拓影院投资市场以及拍卖市场的客户。除了演出方、剧院观众外，客户群还包括艺术品收藏者、艺术品拍卖者、电影消费者。②合作伙伴网络。在合作伙伴方面，与BL股份有限公司有合作伙伴关系的主要是演出方（艺术团体）、电影制作方，以及各个控股子公司和各个分公司。

当然，随着外部环境的不断变化，BL股份有限公司的关系网络还在不断变化。

5）收入模式

在BL股份有限公司成立初期，其收入来源主要是演出方所支付的费用、管理剧院的收入。BL文化经营管理的剧院包括：北京BL剧院、东莞玉兰大剧院、深圳BL剧院、河南艺术中心、惠州文化艺术中心、烟台大剧院、温州大剧院、泰州大剧院、合肥大剧院、马鞍山大剧院、丽水大剧院和宁波大剧院等国内一流剧院。

BL股份有限公司发展壮大后，收入来源也扩大到艺术品销售、拍卖所得、影院的收入（包括电影票的发售）。

第二节　BL股份有限公司商业模式发展环境分析

本节对BL股份有限公司的外部环境和内部环境进行分析，其中外部环境主要从文化产业的整体环境进行分析，内部环境主要是运用五力模型对企业现状进行简单分析，为下文进行企业商业模式创新分析奠定基础。

1.BL股份有限公司企业内部环境分析

BL股份有限公司企业内部环境分析见表4-1。

表4-1　BL股份有限公司内部环境分析

因素	主要关注内容
供货商议价能力	演艺公司的价格、艺术品的成本、剧院管理成本
购买者议价能力	演出性价比、管理技术的高低、艺术品的质量
替代品	消费者转换成本、产品或服务转换成本
潜在进入者	进入壁垒
行业现有竞争者	品牌竞争、价格竞争、规模竞争、差异化竞争

1）供货商议价能力

随着BL股份有限公司院线规模和力量的不断壮大，与演艺公司商谈、统一安排巡演路线等成本大大降低了；北京BL剧院管理有限公司拥有一整套管理理念和管理规范，并且北京BL剧院管理有限公司地处首都，位置优越，也具有人才优势，这大大减少了管理成本。BL股份有限公司的上述优势，在一定程度上降低了供货商的议价能力。

2）购买者议价能力

BL股份有限公司的购买者议价能力主要体现在演出质量、管理技术的高低和艺术品的质量。舞台剧与电视或网络上其他娱乐手段有本质的差别，观众在舞台剧或音乐剧或音乐会中的体验感受，通过其他娱乐方式是无法体验的，这大大提高了演出的性价比；BL股份有限公司旗下的北京BL剧院有一整套先进的管理经验，这套管理经验借鉴吸收了其他行业的经验，并结合自身发展经验，在管理技术方面有很大的优势；BL股份有限公司下的艺术品拍卖公司多达5个；截至2017年春拍，BL拍卖已连续16次在国内大型艺术品拍卖会中列成交额榜首，成功实现自2009年以来全球年度中国艺术品拍卖成交额七连冠①。这足以说明艺术品质量也是很有优势的。综上所述，购买者议价能力较低。

3）替代品

首先，对于舞台剧或者音乐剧的观众来说，无论转换成本多低，他们都很难放弃这种娱乐方式，所以剧院的替代品很少。其次，对于剧院管理来说，找到一个性价比较高的剧院管理公司需要很高的成本，也就是说转换成本较高，所以这类消费者转换可能性也较低，因此替代品的威胁也比较小。

4）潜在进入者

文化行业这块“蛋糕”还有很大发展空间，文化产品种类丰富，潜在进入者可能不需要太多的成本进入这个行业。与此同时，在这个行业中做出好的产品或提供优质的服务也是很难得的。总体来说，潜在进入者的进入壁垒较低。

5）行业现有竞争者

目前各种各样的文化企业应运而生。国家现在鼓励文化行业发展，推出一系列改革措施和优惠政策，其中不乏有很多优秀的文化企业，比

① 佚名. 2017拍卖公司新排名：国内八大拍卖行［EB/OL］.（2017-07-09）. http：//www.sohu.com/ a/155710895_753311.

如北京演艺集团有限责任公司、山水盛典文化产业有限公司等。总体来看，BL股份有限公司在文化产业排名中比较有优势，所以在竞争力方面还具有一定的实力。

2.BL股份有限公司企业外部环境分析：PEST分析

1）政治环境

文化产业发展前景广阔，国家明显地加大了资源的整合力度，推动培养了一批文化企业，以起到带头作用。中国文化产业呈现出蓬勃发展态势，文化与经济融合程度不断加深；国家出台了多项支持政策。国务院办公厅发布通知，为推动文化改革发展完善了一系列经济政策，为文化体制改革提供强有力的基础。政府工作报告中再次提出2017年要“发展文化事业和文化产业”。国家重视文化企业，并出台多项支持政策，让文化企业在良好的政治环境中得到发展。

2）经济环境

文化产业增加值占GDP的比重持续上升。2017年全国文化及相关产业增加值为34 722亿元，比上年提高0.06个百分点，占GDP的比重为4.2%；按现价计算（下同），比上年增长12.8%，比同期GDP名义增速高1.6个百分点[①]。2018年文化及相关产业增加值保持平稳快速增长，占GDP比重稳步上升，在加快新旧动能转换、推动经济高质量发展中发挥了积极作用。文化与旅游业、制造业的结合越来越普遍。文化产业通过提升自身的多样性，以满足更多客户的消费需求和提高其国际市场的竞争力。但是，目前文化企业的发展还不能完全满足人民的文化消费需要，其竞争力优势也不突出。虽然文化产业在国民经济中所占比重不断增加，但仍有很大的发展空间。

3）文化环境

越来越多的人重视中国文化的传承与保护，并积极投身到文化保护与宣传中。越来越多的人意识到文化的重要性，这给文化产业带来巨大的发展机会。随着社会的发展，任何一个民族的现代化都必须以本民族

---

① 国家统计局．2017年全国文化及相关产业增加值为34 722亿元，占GDP的比重为4.2%［EB/OL］．（2018-10-12）．http：//www.sohu.com/a/259103977_263856.

的传统文化为基础。人们对文化的认识绝对不仅仅局限于课本。随着人们对文化认识的范围不断扩大，文化产业前景也在不断扩大。文化产业的本质是传播文化，建设精神文明，越来越多的人意识到文化的内涵和重要性，这给文化产业带来巨大机会，文化产业的客户群体也在不断扩大，从而为扩大文化产业规模提供了强大的消费者群体支撑。

4）技术环境

"互联网+"给文化产业带来巨大机遇和挑战，文化产业将以不同的产品形式出现在市场之中。例如，传统文化行业中，出版业受互联网影响较大。出版一份期刊周期长，发行范围也窄。然而，同样的内容如果在网络上传播，效果就相当好。与传统行业不同，"互联网+"的出现降低了文化传播的成本，加快了文化传播的速度。互联网使文化产业消费下沉，变成可以满足更多人需求的服务。所以说"互联网+"给文化产业拓宽了销售渠道，降低了文化产业的传播成本，提高了文化产业的传播速度。在此背景下，文化产业发展前景被普遍看好。

第三节 供给侧结构性改革背景下BL股份有限公司商业模式的优化

本节从BL股份有限公司现有商业模式出发，探讨在供给侧结构性改革背景下该公司的企业价值服务、企业价值链模式、企业组织模式以及企业关系网络应做出的调整和改变，同时对BL股份有限公司采取的具体措施进行较为详细的分析，并提出为保证这些措施的落实，政府应该提供的保障措施。

1.供给侧结构性改革背景下BL股份有限公司企业商业模式要素创新分析

1）供给侧结构性改革背景下的企业价值服务

供给侧结构性改革从供给质量出发，因为提高供给质量便是提高企业价值服务质量。BL股份有限公司主要价值服务在上文中已经提到，那么提高该公司的价值服务质量便是提高剧院演出质量、提高剧院的管理技术水平和提高电影的质量。

提高剧院演出质量可以从演出内容、观众享受的服务质量（除了演出质量外，还包括座椅的舒适度、演出的准时度等）来提高客户满意度。

提高剧院的管理技术水平，对不同的剧院采取不同的管理方式，对剧院进行分类，便于管理，但所有的剧院都应有它们的不同之处。对于不同之处，BL股份有限公司可以采取单独沟通的方式进行管理，提高剧院管理质量，以提高供给质量。

在对影片的筛选过程中，不仅要看演员的知名度，还要注重电影本身的质量。BL股份有限公司可以建立专业的电影评估团队，综合各方面因素，对电影进行筛选，提高播放电影的质量。

2）供给侧结构性改革背景下企业价值链模式

供给侧结构性改革要求扩大有效供给，企业通过扩大有效价值链或开发新的价值链来扩大有效供给。BL股份有限公司应在价值链模式方面扩大有效供给。BL股份有限公司有自己完整的价值链，BL文化的艺术品经营与拍卖业务应以北京BL国际拍卖有限公司等拍卖公司、北京BL艺术中心有限公司以及北京BL艺术投资管理有限公司为平台，打造完整的艺术品经营产业链。对于其他业务，比如演出和剧场管理以及影院的投资管理，BL股份有限公司也可以打造完整的产业链或扩大现有产业链的规模，从而扩大企业有效供给。对于不必要或者效益低下的环节进行替代或者外包，在尽可能降低企业经营成本的基础上扩大企业有效供给。

3）供给侧结构性改革背景下企业组织模式

供给侧结构性改革要提高供给结构对需求变化的灵活性，也就是企业要提高对顾客需求的敏感度以及对市场变化的灵敏度。BL股份有限公司的组织模式大概分为剧院管理体制、影院管理体制以及艺术品经营。在这三个组织模式中已有了较为完整的管理制度或完整的产业链。在供给侧结构性改革背景下，提高组织模式的灵敏度和产业链的反应速度，及时掌握客户的需求以及市场快速发展趋势；对客户需求及市场变化实施应对措施，完善企业反馈机制，提高反馈效率；提高企业组织结构对客户需求变化及市场变化的适应性和灵活性，在此基础上，进一步完善反馈机制也有利于了解客户使用产品或享受服务后的感受，从而不断提高和完善供给质量。

4）供给侧结构性改革背景下企业关系网络

在供给侧结构性改革背景下，BL股份有限公司应进一步拓展企业的关系网络。BL股份有限公司的客户群体包括演出方、观众、剧院市场的开拓而带来的客户，也包括开拓影院投资市场以及拍卖市场的客户(艺术品收藏者、艺术品拍卖者)、电影消费者。在供给侧结构性改革背景下，可以对BL股份有限公司的客户进行细分，对潜在客户进行开发，并对客户的需求进行进一步的细分，包括直接需求和潜在需求。这与上文提到的完善反馈机制相一致，在关系网络中反馈也是很重要的一个环节，是企业与客户直接沟通的环节。

2.BL股份有限公司企业商业模式转换思路

1）了解消费者的需求变化，及时进行客户细分，扩大有效供给，并提高供给质量

BL股份有限公司剧院在管理和演出业务中，应该及时关注观众的喜好，确定演出的类型，以此提高观众满意度和供给的质量；在剧院管理业务时，可以针对不同类型剧院采取不同的管理措施，响应供给侧结构性改革，不断提高供给的质量。

具体来说，了解消费者需求和进行客户细分可采用市场调查法，包括观察法、问卷法、访问法。真正掌握消费者需求，所谓“对症下药”，根据消费者需求，提供符合需求的产品或服务，从而扩大有效供给。例如，要了解客户对剧院的评价，可以随机采用销售低价票或者免费票，让客户填写对剧院的评价表，通过评价表分析剧院现有模式的优缺点，从中寻找短板，弥补不足，并进一步挖掘和发扬优点。

2）完善企业反馈机制，提高企业对消费者需求的适应性和灵敏度

企业的结构比较完整，控股子公司和分公司较多，在反馈和传导机制上会慢一些。BL股份有限公司应将消费者视为企业最重要的资源，时刻把握消费者的行为和需求，并根据消费者的需求不断对自身的产品

或服务进行优化，完善企业反馈机制，增加与消费者的沟通渠道，让消费者和企业的沟通达到零距离，进而提高消费者满意度和忠诚度。

BL股份有限公司为保持企业与客户的良好沟通，可以设立微信公众号，或设计APP，给客户和企业建立一个沟通的桥梁。客户可以通过平台反映对企业提供的商品或服务的看法，也可以发表自己的意向需求，企业需对客户进行实时解答与记录。

同时企业也要做好管理层和基层的沟通。基层员工是与消费者直接接触的，他们比管理者更懂得如何与消费者交流。基层员工传递给管理层完整准确的消费者需求信息，是管理层做出决策的重要依据，也是BL股份有限公司提高对消费者需求变动灵敏度的重要依据。所以BL股份有限公司在公司内部也要建立基层的反馈机制，可以设置总经理信箱，举办员工意见大会，或对提供建设性意见的员工给予奖励等。

3）在对产品和服务质量检测时提高检测标准，从而提高供给质量

BL股份有限公司应对影片的选择进行严格审核，对艺术品的质量检测标准也要不断提高，对剧院管理的质量更要实时监测。BL股份有限公司下属的北京BL剧院演出有严格的把关，在管理上也与其他剧院不同，众多国内外优秀剧目将其作为在北京上演的第一选择。北京BL剧院在全国剧院行业中率先通过ISO 9001质量管理体系认证。BL股份有限公司应以北京BL剧院为榜样，对其他剧院提出相同的演出管理政策。

BL股份有限公司质量保证制度非常严格，但如何严格遵守制度，真正提高服务或产品质量，是提高供给质量的关键。笔者认为，应该首先让管理人员和员工树立质量保证意识；其次，对管理人员每天的制度实施，要进行监督与检查，对未完成的质量保证，要监督其完成。这需要企业对管理人员的任务分配合理准确，以保证各个环节的质量都有管理人员在监督。

3.BL股份有限公司新商业模式保障对策

1）国家大力宣传传统优秀文化，出台相应的政策

树立中华民族的中华文化保护意识，是文化保护工作的首要任务。所以宣传优秀传统文化意义重大。每个电视台应有固定的时间进行中华

优秀文化宣传，对于优秀文化保护和优秀文化宣传的节目要大力推广。

电视媒体是人们每天接触最多的媒体之一，通过电视媒体宣传传统优秀文化以及中华优秀文化保护，是一个有效的渠道。其次，对名胜古迹在发挥其旅游价值的同时要对其做好相应的保护措施。“读万卷书，行万里路”，去文化胜地直接感受文化的博大精深，但在观赏与学习过程中，要注意中华文化的保护，做好中华文化的传承。所以，国家针对旅游地文化保护也需要出台相应政策进行管理，以保证中华文化的完整性。最后，在互联网时代利用互联网宣传中华优秀文化，可以做中华文化讲座直播。如今网络已经成为人们日常生活中的必需品，所以通过网络进行中华优秀文化宣传会有很好的效果。

2）国家鼓励文化行业与其他行业有机融合，完善相关扶持政策，利用好文化产业专项资金

对于文化产业和其他行业结合，进而带动中国经济发展的企业给予一定的补助。可以针对文化产业和其他行业融合后对社会经济贡献的大小来确定补助资金。当然，国家在鼓励文化行业与其他行业良好结合的过程中，应该逐步完善制度，避免有的企业为了获取补助资金而盲目结合。

对于文化产业专项辅助发展资金，政府相关职能部门要进行合理规划并定期公示，让老百姓清楚资金的具体去向以及可以得到的鼓励资金，接受社会大众的监督；同时，老百姓了解资金去向可以使相关企业更好地参与这种融合，提高他们的参与度，使国家推出的政策更好地落实，真正在文化行业实现“大众创业和万众创新”。

3）保护原创中华文化，完善知识产权保护政策

首先，要牢牢树立中华文化知识产权保护意识，进行知识产权保护宣讲，保护优秀文化作品创作生产，传播中华文化精神，弘扬中华文化。其次，对于抄袭等事件，要制定非常完善和操作性较强的政策，根据抄袭的程度进行较为严厉的惩罚，避免出现“擦边球”的情况。

4）支持多种媒体渠道建设，发挥舆论引导的正面作用，增强传播力与影响力

以先进技术为支撑、内容建设为根本，推动传统媒体和新兴媒体深

度融合，建立完整的传播体系，打造一批新型主流媒体和传播载体。互联网是把双刃剑，它让信息可以迅速传播，也让错误的信息和舆论迅速传播。网络环境的健康也是文化传播的关键之处，文化能否在网络上完整且正确地传播，取决于网络环境健康与否，所以国家要引导正确的舆论传播，监督网络环境的管理，让网络发挥积极作用。

第四节　小结

本章选取BL股份有限公司作为研究对象，依据商业模式的构成要素（价值服务、价值链模式、组织模式、关系网络、收入模式）对该公司商业模式现状以及在供给侧结构性改革背景下该公司商业模式要素的创新等问题进行了探讨，并在此基础上对该公司提出商业模式创新方向以及具体实施措施建议。

由于时间和所能获取资源上的限制，本章还存在诸多不足之处，比如本章只选取BL股份有限公司作为研究对象，而不是整个文化产业，因而研究视角具有一定的片面性。此外，本章对于BL股份有限公司的一些数据属于横截面数据（静态数据），没能获取更多的时间序列数据，但企业是在不断发展变化的。这也是本研究以后需要考虑和努力的方向。

第五章　新零售背景下AL无人超市商业模式研究

最早的无人商店可追溯到100多年前的广西宁横县的无人菜市。一直到21世纪，智能化的无人商店才开始出现。2009年，上海出现了“未来商店”；2016年，日本推出无人便利店，亚马逊推出Amazon go无人超市。无人商店逐渐引起人们关注，其技术也日益发展和逐步完善[①]。2017年7月，AL无人超市推出，使无人超市再度引起关注。艾媒咨询2017年研究数据显示，2017年无人零售商店交易额预计达389.4亿元，未来5年无人零售商店将会迎来发展红利期，2020年预计增长率可达281.3%，至2022年市场交易额将超1.8万亿元[②]。

新零售的提出与发展推动了无人超市的发展，对整个零售业的发展都具有战略性意义。新零售致力于打通线上、线下，致力于创造与商品属性符合的消费场景模式，并联结VR、AR等技术，使消费者的购物舒

---

① 洪涛．中国无人商业发展报告［EB/OL］．（2018-04-10）．http：//www.100ec.cn/ detail--6444313.html.

② 艾媒咨询．2017中国无人零售商店专题研究报告［EB/OL］．（2017-07-13）．http：//www.100ec.cn/detail--6405238.html.

适度和满足感得到提升①。随着全球化的不断深入，新产品、新技术的生命周期越来越短，无人超市正处于发展萌芽阶段，要想具有旺盛且长久的生命力，必须具备科学的商业模式，进行经营创新。

本章通过对AL无人超市这一具有代表性的无人超市的商业模式进行分析，结合新零售理论、商业模式理论、商业模式创新理论进行详细的探究，充分探讨AL无人超市这一代表性无人超市商业模式的优势和不足，从而对其商业模式进行创新，以此为新零售下无人超市领域的其他企业以及未来行业的进入者提供借鉴。

第一节 AL无人超市商业模式发展现状分析

1.AL无人超市简介

多年前，无人超市就已经开始在人类社会出现，传统意义上的无人超市是以诚信为依托的。近年来，由于科技的不断进步，以技术为依托的无人超市逐渐发展起来。2017年7月8日，AL无人超市在杭州亮相，引起了全社会的高度关注，成为了各大社交媒体的热点。12月，AL无人超市成为乌镇第四届世界互联网大会唯一独立参展项目，可谓中国乃至全球无人零售市场当之无愧的先锋者。

AL无人超市是阿里巴巴新零售战略成员之一，亮相之后便引发热议，广受好评。AL无人超市以科技取代人工，极大提升了消费者的购物体验。首先，它使用图像识别技术对消费者身份进行识别认证，并对消费者行为进行追踪。其次，利用商品上的RFID标签（即电子标签）对商品进行识别和追踪，再结合消费者行为识别，判断消费者的结算意图。最后，消费者通过支付区时，实现在移动支付平台上自动结算。

AL无人超市是阿里巴巴集团内部孵化的以发展新零售为目的的产物，AL无人超市在以往的无人超市的基础上对技术和管理等方面都有所改进，在阿里巴巴品牌的影响力下，引起了社会的广泛关注。AL无

① 张毅. 零售4.0转型新零售成电商出路［J］. 互联网经济，2017（7）：36-41.

人超市以阿里巴巴集团作为支撑，拥有雄厚的资金支持，在不断发展创新的过程中，人才吸纳与技术研发等各方面阻力大大降低，有利于商业模式各要素的创新。在目前众多的无人超市中，AL无人超市的发展比较完善且受到社会的广泛关注，当然其商业模式中存在的问题也更具典型性和代表性，对AL无人超市商业模式的创新建议也更具有可行性。因此，本章选取AL无人超市作为研究对象，提出的创新思路在整个行业中可能更具借鉴意义。

2.AL无人超市商业模式构成要素研究

1）AL无人超市的价值主张

AL无人超市是新零售提出以来，国内无人零售市场最具代表性也最受社会关注的新零售商业模式企业。在无人超市越来越被人熟知的今天，它深深影响并改变着全社会的消费观念及消费方式。企业的价值主张（value proposition）即企业所提供的产品和服务具有的价值。AL无人超市运用的技术及其所带来的消费体验以及零售业的变革都是前所未有的。本章基于新零售的特征、无人超市的特征以及价值主张的概念，将AL无人超市的价值主张分为四大类，即整合零售价值链、注重消费者体验、提高运营质量及倡导新零售。

（1）整合零售价值链

零售业与人类生活关系十分紧密。在现代社会，社会分工高度明确，人们的生活必需品都从零售商处购买获得。随着生活节奏的不断加快，人们对购物的便利性要求越来越高，各大零售商销售的商品品种不一，消费者离超级市场路程遥远或者购买的商品体积过大、过重不便携带等问题亟待解决。基于这些问题，阿里巴巴提出新零售的理念，将线上线下物流结合起来，同时也将各大零售商连接起来，整合成为一个新的产业链，消费者无论在线上还是线下下单，都可以通过物流就近配送，极大增加了消费者消费的便利性。AL无人超市既是新零售价值链整体中的一部分，作为单独的个体，也创造了新的购物模式。

（2）注重消费者体验

新零售的提出源于提供更好的消费体验，AL无人超市在一定程度上满足了消费者的消费体验诉求。首先，“无人”给予了消费者一个充分自由的购物空间，不再受售货员的打扰；其次，“黑科技”加持，给消费者打造了一个体面的消费之旅；再次，保留了线下购物所具有的优点，消费者可以直观感受商品的品质；最后，在出口的支付区自助支付，不再因排队而浪费时间。同时，通过消费者在消费过程中的表情、停留时间以及购买的商品等数据，可以分析出消费者的喜好，从而可以有针对性地提升消费体验。

（3）提高运营质量

与其他无人商店相比，AL无人超市在运营质量上有了很大的进步。在整个购物过程中，消费者只需在进门时扫描一次二维码与个人账户绑定，不再需要其他操作即可完成全部的购物支付活动。在消费者购物过程中，图像识别技术可以准确记录每一位消费者的消费习惯，通过商品上的RFID标签可以对商品进行追踪，并准确识别出消费者购买的每一件商品。比AL无人超市早一年推出的Amazon go最多只支持20个人同时消费[①]，而AL无人超市可以支持50个人同时消费，增加了1.5倍。虽然图像识别、智能标签等一系列的技术使得AL无人超市在运营质量上已经有了很大的提升，但是许多技术还有待创新，其运营质量还有很大的上升空间。

（4）倡导新零售

AL无人超市是从新零售的理念出发，利用物联网技术，定位于给消费者提供一种全新购物体验，促进零售业的革新。AL无人超市可谓新零售商业模式下最具代表性的商业实体，它在原有零售价值链的基础上进行革新，并创造出一种新的消费模式，既促进了零售业的商品流通，也让消费者有了更好的消费体验。

2）AL无人超市企业资产管理

根据Alexander Osterwalder的商业模式九要素，本章将关键业务、核心资源和重要合作伙伴归为企业的资产管理，在此基础上对AL无人超市企业资产管理模式进行分析。

---

① 林舟，CFP.“无人超市”开张 全新零售时代来了？[J]. 企业观察家，2017（8）：22.

（1）核心资源

核心资源是企业最为重要的资产，对核心资源的管理是商业模式中的重要部分。核心资源是企业提供价值主张、进行组织创造、接触市场以及与用户建立关系的基础保障。企业拥有自己核心资源，才能具备核心竞争力，在与其他企业竞争时才会具备竞争优势。本章认为AL无人超市的核心资源主要有高新技术、雄厚资本、人力资源和品牌价值。

①高新技术

无人商店以智能系统取代人类店员之后，智能系统不仅要完成人类店员的任务，还要完成某些人类店员无法实现的工作，其需要的技术是十分强大的。与缤果盒子、Amazon go等无人零售商店相比，AL无人超市在技术上更加成熟。缤果盒子需要顾客使用移动终端识别商品上的二维码才能完成支付，而Amazon go在人流密集时，也会出现计算机视觉无法识别的现象，目前仅能应付少于20人的情况[①]。晚一步出现的AL无人超市，在支付及支持的客流量上都做了改进，顾客在购物结束后通过支付区时，智能识别系统便会使款项在绑定的支付宝账户中自动扣除，其传感器识别能力和物品追踪算法水平也非常强大，能够支持50人同时进店购物。AL无人超市主要融合了人脸识别技术、RFID标签——无线射频识别技术、物联网支付技术与大数据分析等“黑科技”[②]。AL无人超市运用的计算机视觉、传感器融合、自动支付、生物识别等技术，都是AL未来希望为消费者提供的消费体验的关键环节。

②雄厚资本

在初步探索阶段，建立无人超市所需要的包括研发费用、管理费用在内的所有费用，在无人超市漫长的生命周期中无疑是最高的。AL无人超市由阿里巴巴集团内部孵化而来，阿里巴巴集团就是其后台最大的资金保障。阿里巴巴2018财年Q3财报显示，阿里巴巴本季度营业收入127.61亿美元，同比增长56%，这些盈利部分将会用来支持阿里巴巴在新零售领域的发展[③]。

---

① 林舟，CFP.“无人超市”开张 全新零售时代来了？［J］. 企业观察家，2017（8）：22.
② 兰德华. 细数无人超市中的高科技［N］. 工人日报，2017-07-28（006）.
③ 佚名. 阿里巴巴公布2018财年Q3业绩 季度营收再创纪录［EB/OL］.（2018-02-01）. http：//stock.10jqka.com.cn/usstock/20180201/c602793176.shtml.

③人力资源

优秀的企业需要优秀的管理者，也需要优秀的员工，人力资源是企业十分宝贵的财富。作为一家互联网企业，阿里巴巴拥有马云、张勇、彭蕾等众多优秀的管理者，同时它也十分重视技术的研发，2017年成立的阿里巴巴达摩院，未来三年将投资1 000亿元用于基础科学研发[①]。

④品牌价值

AL无人超市与阿里巴巴集团不可分割。阿里巴巴被福布斯评选为2016年最具投资价值的企业，《巴伦周刊》则认为阿里巴巴“能让全球投资者参与到中国消费升级浪潮中”[②]。现如今，阿里巴巴已经发展成为一家可以影响中国甚至世界商业结构的企业。阿里巴巴2018财年Q3财报显示，年度活跃消费者在手机淘宝的带动下大幅增加，中国零售平台的年度活跃消费者达到5.15亿人，接近中国网民总数[③]。作为在中国社会十分有影响力的企业，阿里巴巴在不断创新商业模式，也在承担着社会责任。2017年12月，阿里巴巴发起了一项100亿元人民币的基金，聚焦乡村教育、贫困大学生群体、女性、电商扶贫和环境保护领域。同时还通过自有互联网平台带动全社会参与到公益中[④]。阿里巴巴品牌影响力极大增加了无人超市的品牌影响力，使AL无人超市受到社会的广泛关注。

（2）关键业务

关键业务是确保企业商业模式顺利实施的基础，明确企业的关键业务，才有可能有效整合企业的价值链，充分发挥企业的竞争优势。

AL无人超市作为新零售下无人零售行业最具代表性的实体，关键业务在于超市内物联网平台的搭建，超市内部系统的完善，以保证超市各部分功能的有效实现。为保证超市在无人的状态下依然能够良好运营，同时保证消费者良好的购物体验，阿里巴巴技术团队一直在对图像

① 佚名. 阿里巴巴2018财年二季度EPS远超预期 公司股价盘前涨逾4%［EB/OL］.（2017-11-03）. http：//stock.10jqka.com.cn/usstock/20171102/c601391833.shtml.

② 佚名. 阿里巴巴2017全年业绩超预期 核心指标全面领先腾讯（4）［EB/OL］.（2017-05-19）. https：//finance.china.com/industrial/11173306/20170519/30543397_3.html.

③ 佚名. 阿里巴巴2018财年二季度EPS远超预期 公司股价盘前涨逾4%［EB/OL］.（2017-11-02）. http：//stock.10jqka.com.cn/usstock/20171102/c601391833.shtml.

④ 佚名. 阿里巴巴公布2018财年Q3业绩 季度营收再创纪录［EB/OL］.（2018-02-01）. http：// stock.10jqka.com.cn/usstock/20180201/c602793176.shtml.

识别、自动支付等技术领域进行改进。

（3）重要合作伙伴

供应商是零售企业最重要的合作伙伴，AL无人超市也不例外。2017年11月，阿里巴巴和在全国拥有超过440家门店的国内大型超市的零售行业领跑者高鑫零售达成战略性合作，且与大润发中国订立2亿元供应协议，为线下渠道拓展采购供应链。早在AL无人超市推出之前，AL就开始了与众多企业的战略投资与战略合作，2014年3月，以53.7亿元入股银泰商业，2017年1月，持股74%成为其控股股东；2015年8月，以283亿元投资苏宁，成为其第二大股东；2016年11月，以21亿元获得三江购物35%股权；2017年2月，与上海百联集团在6个领域展开全方位合作[①]。这些投资与合作对AL集团在未来整个新零售领域的发展，都是具有重大战略意义的，极大推动了AL无人超市的发展。

此外，阿里巴巴还与政府部门合作，在马来西亚推出了首个eWTP项目下用于贸易清关及物流的“数字中枢”，促进了我国与东南亚各国的贸易。这一数字自由贸易区将降低市场门槛，有利于促进跨境贸易的发展，为我国中小企业提供更为便利的融资渠道[②]。

3）AL无人超市客户关系管理

（1）客户细分

AL无人超市的客户就是广大消费者。上文提到，阿里巴巴2018财年第三季度财报显示，中国零售平台的年度活跃消费者达到5.15亿人，大多数为年轻人，这些都是AL无人超市的客户或潜在客户。根据年龄可分为80后、90后年轻消费者以及70后中年消费者。80后、90后年轻人喜欢自由、科技感的消费方式，而70后的部分消费者随着零售平台的普及逐渐接受了这种新的购物方式。

（2）客户关系

企业与客户之间信息的沟通与反馈，即客户关系管埋，对十企业的

① 王宝义．“新零售”的本质、成因及实践动向［J］．中国流通经济，2017，31（7）：3-11.

② 佚名．阿里巴巴公布2018财年Q3业绩 季度营收再创纪录［EB/OL］．（2018-02-01）．http：//stock.10jqka.com.cn/usstock/20180201/c602793.

发展十分重要。为客户提供有价值的商品和服务是企业发展和创新的根本因素。及时与客户沟通，实时掌握客户的需求动向，可以更好地为消费者提供有价值的商品和服务，也有利于企业的可持续发展。

与传统零售商的不同之处在于，AL无人超市推出了被称为“Happy购”的情绪营销策略，通过超市内的图像识别系统识别消费者在购买商品时的情绪，并通过大数据和云平台及时处理，根据消费者的情绪提供不同的折扣力度。情绪促销机制是AL无人超市在管理客户关系方面的创新，及时处理并给出相应的折扣进一步优化了消费者的购物体验。

（3）渠道通路

渠道通路即企业向目标客户传递企业价值主张的过程。AL无人超市还未在国内市场大范围推广，就目前的情况而言，主要是依靠消费者口碑和媒体的宣传，AL无人超市作为标志性的商业形态，是全社会关注的焦点。各大媒体全方位对AL无人超市的运营模式进行了细致的报道，使得许多未能到AL无人超市体验的消费者对其也有一定程度的了解，引起了更多人对无人超市的关注。

无人超市的推出带来了全新的消费模式，吸引了许多消费者前来体验，体验之后，这些消费者会通过不同的社交渠道将他的体验感受、对无人超市的直观评价分享到他们的交际圈。通过这一渠道，无人超市也会受到更多人的关注，且在朋友的推荐下，这一部分消费者对无人超市会具有更高的忠诚度。

4）AL无人超市盈利模式

（1）成本结构

成本结构主要是指企业为维持商业活动的正常进行所需花费的各种费用组合。无人超市的成本结构与传统零售商有所不同。笔者认为在AL无人超市目前的成本结构中占比较大的主要有固定资产成本、技术成本、人力成本这三部分。

与传统线下超市相比，作为新零售环境背景下的线下超市，它也必须有固定的场所，就要支付场地费用，以及装修费用。除此之外，为保证超市顺利运营，必须安装大量的电子设备，这一部分费用与传统线下超市相比会大大增加；超市中使用的各种“黑科技”，无论是阿里巴巴自行研发，还是协议使用其他企业的技术，都需要成本，而且这些技术投入使用后，维护也需要成本；企业的管理人员、研发人员、现场指导人员等的工资福利等都是企业的人力成本。

（2）收入来源

收入即企业在经营过程中所获得的价值。企业收入的高低关系到企业创造的价值与获取利润的高低，是企业经营状况的直接反映，影响到企业的生存与可持续发展，获取更高的收入一直是企业追求的目标之一。

自零售业开始发展，一直到现在，零售商店本身的收入主要来源于在供应商和消费者之间赚取差价。AL无人超市改变了传统的商业模式，但收入来源与传统零售商并无区别，其利润主要也来源于供应商和消费者之间的差价。而且，随着社会经济的逐步发展，许多企业不再仅限于在某一个行业发展，逐步向其他行业、其他领域渗透。因此，无人商店所获得的利润可用于扩大规模以增加收入，也可以进行再投资获得营业外收入。

3.AL无人超市商业模式要素画布及评价

图5-1为根据AL无人超市商业模式各要素现有状况绘制的画布。通过对AL无人超市商业模式要素的分析，可以看出AL无人超市现有商业模式有其特点和明显优势，也存在许多还不完善的地方。

1）价值主张方面

由上文可知，AL无人超市的价值主张彻底颠覆了传统零售商的价值主张，从企业价值创造与获取价值为核心转变为以顾客消费体验为核心，在获取企业价值的同时更加注重消费者体验，提高了无人超市的运营质量，且在不断完善与创新。AL无人超市对整合新零售下零售价值链也具有重大作用，对新零售的发展也具有重大意义。

2）资产管理方面

企业资产管理包括对核心资源、关键业务和重要合作伙伴的管理，其中核心资源和关键业务是企业经营过程中重要的内部因素，重

<table>
<tr>
<td rowspan="2">重要合作伙伴（KP）
1.传统零售合作
高鑫零售
大润发
银泰
苏宁
三江购物
上海百联集团
2.政府
贸易部门</td>
<td>关键业务（KA）
超市内技术平台的搭建（软、硬件设施的结合）</td>
<td rowspan="2">价值主张（VP）
1.整合零售产业链
2.注重消费者体验
3.提高运营质量
4.倡导新零售</td>
<td>客户关系（CR）
交易关系：
“Happy购”的情绪营销智能反馈机制
提高用户体验</td>
<td rowspan="2">客户细分（CS）
按年龄划分：
80后、90后年轻消费者
70后中年消费者</td>
</tr>
<tr>
<td>核心资源（KR）
高新技术
雄厚资本
人力资源
品牌价值</td>
<td>渠道通路（CH）
媒体宣传
口碑传播</td>
</tr>
<tr>
<td colspan="3">成本结构（C$）
固定资产成本
技术成本
人力成本
运营成本</td>
<td colspan="2">收入来源（R$）
商品差价
资本收入</td>
</tr>
</table>

图5-1 AL无人超市商业模式要素画布

要合作伙伴是保证企业良好运营的重要外部因素，这三者对企业都是必需的。目前，阿里巴巴与许多企业甚至政府都开展了战略合作，这对企业在新零售领域的发展具有重大作用。同时，AL无人超市利用无人零售以及物联网技术的发展不断优化自己的关键业务，这为以后提供更好的消费者体验提供了保障。在核心资源方面，无论是资本、人力还是品牌价值，阿里巴巴都具有绝对的优势，在核心技术方面，尽管AL无人超市所使用的技术在目前略胜一筹，但在许多方面都需要提高。

3）客户关系管理方面

客户关系管理涉及三个要素，即客户细分、客户关系和渠道通路。无人超市与互联网密不可分，其目标客户即所有零售平台的使用者，特别是当年轻一代消费者逐渐成长起来之后，其目标客户也会越来越多。在客户关系方面，AL无人超市充分发挥了高科技优势，可以在消费者购买的同时根据消费者情绪立即做出折扣反馈，与传统零售相比有了很大的创新。在渠道通路方面还有待加强，当AL无人超市全面普及的时候应当开拓更多的渠道传递价值。

4）盈利模式方面

盈利模式即企业获得利润或价值的模式，包括成本结构和收入来源两部分。AL无人超市的成本结构与传统零售商相比，虽然在人力成本上大幅降低，但超市在运营过程中的技术、运行维护成本大幅上升，要想获得更高的利润，就必须降低技术和运行维护成本。在收入模式方面，目前无人超市还未开拓出更多的收入来源，在这一方面还有待创新。

第二节 AL无人超市商业模式面临的环境与挑战

企业所处的宏观经济环境，即政治、经济、社会、技术环境对企业长期的战略决策有着十分重大的影响，企业所处行业的变化则无时无刻不在影响着企业的短期决策。宏观环境、行业环境都是企业的重点监控对象，因此本章借助PEST模型和波特五力模型对AL无人超市所处的环境因素进行了分析。

1.AL无人超市的宏观环境分析——PEST分析

1）政治环境

2016年，国务院大力支持零售创新，在国务院办公厅发布的《关于推动实体零售创新转型的意见》[①]中提出，要坚持创新驱动，加强互联网、大数据等新一代信息技术应用，促进新业态、新模式的发展，支持企业运用大数据技术进行顾客消费行为分析，支持企业开展服务设施人性化、智能化改造。商务部在《中国便利店景气指数报告》中首次提及无人零售行业，认为将对行业发展起到积极的推动作用[②]。中央政策的出台，各省政府也纷纷表示将大力支持零售业的数

① 佚名．全国工商联发布2018中国民营企业500强名单［EB/OL］．(2018-11-11)．http：//www.xinhuanet.com//politics/2016-11/11/c_1119894052.htm.

② 佚名．商务部肯定无人零售对行业发展积极作用［EB/OL］．(2017-08-04)．http：//tech.sina.com.cn/roll/2017-08-04/doc-ifyiswpt5341242.shtml.

字化改造。这说明无人零售行业的发展越来越受关注，且相关政策正在逐步完善。由此可见，AL无人超市所面对的政策环境将越来越规范、越来越清晰。

2）经济环境

艾瑞咨询《中国无人零售行业研究报告》（2017）数据研究表明，2016年我国社会消费品零售总额达33.2万亿元，年增长10.4%，线上渠道是推动我国零售业发展的首要动力，具体如图5-2所示。

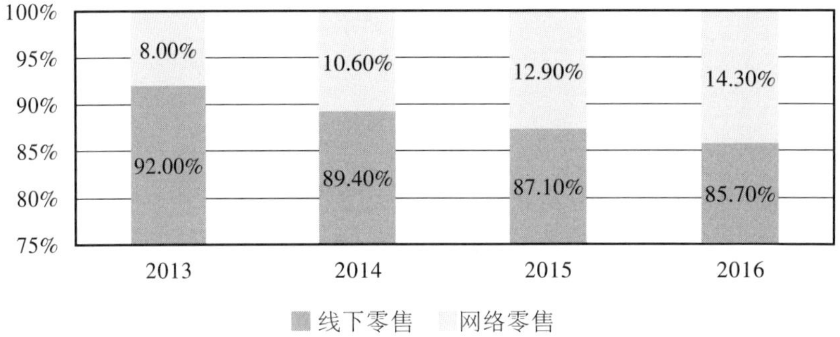

图5-2 2013—2016年中国社会消费品零售细分市场构成

数据来源：艾瑞咨询. 中国无人零售行业研究报告（2017）[EB/OL].（2018-12-11）. http: //www.199it.com/archives/662143.html.

但从图5-2可以看出，线下市场依然是零售业的主体，在社会零售总额中占到85%以上比例。这表明，在网络购物逐步发展和深入的情况下，线下零售在零售市场依然占据着绝大多数市场份额，线下零售依然是不可忽视的重要领域，具有巨大的发展空间。随着大数据、云平台以及人工智能的不断发展，新零售成了零售业态新的发展趋势，受到行业内外的高度重视。

我国无人零售市场近几年才开始发展起来，无人超市出现得更晚，仍处于发展前期，但我国的无人零售市场发展潜力巨大。目前我国的无人零售市场主要分为三种形式，自助贩卖机、开放货架和无人便利店。自助贩卖机因其存货量少，便于管理和操作，出现得比较早，现已发展得比较成熟。开放货架则是一种新兴的以企业为依托的无人零售方式。随着便利店行业在全球的迅猛发展，无人便利店也逐步发展起来。据艾瑞咨询数据显示（见表5-1），2017年无人零售市场（含贩卖机）交易规模保守估计将接近200亿元，预计2020年将突破650亿元，3年复合增长率在50%左右[①]。无人零售市场逐渐扩大的规模为AL无人超市的发展创造了良好的经济环境。

表5-1　　2017—2020年中国无人零售市场规模

项　目	2017年	2018年	2019年	2020年
无人便利店市场规模（亿元）	0.4	2	11.1	33
开放货架市场规模（亿元）	3	13.3	77	139.9
自助售卖机市场规模（亿元）	187.9	264.5	351.1	484.5

数据来源：艾瑞咨询. 中国无人零售行业研究报告（2017）[EB/OL].（2018-12-11）. http：//www.199it.com/archives/662143.html.

3）社会环境

马克思曾说，经济基础决定上层建筑。对于消费者来说，生活水平的不断提高和可支配收入的不断增多，再加上新一代的年轻消费群体逐步形成一股不可忽视的购买力量，社会整体不断追求越来越高的生活水平；同时，人们社会消费理念也发生了变化，不再是为了消费而消费，而是更注重消费的体验与乐趣。这一切变化为新零售的出现提供了良好的土壤。其实，新零售也是顺应社会变化不可避免的一场变革，年轻的消费者喜欢无拘无束，别具一格，无人零售作为新零售的一种表现形式，完美地为消费者提供了一种自由而独特的线下购物环境。

传统的线下零售随着线上零售的蓬勃发展，遭遇了不小的冲击，提升利润空间的关键在于成本和消费者体验的优化。同时，在电子商务、移动支付的普及以及智能技术发展的推动下，消费者诉求也发生了变化，传统零售企业在双重压力之下，为了实现可持续发展，其商业模式必须不断创新升级。

传统的夫妻零售店在社区大量可见，随着便利店行业的蓬勃发展，资金缺乏、利润薄弱的夫妻店的整合规划是城镇化建设的重要环

① 艾瑞咨询. 中国无人零售行业研究报告（2017）[EB/OL].（2018-12-11）. http：//www.199it.com/archives/662143.html.

节。新零售采用线上、线下、物流相结合的方式，将夫妻零售店整合到整个零售网络中，既提高了物流配送效率，也为其生存发展带来了新的希望。

总而言之，零售业面对的社会环境推动了新零售的出现与发展，AL无人超市的出现既能为消费者带来新的消费体验，也能给传统零售业的创新带来新的灵感。现有社会环境需要AL无人超市这一商业模式的诞生，但在AL无人超市发展还不完善的阶段，传统零售将是无人超市强大的竞争对手。

4）技术环境

零售行业转型升级的最重要推动力就是智能技术的发展，无人商店以人工智能取缔人工，要同时完成对商品的管理、对顾客的监控以及支付等一系列任务。其对技术的要求更高，正是大数据、云平台、物联网、人工智能、VR等技术的不断发展与成熟，才使得无人商店得以正常运转。

2018年，习近平主席在全国网络安全和信息化工作会议上强调，核心技术是国之重器，要加速推动信息领域核心技术突破，利用互联网新技术新应用对传统产业进行全方位、全角度、全产业链的改造，提高全要素生产率，释放数字对经济发展的放大、叠加、倍增作用①。在国家政策的支持下，互联网技术将逐步精进，为将来无人商店在技术方面的完善与创新创造良好的发展环境。

2.AL无人超市的行业环境分析——五力模型

五力模型是著名的战略管理学者迈克尔·波特所创造。本节将借助波特五力模型，从供应商的讨价还价能力、购买者的讨价还价能力、潜在竞争者进入的能力、替代品的替代能力、行业内竞争者现在的竞争能力五个角度具体分析AL无人超市所处的行业环境。

1）AL无人超市供应商的讨价还价能力

零售业态不断在发生变革，但零售行业的价值链却基本没有变化，

---

① 刘坤，等. 启航全面建设数字中国［EB/OL］.（2018-04-23）. http：//www.gov.cn/xinwen/2018-04/23/content_5285039.htm.

商品从制造商（到分销商）到零售商再到消费者。零售商提供了一个交易场所，将供应商与消费者连接起来，在制造商和消费者中间赚取差价一直以来都是零售商主要的利润来源。

与传统零售不同的是，新零售背景下制造商的讨价还价能力是相对较弱的。新零售连接了线上线下和物流，提升了消费者消费的便利性，也加快了货物流通速度，就近配送还在一定程度上降低了零售商的成本。销量增加，供应商的收入相应增加，其讨价还价的能力则会相对减弱。AL无人商店，与传统零售商店相比，管理成本将进一步降低，利润将进一步增加，供应商讨价还价能力将进一步减弱。总之，供应商的讨价还价能力在很大程度上取决于零售商的经营状况。

2）AL无人超市购买者的讨价还价能力

零售商的购买者即广大消费者，消费者是零售商生存与发展的根本。在互联网时代，消费者信息渠道与消费渠道越来越多，消费者对价格十分敏感，价格在很大程度上影响了消费者的消费决策。由此可见，消费者讨价还价的能力是很强的，但由于消费者个体较分散，其议价能力受到一定的限制。

影响消费者讨价还价能力的因素主要有以下几点：①紧急程度。如果消费者急需购买某种商品，消费者对其价格的敏感性就会降低，从而讨价还价能力便会降低。②稀缺性。俗话说“物以稀为贵”，当某种商品比较稀有，消费者的议价能力也会降低。③消费体验。消费者越来越注重消费体验，而为消费者营造良好的消费环境成了许多商店的核心竞争力。当消费者消费体验良好时，其对价格的敏感程度也会降低。

所以，AL无人超市的消费者不会直接与管理者进行议价，但其购物体验以及对无人超市的评价会影响到他本人甚至更多的人是否会再次消费，从而影响到AL无人超市的议价能力。虽然AL无人超市现在通过提供良好的购物体验来降低消费者的讨价还价能力，但当行业内的竞争者增多时，降低消费者议价能力的方式就是提供更加自由舒适的购物体验和更加优惠的价格折扣。

3）潜在进入者进入的能力

潜在进入者即有可能且有能力进入行业的企业。对于无人超市行业来说，其潜在进入者即有可能且有能力进入无人超市行业的企业。AL无人超市是国内出现最早也是最受关注的无人超市。在阿里巴巴集团的支持下，AL无人超市所运用的技术以及资金都处于行业领先水平。但是由于无人超市市场依旧并将继续处于初步发展阶段，技术、设备以及管理等许多方面都发展得还不成熟；再加上受宏观环境的影响，许多企业都想要在这个领域分一杯羹。例如，传统的线下零售企业就是潜在进入者之一。随着新零售的发展，传统线下超市不创新就将面临着被淘汰的风险。为了进一步降低成本与提升消费体验，凭借着在零售行业的地位，传统的线下零售超市极有可能进入无人超市行业。据相关研究①，一套名叫“极智购”针对大卖场的“全自助智能购物”系统在南方几家大卖场突然火了起来，只要有LED灯和智能购物车就可以实现非常方便的自助购物。除此之外，华润万家、永辉超市等也已经开始了无人超市的相关布局。

除了传统的线下超市，大型电商也是主要的潜在进入者。例如，2017年8月苏宁开出了第一家无人店“苏宁易购Biu”。消费者提前下载苏宁金融APP，面部被识别系统识别之后自动与账户绑定，即可进入店内消费；付款时直接通过付款闸道，系统会自动识别用户身份，并实现扣款。10月，京东“X无人超市”对媒体开放，其购物流程与AL无人超市相似，京东计划在2018年“6·18”前开出100家无人超市②。

国外无人超市也有可能成为国内无人超市行业的潜在进入者，中国人口红利虽然有下降趋势，但消费群体的购买力不可小觑。面对众多的潜在进入者的威胁，在AL无人超市本身发展还不成熟的情况下，AL无人超市应当加快商业模式各大要素的提升，以增强抵抗潜在进入者威胁的能力。

---

① 胡宗利. 叫板马云，传统大卖场开出了“无人店”[J]. 时代经贸，2017（23）：70-72.

② 洪涛. 中国无人商业发展报告［EB/OL］.（2018-04-10）. http：//www.100ec.cn/detail--6444313.html.

4）AL无人超市替代品的替代能力

到目前为止，AL无人超市还未大规模拓展市场，而零售市场有巨大的发展潜力，传统零售超市以及线上零售依然占据着大部分市场。近年来逐步发展起来的便利店在市场中也夺得了一席之地，这三者是无人超市主要的替代品。艾瑞咨询（2017）①对中国零售用户消费频次调查结果显示（见表5-2），这三者是消费者主要的消费渠道。

表5-2　2017年中国零售用户消费频次

项目	大型超市	小型超市	加油站便利店	连锁便利店	家庭式便利店	线上超市	外卖平台	020商超及宅配平台
一年3次或更少	3.00%	2.00%	6.90%	3.10%	1.90%	3.00%	3.50%	6.10%
平均三个月1次	2.30%	1.70%	3.90%	3.70%	1.70%	3.70%	3.70%	4.90%
平均两个月1次	2.90%	2.20%	7.30%	2.40%	3.30%	4.80%	4.00%	4.00%
平均每月1~3次	46.6%	41.70%	51.70%	34.60%	33.60%	60.30%	36.00%	50.60%
平均每周1~3次	30.90%	33.60%	17.40%	36.80%	38.10%	18.70%	31.50%	23.50%
平均每周3~7次	7.20%	14.30%	6.90%	15.40%	16.70%	7.00%	17.30%	7.40%
平均每周8次及以上	7.00%	4.50%	5.80%	4.00%	4.80%	2.50%	4.00%	3.40%

数据来源：艾瑞咨询. 中国无人零售行业研究报告（2017）［EB/OL］.（2018-12-11）. http：//www.199it.com/archives/662143.html.

传统的线下零售超市在国内市场兴起于1983年，经过30多年的发展，已经成为一种很成熟的零售业态，且以其产品齐全、价格低廉且可以亲身感受产品的质量与使用感受的优势，是消费者日常大型采购的主要选择。

从表5-3中的数据可以看出，大型超市的平均单笔消费金额要高于其他渠道。随着零售业的不断发展与完善，现在许多大型超市在消费达到一定额度后免费提供配送服务，使得线下购物更加方便，增强了消费者的购物体验。

① 艾瑞咨询. 中国无人零售行业研究报告（2017）［EB/OL］.（2018-12-11）. http：//www.199it.com/archives/662143.html.

表5-3 **2017年中国零售用户单笔消费金额**

项目	大型超市	小型超市	加油站便利店	连锁便利店	家庭式便利店	线上超市	外卖平台	O2O商超及宅配平台
1 000元以上	2.40%	1.70%	1.60%	1.30%	1.90%	2.70%	1.90%	2.50%
500~1 000元	4.30%	1.10%	1.90%	1.10%	1.70%	2.10%	2.10%	3.40%
200~500元	22.20%	5.60%	9.70%	4.20%	1.60%	12.50%	5.80%	6.00%
100~200元	34.60%	16.00%	20.50%	10.40%	9.10%	36.20%	9.50%	28.40%
50~100元	25.00%	29.30%	22.50%	17.10%	21.30%	36.30%	25.10%	35.80%
20~50元	8.20%	33.40%	30.20%	37.30%	29.90%	9.30%	45.60%	19.10%
0~20元	3.20%	12.90%	13.60%	28.60%	32.50%	0.90%	0.90%	2.80%

数据来源：艾瑞咨询. 中国无人零售行业研究报告（2017）[EB/OL].（2018-12-11）. http://www.199it.com/archives/662143.html.

2000年以后，随着互联网的快速发展，电子商务逐步发展为消费者的重要购物渠道。通过线上渠道购物，从下单到收货，消费者足不出户就能完成购物，因此这是最方便的购物方式。线上购物省时省力，选择也更加多种多样，从艾瑞咨询的研究结果可以看出，线上购物的消费频次及平均单笔消费金额都是偏高的。

近年来，诸如全家、中百罗森等连锁便利店在社区、办公楼等人员密集的区域快速发展起来。便利店以其便利、温馨的特点成为消费者小额消费的主要渠道，从表5-2和表5-3中也可以看出，消费者在便利店平均每周消费频次都是较高的，但平均消费金额主要集中在50元以下。

对于无人超市来说，要想扩大市场占有率，则必须尽量满足消费者的所有购物需求。不仅要像传统超市那样可以体验产品，还要能解决配送问题。当消费者只需购买少量商品时，必须保证其购物的快捷，除此之外还要具备其他购物渠道不具备的优势，增强自己的竞争力。

5）AL无人超市行业内现有竞争者的竞争能力

无人超市行业还处于发展的初期，行业内的无人超市并不多。严格来说，除了AL无人超市之外，就只有苏宁的无人超市“苏宁易购Biu”和京东的“X无人超市”。阿里巴巴作为苏宁的大股东，AL无人超市和“苏宁易购Biu”之间并不存在竞争关系。近年来，在便利店迅猛发展的基础上，无人便利店也逐步成长，京东无人超市和无人便利店是AL无人超市现阶段行业内的主要竞争对手。

京东无人超市于2017年10月首次亮相，略晚于AL无人超市，截至2018年2月，京东无人超市已经先后在北京、烟台、大连、天津、西安等城市落地[①]。从其使用的技术以及发展状态来看并不逊于AL，在京东无人超市购物的流程与在AL大体相似，首先使用京东APP扫描二维码并与账户绑定，会获得一个京东账户的专属二维码。用进门闸机感应器扫描这个二维码，开通免密码支付方式，经门廊上的摄像机取像成功后便可进入超市。当购物完成时，在出口闸机再次取像成功后，京东支付会自动支付，同时出口闸机和大门会自动打开。在整个过程中，京东无人超市也使用了RFID、人脸识别、图像识别等技术。就目前的形势而言，京东在无人超市的布局上可能更加积极，京东计划在2018年“6·18”前开出100家无人超市，并已和永辉、沃尔玛进行了相应合作[②]。

在无人零售市场已经出现了许多无人便利店，如EATBOX亿欧、天虹商场WellGo、缤果盒子等。无人便利店最大的优势在于门店多，可以开在任何人员密集的区域，虽然其门店小、商品少，但其可以随时满足消费者日常生活的小额消费需求，十分便利。其众多门店对于增强品牌影响力具有十分重大的作用，进而增强其市场占有率，这对于AL无人超市来说是一项巨大的挑战，如何扩大市场占有率是其未来发展战略的重点。

① 胡宗利. 叫板马云，传统大卖场开出了“无人店”[J]. 时代经贸，2017（23）：70-72.
② 洪涛. 中国无人商业发展报告［EB/OL］.（2018-04-10）. http：//www.100ec.cn/detail--6444313.html.

3.新零售对AL无人超市商业模式的影响

物联网技术的发展成为促进新零售产生和发展的主要技术动力，新零售本身就形成了一种全新的商业模式。新零售的逐步发展，推动了传统零售业的创新。具体来说，新零售这一新的商业模式对传统零售企业的价值主张、资产管理、客户管理和盈利模式等产生了巨大影响，促使企业商业模式构成要素的创新。AL无人超市是新零售的代表性业态，本节将对新零售对AL无人超市产生的影响进行具体分析。

1）新零售对企业价值主张的影响——关注企业价值创造向顾客消费体验价值转变

随着我国经济发展水平的不断提高和居民可支配收入的持续增加，消费者不可避免会产生消费升级的需求。人们对于消费的诉求不再仅仅局限于购买商品，购物发展成为人们生活的一种消遣和乐趣。新零售注重为消费者提供完美的消费体验，以此为核心对原有零售模式进行完善与创新，并不断加以改进，以满足消费者不断变化的多方面消费诉求。

在新零售被提出之前，传统零售业的模式基本上满足了消费者最基本的购买需求，并不断为消费者提供更加便利的方式，但并未给消费者营造出新奇的购物体验。究其根本，传统的零售商业模式更注重于企业创造和获取的价值，在技术还不成熟、企业资金匮乏的情况下为消费者营造完美的消费体验会增加企业的成本。随着物联网技术的发展和人们可支配收入的不断提高，以及零售企业管理模式的不断优化和成本的不断下降，现有的消费体验和消费者不断增加的消费诉求之间出现了矛盾，于是促使企业越来越重视消费者消费体验，使得企业的价值主张从关注企业本身的价值创造向提高顾客消费体验价值转变。AL无人超市商业模式的价值主张尤其关注如何为消费者营造更好的消费体验，运用各种“黑科技”降低运营成本的同时，充分考虑消费者现有以及可能出现的消费诉求，为消费者提供一个便利且充满乐趣的购物场所。

2）新零售对企业资产管理的影响——充分利用核心资源，构建无人生态圈，提供便利精准化服务

无人超市作为新零售的一种表现形式，是以高科技硬件设施以及互联网平台的组合构建为基础形成的一种新的运营模式。无人超市的产生得益于互联网、物联网、人工智能等技术的发展，在这些技术的支持下，真正实现“无人”，不仅使消费者购物体验提升，其便利性也进一步得到改善，真正实现新零售以提升消费者消费体验为宗旨的理念。

通过更加高效的管理模式，并联合供应商合作伙伴，无人超市实现了在商品供应及管理和超市运营方面的有效运转，使得无人超市无人依然有条不紊，并能使消费者更加便利地购物，精准满足消费者对购物体验的诉求，逐步实现无人超市良好的无人生态圈。

3）新零售对企业客户关系管理的影响——改善传统客户关系，精准满足消费者诉求，建立更多的渠道通路，提高市场占有率

移动互联网是新零售重要的支持平台，年轻消费者成为主要的目标群体。新零售促进了互联网技术的发展及其在零售领域的应用。正是各种高科技的广泛应用，使得企业与消费者之间的沟通反馈机制也变得智能化。利用智能图像识别系统，可即刻识别消费者的情绪，并做出相应的优惠措施。同时，无人超市内的智能系统还能记录消费者购买的商品，经后期的数据分析可以清晰掌握一片区域内甚至某位消费者的消费偏好，据此对超市内的商品做出相应的调整，以期精确满足消费者的诉求。但是在传递企业价值的渠道通路方面，AL无人超市还没有推出更多更受欢迎的方式，导致许多消费者对于无人超市“只闻其名”，而并不了解其基本的运营模式和价值主张。所以在新零售环境下，阿里巴巴应当有效开拓无人超市的渠道通路，提高消费者的认知度，为无人超市以后的发展做好铺垫。

4）新零售对企业盈利模式的影响——增加服务种类，增加企业收入来源

新零售与传统零售最大的区别在于其促进了线上、线下和物流的融合，使得线上线下均可下单，且就近配送，十分方便快捷。比如，天猫超市在上海、北京等城市推出了一小时送达服务，消费者在线上下单，

货物一小时内即可送到收货地点，跟线下消费相比更加方便快捷。阿里巴巴推出的另一家新零售超市“盒马鲜生”，既是超市也是餐厅，消费者既可消费也可用餐，而且支持线上下单，在距离超市3千米的范围内可半小时送到，真正做到了线上、线下、物流相结合。企业间也不仅仅与制造商合作，各大零售商之间也开展了越来越多的战略合作，促进整个社会新零售价值链的衔接。当然，AL无人超市作为新零售价值链中最具特色的一环，在收入来源方面还有待开发和创新。

第三节　新零售环境下AL无人超市商业模式要素创新

新零售理念的提出和发展，引起了广大零售商对未来发展方向与模式的思考与探索，对整个零售行业的商业模式都产生了重大影响。互联网的发展不断改变着消费者的消费诉求，而新零售的发展则促使零售企业在商业模式各大要素上开始创新，推出新的消费模式，也影响着消费者消费观念和消费模式的转变，其越来越追求个性自由和新奇的购物体验。在传统的零售发展环境中，面对消费者日益变化的消费诉求，由于技术等方面发展的局限性，消费者更高的消费诉求得不到满足。在新零售的影响下，技术得到了进一步发展，随着各大企业逐步意识到合作的重要性并加强了战略合作，零售业的资本与信息得到了充分的利用，不仅能够满足消费者日益年轻化的消费诉求，而且使整个零售行业的商业模式得到了创新。不仅是AL无人超市，传统零售商也开始创新商业模式，在提升企业运营效率的同时，还使整个零售行业的价值链网络得到了发展。在新零售的背景下，阿里巴巴需对无人超市的商业模式要素不断优化和创新，从而实现无人超市能够在社会上广泛推广并正常运营的目标。

1.新零售环境下AL无人超市商业模式要素创新分析

1）新零售环境下AL无人超市价值主张要素创新分析

企业价值主张的核心在于是否向消费者提供他们所需要的产品和服务。在生活方式不断改变和新零售的双重背景下，消费者的消费方式也在不断变化。随着人们生活水平的提升，人们越来越注重消费的过程而不仅仅是结果。更重要的是，新零售商业模式成功的关键依然在于客流量，只有真正满足消费者对消费体验的需求，才能获得消费者的认同与支持，企业才能获得发展的动力与资本。AL无人超市作为新零售背景下的代表性商业实体，其宗旨就在于为消费者创造良好的消费体验。而要做到这一点，就必须准确把握消费者的需求，实现企业价值与消费者需求的一致。

无人超市发展到今天，除了刚出现时给人的眼前一亮，到消费者冷静下来之后发现，没有了人类售货员，无人超市提供的服务和商品管理问题还有待考察。所以，无人超市在对其价值主张进行创新时，应当从消费者角度出发，充分了解消费者在购买时可能遇到的问题并加以解决。例如，在服务方面，当消费者购买了不便于携带的商品，人类员工可以提供配送服务。因此，对于无人超市，应当加强与物流公司的合作，来保障消费者的配送诉求。在商品管理方面，人类售货员可以保证商品时刻整齐归类，并能帮助消费者快速找到商品，还能帮助消费者处理生鲜类商品，在这方面，无人超市应尽量使商品的摆放和处理变得简单，生鲜类商品可以进行保鲜包装。在手机移动平台中增加商品检索定位功能，简化购物过程。

2）新零售环境下AL无人超市企业资产管理要素创新分析

资产管理要素包括核心资源、关键业务和重要合作伙伴。在核心资源方面，AL无人超市在技术上有了很大的创新，可以保障更多人消费，但商品上使用的RFID标签和超市所使用的识别技术，依然具有很大的局限性。当超市内的人数超过50人时，就无法确保准确识别消费者所购买的商品；而每当超市内的RFID标签增加一个，识别的准确度也会降低。因此，无人超市应当在技术上加以创新，确保对商品和消费者的监控更加精确并能承载更多客流量。AL无人超市的关键业务在于技术平台的搭建，促使软、硬件系统的结合。当超市所应用的技术得到提升后，关键业务将同步得到改善。在合作伙伴方面，AL无人超市除了加强与传统零售商、政府的合作，也可以加强与无人零售领域企业的合作，实现技术、资源更有效的利用。

3）新零售环境下AL无人超市客户关系管理要素创新分析

消费者永远是零售商最重要的客户，这一群体正在逐步偏向年轻化，年轻的消费者往往有独特的个性与追求。在新零售不断发展的背景下，其将会进一步带动消费者消费需求的快速变化。建立完善的消费者沟通反馈机制对无人超市的发展是十分重要的。虽然通过超市内的识别系统及大数据，可以单方面分析出消费者的购买偏好，但缺少了与消费者之间的主观交流，往往不能把握消费者真正的诉求。无人超市应当设置专门的客服机制，为消费者解答相关问题并了解消费者的真实想法。

在渠道通路方面，除了媒体和消费者口碑传播，无人超市应当开拓更多的渠道获得社会更大的关注与认同。比如，可以与政府或高校的科学研究院取得合作，提供赞助或就业机会；再者，可以助力互联网公益活动，促进偏远地区互联网的发展，了解偏远地区消费者的消费需求，并提供相应的解决办法等。通过这些方式，增加消费者的认同与信任，增强企业的竞争力。

4）新零售环境下AL无人超市盈利模式要素创新分析

盈利模式涉及企业的成本支出和收入来源。在新零售环境下，企业在盈利模式方面并没有太大的创新，企业的收入主要还是来源于供应商供应价格和消费者购买价格之间的差额。在成本方面，虽然省去了大部分人力成本，但在技术和运营维护上的成本大幅增加。对于无人超市盈利模式相对单一、收入来源与其他企业同质化比较严重的情况，AL无人超市可以加强与商业地产企业的合作，比如万达广场。AL无人超市可以入驻万达购物广场，在双重品牌的吸引下，客流量会增多；同时，AL无人超市可以加强对大数据的利用，通过分析数据为企业增加收入。此外，阿里巴巴应当加快技术的创新升级，以降低运营维护成本。

2.新零售环境下AL无人超市商业模式转换思路

1）提高服务质量，增强用户良好体验

没有了人类售货员的存在，许多人类售货员提供的服务也一并消失了。现代消费者追求消费过程的体验，不仅追求个性自由，也注重良好的服务。企业应当优化对商品的管理、保证消费者购物的便利性及建立良好的交流反馈机制。

在对商品的管理方面，应当创新商品的排列摆放机制，引导消费者文明购物；保持购物过程中商品摆放的有序性，对生鲜类商品加强保鲜措施，避免消费者在挑选过程中造成的不必要损失。在消费便利性方面，首先无人超市的选址要交通便利，或者为来此购物的消费者提供免费巴士。其次，在APP上增加商品检索定位功能，保证消费者在超市内消费过程中能快速找到商品。在反馈机制方面，除了通过超市内的识别系统了解消费者的偏好外，还应当建立更具人性化的沟通反馈机制，比如在APP上设立无人超市客服平台，加强与消费者的直接沟通。

2）完善智能平台，展现“无人”优越性

无人超市，以高科技设备与互联网的结合取代人工，设备在运营的过程中无疑会出现各种各样的问题，比如识别错误。消费者在使用过程中很有可能不知道如何操作，这必然会增加用户学习的成本。所以，AL无人超市要对技术不断完善。

首先，要对超市内的软硬件设施进行升级，简化消费者进入超市的操作，比如可以借鉴“苏宁易购Biu”的人脸识别绑定系统。同时，要增强对商品和消费者识别的精确度，减少失误，避免给消费者带来不便。

其次，简化消费者在APP上的操作，使操作过程更加简洁清晰。由于无人超市对于消费者而言是一个全新的事物，其操作起来会比较生疏，简化操作过程和步骤，就会减少企业因此而导致的消费者学习成本；同时简单的操作也提高了消费者的便利性，优化了消费体验。

3）增加产品渠道通路，提高无人超市的认知度

AL无人超市长久以来一直凭借媒体的报道来获得广大消费者的关注，而凭借媒体带有主观性的评论很难保证消费者对无人超市的较高的认可度。随着互联网的不断发展，信息的来源与不确定性增加，媒体的评论不再那么可信，所以无人超市应当及时采取新的策略，增加消费者与品牌的接触度，并获得消费者认可。

首先，AL无人超市可以借助消费者信任的媒体平台进行宣传。AL无人超市可对无人超市的真实状态进行报道，这样会增加报道的可信

度，有利于树立AL无人超市在消费者心中的良好形象，提高消费者对无人超市的认可。其次，AL无人超市可以加强与商业地产的合作，利用相应企业的影响力来提高自身的受关注度。最后，AL无人超市可以开展一系列的线下营销推广活动，直接与消费者进行互动，在消费者中树立良好的口碑。消费者口碑宣传是AL无人超市最有效的宣传渠道。

4）创新盈利模式，促进多元化盈利模式的发展

AL无人超市的盈利模式，尤其是收入模式，与传统零售企业具有同质化的特征，所以要增加企业利润，就必须对盈利模式进行创新，促进盈利模式的多元化。首先，AL无人超市可以利用大数据资源为企业增加收益。AL无人超市记录了消费者的消费数据，如果AL无人超市可以有效利用丰富的数据资源，未来可获得的收益是不可估量的。例如，AL无人超市可以开展商业咨询业务，利用获得数据分析不同年龄段、不同地区消费者的消费偏好，为其他零售商在零售领域的发展提供专业的咨询服务，并收取相应的费用。

其次，AL无人超市可以加强与传统线下零售商的合作。在新零售背景下，互联网技术在零售领域发挥的作用越来越大，许多传统零售商缺乏相应技术，且研发资金不足。AL无人超市可以抓住机会，加强与传统线下零售商的合作，建立无人超市供应及发展的互助体系。

最后，当AL无人超市拥有独立法人资格时，可以通过特许经营的方式来增加收入。特许经营不仅可以增加企业收入，还能扩大企业的品牌影响力，吸引更多的消费者。

第四节　AL无人超市商业模式创新保障策略

第一，加强多方技术研发与合作，确保系统安全高效运营。AL无人超市商业模式的创新，与多方面合作者的切身利益相关，各项技术的应用是无人超市成立与良好运营的保障。因此不断推进技术的创新，提高各系统在运营过程中的安全高效是无人超市更好发展的根本所在。

AL无人超市整体运营系统结合了图像识别系统、智能追踪系统、自动支付系统等多种智能系统，任何一个环节出了问题都可能导致整个

系统的瘫痪。每一个独立系统的正常运转对无人超市整体的正常运营都至关重要，所以企业要加强系统的建设与完善，并加强对消费者信息的安全保障。无人超市每一个系统的搭建都需要相关技术作为支撑，AL无人超市要获得可持续发展就必须保持技术的完善与更新。AL无人超市在重视企业内部技术研发与创新的同时，更应注重与相关研究机构的合作，尤其是各大高校与专业研究院，加强技术上的交流，保持技术创新的灵敏度，保证超市内应用技术的及时完善与创新。

第二，加强企业组织架构的建设，保障企业商业模式正常运转。AL无人超市作为阿里巴巴集团新成立的事业部，在其整个人才建设方面都充满了对未知的挑战，因此要重视无人超市的人才建设，保障无人超市商业模式的有效运转。

首先，要建立科学的人才招聘体系、培训体系和薪酬激励制度。AL无人超市的运营完全依赖于高科技，人才管理制度对AL无人超市至关重要。AL无人超市应当从战略层面规划人力资源制度，对管理人员和技术人员设置科学有效的招聘和培训体系；同时采取科学有效的薪酬和绩效考核制度，并加强员工关系建设，促进员工间的交叉沟通与合作。

其次，建立良好的晋升机制。企业不仅要关注自身的发展，也要关注员工的发展与价值追求，为员工提供实现其价值的机会和平台。满足员工需求，才能最大限度地挖掘员工的潜能，也能极大提高员工对企业的忠诚度，为企业创造更大的价值。

最后，要加强事业部各部门间、事业部与集团总部之间的有效沟通反馈机制。企业的战略目标不是任何一个独立部门可以单独完成的，需要各个部门的协调合作。因此，加强各部门间的良好沟通合作才能保证商业模式各环节的良好运转。

第三，加强企业文化建设，增强客户信任度。企业文化是企业发展过程中的重要组成部分，企业文化直接影响整个企业的价值观念以及社会对企业的直观印象，对员工的工作态度与追求也会产生潜移默化的影响。拥有良好企业文化的企业不仅受广大员工的欢迎，还会受到合作伙伴及消费者的赞赏，吸引更多的合作者与忠实消费者。

AL无人超市是新零售背景下的科技创新型商业实体，要保持其发展的动力与活力，促进商业模式创新，就必须建立创新有活力的独特企业文化，获得全社会的信任。这不仅可以吸引更多优秀人才，也能吸引更多消费者的关注。同时，AL无人超市要加强对企业文化建设的宣传力度，促进整个企业内外部都形成良好的企业氛围，共同促进企业商业模式的创新。

第五节　小结

1.研究总结

AL无人超市是新零售背景下典型的商业实体，在中国无人超市领域具有里程碑式的意义。它促进了零售业的革新与发展，由于其仍处于发展初期，还有很多问题有待解决。

本章从AL无人超市的商业模式要素出发，对AL无人超市的商业模式进行了研究。首先，对新零售理论、商业模式理论以及商业模式创新理论进行了简要回顾。其次，本章从商业模式要素的角度对AL无人超市的商业模式做了详细介绍。再次，本章对AL无人超市发展所面临的宏、微观环境进行了分析，明确了新零售对AL无人超市商业模式的影响，为模式要素创新分析和可行性分析做了铺垫。最后，本章尝试提出新零售环境下AL无人超市商业模式要素创新策略，并提出确保AL无人超市新商业模式实施的若干保障策略。

AL无人超市所面临的问题也是目前大多数无人零售商业实体所面临的问题。由于无人超市依然处于当今该业态发展的最初阶段，许多问题的出现是发展中的必然，有问题才能更好地创新。本章通过对AL无人超市商业模式的研究，可以给类似企业的发展提供借鉴。

2.研究不足与展望

1）研究不足

新零售下的无人超市是新生事物，相关的研究资料很少，且笔者对商业模式要素创新的理论研究尚不成熟，导致分析过程可能存在很多不足之处，尤其是对于AL无人超市客户关系、渠道通路及盈利模式等方面的研究。

由于AL无人超市目前仍处于试验阶段，本章对AL无人超市在这些方面所采取的策略描述是否准确，笔者尚不确定，并且AL无人超市发展带来的信息安全问题、管理问题、价值链运转问题等对商业模式创新提出了更高要求，目前这些方面也缺乏专业研究，未来都需要更进一步的研究。

2）未来展望

虽然在发展过程中出现这样或者那样的问题，但我们相信新零售的逐步发展、无人超市的发展会逐渐成为未来社会商业发展的一种趋势。随着在实践中该业态的深入发展，其所暴露的问题可能也会越来越多。政府正在加强对这一新商业模式的重视与监管，更多的国内外学者也会更加关注这一领域，人们也会逐步接受无人超市走进日常生活，学者们对新零售和商业模式理论研究将会不断深化。

第六章　互联网环境下HS公司商业模式研究

21世纪是信息化时代，互联网产业蓬勃发展，各种社交软件深刻影响和改变着我们的生活和工作方式。人们可以通过这些社交软件毫无障碍地畅谈和分享趣事，促进信息的快速传播。在此过程中，人们通过互联网社区的飞速发展发现了商机，于是我国逐渐产生了许多基于互联网的新型企业，HS公司即是其中一家有较大影响力的“网红”企业。

本章首先介绍了HS公司的起源、发展历程与特点，并对互联网环境下HS公司的商业模式构成要素进行了分析，进而探讨HS公司发展面临的内部困难和外部挑战。最后，基于商业模式要素分析理论，分析构建HS公司商业模式创新优化策略，并提出确保其创新策略顺利实施的保障措施，以此为基于互联网的其他企业商业模式发展提供新思路，为大众创业万众创新拓展新方向。

第一节　HS公司商业模式发展现状分析

1.HS公司简介

HS公司创办于2013年，通过UGC购物分享社区模式，在不到5年的时间里已经成为全球最大的社区电商平台。截止到2017年，HS公司用户突破5 000万，并且相继受到领导人的视察，知名度大大提高；截止到2018年7月，HS公司的用户量已经突破1亿大关，月活跃用户已突破3 000万[①]。多次开展年度活动。例如，“HS公司66周年庆”、“红色星期五”“HS公司全球大赏”等活动。在商业模式上，HS公司有着其他社区软件所没有的优点，研究HS公司的商业模式有利于类似企业从中吸取经验教训，开拓思路，分析自身企业商业模式需要改进的地方，促进我国电商产业更好更快地发展。

1）HS公司的起源

随着我国经济的发展，人民生活水平不断提高，人们越来越注重对消费升级需求的满足。但是在2013年前后，由于关税等原因，海外商品的网络销售带来了巨大的利益。当时很多电商网站都发现了这个商机，但是由于刷评等原因，客户并不容易找到真正好的商品[②]。然而2013年创办的HS公司有着与大多数购物平台完全不同的商业模式，因为它是一种购物分享平台。在创建最初，主要是有一些顾客写下自认为比较好的商品，由于真实度和可信度比较高，被分享的商品很快得到了人们的青睐，作为传播平台的HS公司自然也逐渐发展起来。在创办的第二年，HS公司就获得“最佳海外购物分享APP”奖项。HS公司就是以这个作为突破点，通过网络收集购买者的购物心得，并且以此为媒介，推动网上购物的发展。这种营销方式迅速吸引了人们的注意力，社区经营方式让客户感觉到，在HS公司平台上购买的物品质量有保证，经过推广宣传，HS公司知名度迅速提升。随后HS公司不断发展，相继

① 佚名. 小红书产品分析报告［EB/OL］.（2018-11-28）. http：//www.opp2.com/108100.html.
② 夏宏. 小红书：境外购物助手［J］. 创业邦，2014（6）：30-31.

和腾讯、阿里等合作，并在第一财经跨境电商投资峰会上获得了“新锐成长奖”，进一步提高了知名度。

2）HS公司的发展历程（如图6-1所示）

2013年下半年HS成立于上海，并推出海外购物社区，并获得数百万美元的A轮融资

2014年8月，HS获得“最佳海外购物分享APP”

2014年9月，HS获得“移动社区100强”和腾讯“HS”奖

2015年7月，HS在第一财经跨境电商投资峰会上获得“新锐成长奖”

2016年12月，HS入围“十大强商”，HS知名度逐渐提高

2017年6月，HS在“6·6周年庆大促”上，2小时内销售额突破1亿元，用户突破5千万

2017年9月，HS APP登上年度应用风云榜

图6-1 HS公司发展历程时间轴

资料来源：笔者根据资料整理得来。

2013年6月6日创办于上海的HS公司，在不到五年的时间里迅速发展，成为全球最大的消费者分享社区。回顾HS公司的发展历程，其在建立初期就拥有数以百万美元的A轮投资金额，为HS公司的成长提供了重要的资金支持；其购物APP的产生能够让人们更加方便快捷地使用，获得用户的好评，并在2014年获得“最佳海外购物分享APP”奖项；而HS公司也逐渐被众人熟知，获得腾讯应用宝“小红花奖”。在此后的三年间，HS公司相继获得第一财经跨境电商投资峰会的“新锐成长奖”、“十大强商”等，这无疑说明了HS公司的知名度和影响力在不断提高。2018年是HS公司继续向外发展的年份，根据HS公司联合创始人所言，HS公司正在着手与Genesis等投资方合作，估值25亿美元。如图6-1所示，HS公司在2013年至2014年之间主要处于摸索阶段，发展效果良好，获得一致好评，因此从2015年至今多次获得各种奖项；目前HS公司正着眼于IPO[①]，并进行新一轮融资，HS公司的发

① 佚名. 小红书创始人：预计未来两到三年IPO［EB/OL］.（2018-04-09）. http://finance.sina.com.cn/7x24/2018-04-09/doc-ifyuwqez7314265，shtml.

展空间不断扩大，拥有广阔的发展远景。

3）HS公司特点

第一，依托互联网进行发展。

HS公司自创办以来，历时五年已经发展成为全球最大的社区电商平台。HS公司就是借助网络信息的共享来发展的，如果没有互联网，HS公司就失去了发展的平台；没有互联网，HS公司就不能快捷有效地传递信息。HS公司第二总部落户武汉东湖高新区光谷，是互联网+联合电商在武汉开展的互联网企业，在光谷有5 000多个技术人员岗位，这些网络技术人员的存在本身就说明互联网对于HS公司的作用。在对HS公司的研究过程中，互联网的身影随处可见，互联网对于HS公司的发展具有决定性的作用。

第二，商品转化率高，产品分布广泛。

HS公司在2017年建立了国际物流系统，电商营业额高达百亿元，成为全球最大的消费者口碑分享平台。HS公司市场规模总体呈现上升趋势，日活跃人数多，足以说明HS公司的发展状况良好。与此同时，HS公司的商品转化率很好，每天更新的商品90%左右都会卖光，商品种类包括化妆品、零食、日用品等各个方面，创造出上亿元营业额，HS公司的发展势头不可阻挡。在HS公司逐渐提高知名度的过程中，其也与其他品牌商建立了合作关系，通过互惠共赢，HS公司的影响力越来越大。

2.HS公司商业模式构成要素分析

本书结合互联网对HS公司的影响，通过其运营过程，结合Alexander Osterwalder对于商业模式的九要素分析法，重点从价值定位、产品推广、营销策略、分销渠道、盈利模式等五方面进一步探究HS公司的商业模式。

1）价值定位

研究HS公司的价值定位，就是要研究它想要解决什么问题，又为哪些客户服务，根据HS公司官方数据，在HS公司的注册用户中，超过一半的人都来自一线城市；在年龄和性别上则大多是18岁到30岁的女性，尤其是学生和刚毕业没多久的年轻人。女性一直以来都是网络购物的主力军，很多电商也都以此为商机，开辟了大量女性购物板块。HS公司的目标顾客是一线城市里的年轻白领，或者是才刚刚进入大学的学生，既拥有很高的消费欲望，也有一定的经济实力作为支撑，由此带来巨大的经济效益①。HS公司就是以此为重点，精准选中目标人群，通过网络技术，引导顾客写下自己的购物心得，激发人们的分享欲望，带动相关产品的销售与发展，让人们通过真实的分享内容从而产生强烈的购买愿望。HS公司运用这种方式来引导消费的连环效益，促进网络购物成功率的提高和社区电商的强转化率。在HS公司的版面上，主要都是一些针对女性用户的化妆品或者衣物；通过对地区的分类，将产品分为欧美区、日本馆、韩国馆等分区，让顾客更加方便地找到自己所需要的东西。

2）产品推广

HS公司注重产品的质量和分享，通过让目标客户在购物时获得愉悦感，促进购物量的增加。在最初建立之时，它主要是通过社区分享的模式，收集人们的购物信息。这时候它提供的主要是购买攻略，通过购物达人的分享来提高知名度。而在购物攻略上主要写的是关税、商品推荐等，但是这种方式下的信息并不容易扩散。为了更好地实现购物心得的分享，提高知名度，HS公司再次运用互联网。HS公司开展了和苹果公司的合作，重点关注的就是社区功能。社区功能是HS公司最重要的功能，是顾客购物的分享群，为此HS公司进行了诸多改进。通过达人榜和积分鼓励，推动顾客对购物心得的分享。HS公司通过把愿望单里面的东西给好友展示这一方式来促进产品的销售；在每个商品的旁边都包含了商品的来源性质等，这种分享方式不仅简单快捷，一目了然，还可以扩大效益，由一个顾客推广到她的朋友，通过扩散性的分享，促进商品的推广。

以下就是在HS平台常见的产品分享：购买者将产品和自己的生活经历相互结合，通过故事的方式讲出来，商品质量信息的真实度就更

① 张颖馨. 小红书定义新一代社区电商［J］. 投资与理财，2015（13）：60-61.

高，更能引起人们的共鸣；其他顾客可以通过评论和对话的方式来进行资源的分享，在屏幕的不同位置，分别显示了这篇分享文章的各项数据，可以更好地反映关注度。之后借助上线以来数据的收集和整理，通过商业跨界的模式来进行产品的销售。当然在这个过程中，产品质量的好坏起着决定性作用。

3）营销策略

产品推广需要和营销策略相互促进。HS公司的营销策略主要是从内容入手。HS公司有一个非常鲜明的特点，那就是它有三个标签。三个标签简洁地描述了购物地点、购物所需要的钱财，以及需要买什么。HS公司还有发帖和其他功能，发帖功能可以很迅速地帮助顾客之间进行交流，搜索功能可以很方便地找到需要的东西，投票功能可以更好地帮助顾客积累看法，以便更加快捷地下决定[①]。从中可以看出HS平台上面的物品都有着很高的转化率，非常具有经济价值。当顾客能够快速便捷地进行下单时，接下来就是对运营方式的分析，具体如图6-2所示。

图6-2是HS公司客户跨国购物和国内购物时各企业的合作链，HS公司在其中作为一个沟通桥梁，将客户和商品连接起来，通过支付企业、物流商等进行连接。HS公司主要是作为生产者和消费者之间的中介进行业务运营的，在客户下单之后，HS公司能够通过支付部门和物流商进行转化，从而将顾客想要使用的商品运送到顾客手中。

下面我们对HS公司的营销策略进行进一步的分析。营销分为“营”和“销”。在“营”方面，HS公司主要是通过页面的布局来让客户有着良好的下单欲望[②]：在软文推广方式中为客户“营”造良好的氛围，让其有了解商品的欲望；在标签设置上“营”造了简单的购物环境，客户仅仅通过标签就可以了解到商品的使用方式和使用技巧；在页面设置上，利用简单清新的布局、快捷的搜索方式为客户“营”造出良好的购

① 周红波. 用社区口碑做跨境电商——专访小红书创始人毛文超［J］. 计算机应用文摘，2015（15）：20-22.

② 张永迪. 小红唇：一年融资3轮，用户破千万［J］. 创业邦，2016（5）：36-37.

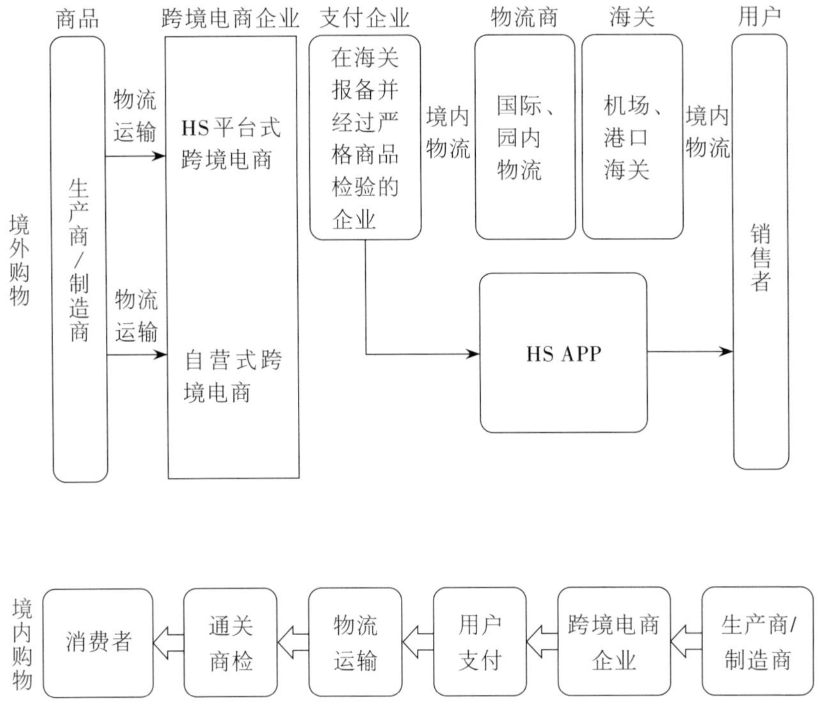

图6-2 HS公司合作链

资料来源：作者根据资料整理所得。

物环境，有利于增强客户的购买欲望。以上就是HS公司为客户能够下单所做的策略。

在“销”方面，从HS公司供求关系流程图中可以有效地了解到其销售方式。作为品牌商和顾客之间的交流中介，HS公司不需要承担经济方面的责任，仅仅通过下单-通知来连接客户[①]。但是在这个过程中应该注意保持产品的高质量和对知名度的维持，只有两者协同并进，这种营销方式才能够长远地发挥其优势。

4）分销渠道

表6-1是HS公司经营方式中的分销推广方式，其中社区合作是其主要的方式[②]。互联网的快速发展在HS公司的发展过程中占据重要的地位，是HS公司等电商发展的重要依托，没有互联网的发展就没有HS

① 刘辰．小红书：电商大促2小时卖了一个亿［J］．创业邦，2017（7）：84-87.

② 刘璐．社区电商小红书的品牌建构——以日本电通蜂窝模型为分析工具［J］．青年记者，2016（17）：96-97.

公司的出现。

表6-1　　HS公司分销渠道表

分销渠道	依托根据	渠道适用人群	渠道优势
社区内部营销	互联网的快速发展及新媒体的出现；社交网络的繁荣发展	新媒体使用者，爱好社区交流的消费者	通过信息交流创建分享平台，提供购物信息，真实可靠
分享社区传播	互联网的发展及平台多元化	年轻女性，新媒体使用者	基于社区分享，表达用户真实想法，内容可靠；定位于年轻女性，经济效益高
跨界电商合作	互联网的发展	购物社区和新媒体的发展	扩大经营范围，顺应用户需求将社区经营与跨界电商结合，促进知名度和经济效益提高

资料来源：作者根据资料整理得到。

5）盈利模式

HS公司盈利模式分析分为成本结构和收入来源两部分，如图6-3所示。

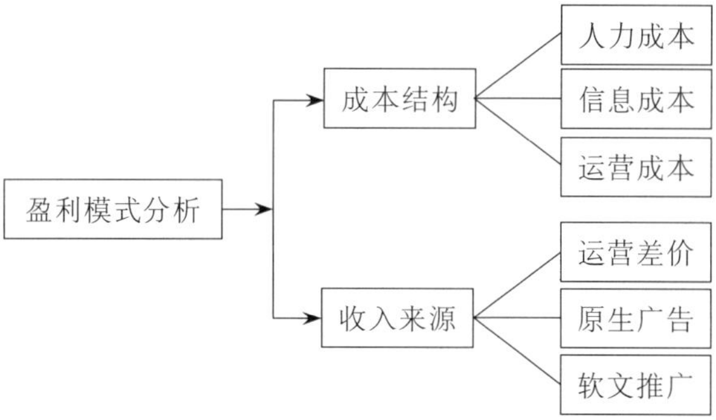

图6-3　HS公司盈利模式分析

资料来源：笔者根据资料整理得到。

（1）成本结构

成本结构主要是企业各成本项目占总成本的比重。HS公司的成本，主要包括人力成本、信息成本、运营成本。

第一，人力成本。HS公司作为社区网站，需要人力进行管理和社区环境的维护；由于HS公司的发展是依托于互联网的，因此HS公司对于科技人员的需求量大；HS公司和国内外品牌纷纷建立友好合作关系，顾客下单之后由HS公司统一购进，需要人员统筹和协商 。

第二，信息成本。互联网条件下，电商的主要变现方式就是通过定价和购买量之间的调整来赚取代购差价。HS公司的供求模式主要是通过海外采购加上自营仓库进行商品的补充。通过商务合作与交流，HS公司和各个品牌商建立合作关系，其主要来自韩国、日本和澳大利亚。这些品牌商为HS公司提供商品，使HS公司的知名度进一步提高。用户在HS公司平台上进行信息交流，通过信息资源分享等方式，让更多的人了解品牌商品。但是在推广过程中，为更大限度地增强推广的效果，HS公司就需要利用版面设计或者为知名分享者提供优惠，因而产生信息的扩散成本。

第三，运营成本。HS公司的经营主要是通过自营模式，HS公司在郑州和深圳等地建立了自营仓库。这种仓库可以有效保证商品的供应，但是不可避免地会产生运营成本。比如，HS公司顾客原本在郑州下单，原本需要等待4天时间，因为需要HS公司先向合作商下单，然后通过订单核对，之后再由合作商所在地向郑州发送货物。但是由于自营仓库的存在，商品可以直接从郑州发出，一天左右就能够到达客户手中。正是由于自营仓库的存在，HS公司和合作商的运营时间缩短，大大提高了运营效率。但是仓库建设的费用及其管理费用也是开销的一部分，加上跨国运输产生的成本，也会对HS公司的盈利造成影响。

（2）收入来源

第一，赚取运营差价。用户被品牌商的产品所吸引，使用过后会到HS公司平台上进行交流，品牌合作商为HS公司带来了人流量和知名度。在跨国购物的过程中，客户在HS公司平台上下单，HS公司统一账单之后就会到海关商检系统申请对商品进行审核，海关也会对商品进行质量检查，只有质量好的商品才能够通过海关运到客户手中，从而实现了商品的质量监管以及对知名度的保证。在国内购物的过程中，当国内顾客下单时，HS公司统一和合作商进行联系，通过定价和售价之间的差值来赚取差价，这就是HS公司作为社区电商的重要盈利模式——赚取差价模式。

第二，通过原生广告直接赚取广告收入。随着HS公司的进一步发展和知名度的提高，广告也是不可避免的。参照传统的商业平台，如淘宝、唯品会等品牌，其与HS公司的广告模式还是有共同之处的。原生广告模式就是传统的广告模式，通过介绍商品的性能、优点等进行推介，直接简单。大量的原生广告可以创造出巨大的经济效益，最简单也是最常见的方式就是通过明星进行代言。明星利用自身的流量优势提高商品和企业的知名度，从而达到合作共赢的局面①。

第三，通过软文推广提高经济效益。原生的广告模式自然有其优点，可以快速地带来人流，但是大量的广告会造成APP页面的杂乱，客户购物欲望下降进而造成巨大的损失。因此HS公司采纳了一种简单而又含蓄的广告方式——通过软文进行商品推广。打开HS公司的页面就可以看到大量商品，而在每一种商品的背后都有一个小小的故事，或者是旅行途中的用处，或者是最爱的人送的礼物等，巧妙地引出了商品，以此吸引潜在买家的注意力。通过软文方式进行推广，可以让客户不会特别反感，自然地想要了解产品。这种软文推广方式是HS公司常用的模式。随着HS公司知名度的提高，越来越多的品牌商和HS公司展开了合作。为了进一步促进销售，这些品牌商往往会在HS公司上聘请知名度高的分享者进行软文分享，HS公司也可以从中赚取部分软文推广费用。通过知名人物进行推广以及关注人的方式来构成信息分享的链条，尽可能提高其知名度。通过软文推广获得经济效益是HS公司重要的收入来源②。

第二节　HS公司商业模式面临的问题和挑战

HS公司作为全球性的企业，国际国内的经济、政治情况都会对其造成影响，会给其带来发展的机遇和挑战。研究HS公司面临的挑战，把握其中蕴藏的机遇，可为HS公司商业模式的优化提供一定的思路。

① 郝俊俊. 从运营方式看小红书的成长之路［J］. 福建质量管理，2018（1）：1-3.

② 汪晓东，曹树林，董丝雨. 小红书，与世界分享好生活［N］. 人民日报，2017-05-30.

1.HS公司商业模式自身存在的问题

1）产品种类较少，市场对象单一

HS公司提供的商品包括时尚服装、护肤品，还有彩妆之类的，基本都是由女性顾客购买的，并且这些商品主要是针对年轻女孩的。在HS公司的界面中，几乎找不到男性或者其他年龄段的女性所使用的商品[①]。HS公司的主要目标客户是20多岁，拥有一定经济能力的女性，因而市场对象比较单一；在产品上也主要是针对女性的包、鞋、装饰品等，种类也比较单一，经营风险比较大，对于其他年龄层的女性或者是男性来说，没有给予足够的重视，这是HS公司最明显的内部产品缺陷[②]。

2）监管水平不断放松，质量难以保证

HS公司之所以能够得到大的发展，一个非常重要的原因就是在HS公司平台上面看到的商品质量是非常有保证的，很少会出现假冒伪劣的产品[③]。可是，近年来，随着HS公司市场占有率的不断提高，其监管很容易出现松懈，导致推广能力和商品转化率的降低；再加上企业的夸大推广，竞争企业的恶性“水军”，很有可能会导致HS公司论坛上面的资料不可信。

3）知名度还不足，市场份额不够

说起电商购物平台，首先想到的就是唯品会、淘宝、京东等，对于HS公司仍然还有很多人不了解，由此可以看出HS公司的知名度还不够高，营销推广策略和力度做得并不够。没有足够的知名度，经济效益就很难有持续提升的空间。

4）经营体系不健全

在HS公司网站上购买商品之后，售后是一件比较麻烦的事情。HS公司没有系统的售后措施，对于购买了不满意商品的客户没有及时的补偿措施；除此之外，发货时间也比较长，因为一般都是海外的商品，极

---

① 曹树林，董丝雨．小红书用户信任创品牌［N］．人民日报，2017-05-30．

② 周卉．从小红书微信文案特征看品牌如何做内容运营［J］．新闻研究导刊，2016（15）：66-73．

③ MORRIS M，SCHINDEHUTTE M，ALLEN J. The entrepreneur’s business model：toward a unified perspective［J］．Journal of Business Research，2005（58）：726-735．

有可能会受到自然环境和天气因素的影响。此外，虽然HS公司经营地区包括海外，但是主要针对韩国、欧美等一些重点地区，对于其他国家的商品的引入和介绍还不够。

5）版面细节处理不够，美观度缺乏

在HS公司的版面设计中，仍然存在一些不合理的地方，使得人们的消费感受不是很好①。例如，笔记本里面的图片比较多，图片分辨率比较高，因此在打开图片的时候需要较长的加载时间，使用感受不是很好；在搜索的界面中，没有进行多层次多颜色的选择，整体呈现的是黑色。由于HS公司的目标客户大都比较年轻，追逐的是鲜活明艳的颜色，所以黑色的搜索界面有可能会因为美观度缺乏而造成不好的消费体验。

6）购物APP软件功能不完善

在HS公司的APP中，用户看到商品之后不能够直接购买，而需要进行再次搜索，才能够找到商品。这种做法不仅大大增加了购物所需要的时间，而且还会让商品的转化率降低。HS公司的后台数据发展得不是很完全，推送功能也不够健全，不能够及时地把消费者想要或者将要买的东西展示出来。HS公司购物APP软件在设计方面或多或少存在着缺陷，影响用户的使用体验。

2.HS公司创新商业模式面临的挑战

1）经济全球化及贸易壁垒

首先是经济上，全球化本身就是一把双刃剑，HS公司要想从全球化中获得发展资源而获益，就必须承受经济动荡等带来的市场动荡而可能导致的损失；目前仍然有一些国家有意制造政治摩擦和贸易摩擦，这很有可能会影响到关税政策，造成购物成本的增加，进而使货源减少和进货成本上升，因此HS公司的发展具有不稳定性。

2）竞争对手不断增加

目前其他电商网站主要是凭借品牌效应，邀请一些国际国内明星入驻，从而大大提高知名度；但是HS公司是采取自下而上的信息汇流，

① BROUSSEAU E，PENARD T. The economics of digital business models：a framework for analyzing the economics of platforms［J］. Review of Network Economics，2007，6（2）：81-114.

再加上类似企业的恶性竞争，都有可能对HS公司的发展造成威胁。

3）电商人才创新能力不够

HS公司是在互联网经济下发展起来的，因此对于互联网技术的掌握是非常重要的，只有熟练掌握了互联网技术，才能更深入更快捷地进行推广。但是目前我国教育机制较为僵化，相关的课程理论和实践设计均较缺乏，对于人才的创新能力培养不够，即使高校中大量大学生选择了金融和计算机专业，但是在电商方面的实用人才仍显匮乏。长此以往，对于跨界创新自然是不利的。

第三节 HS公司商业模式优化策略

1.价值定位方面——进一步精准服务

HS公司的使用人群主要是在18岁到30岁之间比较年轻的人群。因此其服务顾客定位，主要是学生和工作不久的年轻人，其中尤其以女性为主。HS公司的商业营销实践就应特别注重年轻化和新潮化，尽力迎合受众人群的审美需求。在HS公司的板块中，可以看到其他国家的产品，这个板块的设计为那些不打算出国的人们了解认识国外商品提供了很好的平台[①]。反观其他的电商软件，虽然也有相关的举措，但是在具体的实践中仍有不足，服务的对象不是特别明确，信息的传递不一定能够成功。因此，HS公司应该进一步精准服务对象，积极主动呼应18岁到30岁之间比较年轻女性的需求，为她们提供最好的产品和创造最好的购物体验。

2.产品推广方面——掌握快速的产品推广方式

HS公司的推广方式主要是加强以下两个方面的策略。首先，强化购物达人分享，提升HS公司知名度。最初HS公司由于境外购物吸引了一大波用户的注意力，再加上上线时间较早，因此人流量很高。许多客

① 徐志芬. 基于互联网思维的商业模式创新与重构［J］. 信阳师范学院学报：哲学社会科学版，2017（3）：23-26.

户想要出国访亲或者旅游，但是由于对当地不熟悉，购买的商品得不到保证而惴惴不安，而HS公司通过个人经历分享告诉用户哪些商品的质量比较好，哪里比较值得去。这种“润物细无声”的方式让购买者感到安心，因此HS公司积累了一批忠实用户，但是相对中国庞大的消费人群数量还偏少。HS公司联合购物达人，将他们的购物感受写在HS公司的相关网页里，也在一定程度上提高了其知名度。

其次，强化互联网营销力度，进一步提升HS公司影响力。强化腾讯QQ、微信、微博等信息的传播方式的有效利用，创造一切可能条件让HS公司牢牢抓住互联网。凭借互联网的力量，通过口口相传，HS公司商品值得信赖的口碑才能迅速在网上流传，HS公司的知名度会不断提高。

3.营销策略方面——提高内容垂直度，严格把关产品质量

内容垂直度高的原因实际上和目标人群的集中性有很大关系。由于HS公司是为了那些想要出国，但是对国外商品不熟悉，或者是不能出国，但是对国外商品感兴趣的年轻女性客户设计的，因此在板块的设计中，要对各种商品进行更加精准的归类，通过不同的板块、不同的购物地点进行分析。在这种情况下，顾客如果想要找到某国某种类的商品，只需要简单地点击国家或区域，如欧美区、韩国区，然后再进行搜索挑选，速度更快，准确性更高。

HS公司的社区运营是其与其他电商区别的重要因素。购物笔记上，用户可以分享出自己的购物心得，可以通过推送、统计关注者的数量等方式，促进商品信息的进一步传播。在社区运营的另外一个非常重要的方面就是制度运营，笔者认为这是HS公司能够获得人们青睐的一个重要原因。在HS公司平台上面，用户一般看不到广告和垃圾信息。管理层要严格把关，对垃圾信息直接清理并且采取严厉的惩罚措施，同时还通过用户举报的方式，保证界面的干净整洁，保持推广内容的整洁度[①]。遇到有人通过写日记的方式推广自己的假货的情

① 王玖河，孙丹阳．“互联网+”时代商业模式创新体系探析［J］．企业管理，2017（5）：12-13.

形，虽然管理层一时检查不到，但是仍然可以通过收藏数、回复数和回复消息来进行识别，一旦发现是假货，要建立更加方便快捷的用户举报渠道；如果管理层查明确实是假货，要迅速通过封号或者雪藏信息的方式立即清理。

4.分销渠道方面——加强合作深度，扩大分销渠道

在HS公司的运营中，商家可以直接通过HS公司平台的各种数据来查看自家商品的知名度和真实客户，产品的介绍往往不是通过直截了当的广告进行的，而是通过日记的方式，记录心情的同时也推广了商品。商家通过这种方式进行产品的推广，产品不需要简单粗暴的广告投放就可以得到介绍，这是HS公司对于产品和商家的运营之道。HS公司推出福利社板块就是较好地利用了分销渠道合作方式。这个板块解决了之前需要多次搜索的问题，现在用户想要购买某种商品，只需要简单地一键就能够买下来。当顾客买了产品之后，再由HS公司和商家进行沟通。HS公司运营的巧妙之处就在于此，通过和商家合作，巧妙地利用了另外一种比较平民的、不容易被重视的方式推广产品；通过分销渠道的深度合作，吸引更多的企业和HS公司合作，达到HS公司和合作商家的双利共赢，HS公司从中获取到巨额利润。为增加用户黏性，HS公司应在分销渠道方面进一步加强与合作商家的深度沟通与融合。

5.盈利模式方面——拓展盈利渠道，推动盈利模式多样化

HS公司的盈利模式不同于其他电商主要通过明星代言产品、投入广告等盈利模式。它的盈利模式主要在于产品推介和商业合作两方面。在产品推介上，HS公司是采用用户生产内容，通过社交的方式来促进资源的流动[①]。在HS公司平台上，不必再货比三家，因为HS公司平台上面的购物心得就会告诉用户相关商品的最低价，这种高质量、高效率的方式大大节省了用户的信息搜索、甄别与比对时间，极大地节约了用户搜寻成本。因此HS公司积累了大量黏度非常高的用户。通过个性化

① 刘培．商业模式及其创新——基于乐视网的案例分析［J］．经济论坛，2016（6）：92-94.

的推荐、关注者的收藏点赞等信息，就足以说明商品的质量真实度，这是一般的电商无法获取到的信息财富。HS公司应该在此基础上进一步采取措施加强产品推介。

除此之外，HS公司和国外的很多商品厂商都进行了合作，通过直销等方式，保证发货速度①。它不单只依靠广告来赚钱，还有优惠券，与其他企业进行合作，HS公司提供推广平台，其他商家推广产品，各自受益。因此，要增加盈利，HS公司在国外合作商家的数量和深度上都需要进一步加强。

第四节　HS公司商业模式创新保证措施

1.创新人才的持续充实

任何企业的发展都需要源源不断的人才，HS公司如果想要一直保持发展进步的状态，就必须通过持续的人才引进来促进商业模式的创新。人作为生产力要素的重要组成部分，是实施商业模式创新的主体。领导者要保持学习的态度，学习国内外先进的管理经验，拓展思路；同时也要掌握正确的领导方法，避免企业有大的政策性错误；还要引进大量的技术人才和管理人才②。HS公司是依托于互联网经济和技术的，因此需要专业人才来推动发展，尽力做到技术方式上不断地创新，版面设计上不断地推陈出新，推动HS公司的视感和美感的提高。此外，随着HS公司的知名度越来越大，必然有竞争对手的“水军”进入，因此管理部门需要采取针对性强的措施来维护社区信息的质量③。目前，HS公司对于各种软文的监管已经不断加强，要着重注意把握软文中产品的质量。

2.把握市场和企业方向

对于市场方向的把握非常重要，它关系着企业的发展方向。例如，

① 董岳，王翔．互联网+时代商业模式创新的演变过程研究［J］．中国科技论坛，2017（2）：34-36.
② 国桐．跨境电商之小红书的未来发展情况分析［J］．商场现代化，2016（6）：32-33.
③ 张钦．基于“互联网+”的商业模式创新研究［J］．山西农经，2017（15）：34-36.

我国正在提倡创新创业，发展非公有制经济和互联网经济，HS公司在这种市场氛围下自然能够快速发展。与此同时，还需要注意把握市场动向和国家政策。目前，经济全球化深入发展，其他国家的政局和经济形势也会影响到HS公司[①]。除此之外，把握企业发展方向和市场发展潮流的一致性也是非常重要的，当企业的发展方向和市场的发展方向不一致的时候，就需要创新商业模式。比如，互联网的出现表明信息分享越来越简单，电商大力崛起，传统的实体店商业模式就不适应社会发展的趋势了，这时候HS公司的出现就顺应了时代潮流[②]。因此，把握市场方向和企业方向的一致性是非常重要的，它决定了企业是否需要进行商业模式的创新以及创新发展的方向。

3.掌握市场规则，坚定企业精神

任何企业的发展都是在市场条件下进行的，只有掌握了市场的规则才能够更好更快地发展，但是市场鱼龙混杂，具有自发性、盲目性等缺陷，因此能否正确有效地把握市场信息并进行分析是十分重要的[③]。分析市场信息，掌握市场规则除了能够把握住市场方向之外，还能够将其作为企业各方面进步的标杆。在现代企业发展过程中，企业口碑对于企业长远发展的作用越来越重要，HS公司作为一家口碑不错的企业，即使其商业模式不是很健全，但人们愿意提出意见；同时，HS公司作为一家有口碑的企业，必然更加受到人们的欢迎，并且拥有创新商业模式的信心和决心，就能够更快更好地发展出较为健全的商业模式。

口碑除了需要质量作为保证外，还需要坚定企业精神。创新作为企业文化的重要组成部分，能够让内部人才树立起相关的创新意识，并不断发展融入到企业发展中，就能吸收传统文化的优秀成果和优秀经验来促进创新[④]。只有坚定企业精神，才能够朝着正确的方向发展，这对于HS公司创新商业模式也是有利的。HS公司能够坚持为客户寻找优质商

---

① 宋夕. 社交网络时代“小红书”的经营模式分析［J］. 商业汇报，2015（24）：80-81.

② 项国鹏，周鹏杰. 商业模式创新：国外文献综述及分析框架构建［J］. 商业研究，2011（4）：84-89.

③ 李仁意. 基于价值管理的企业商业模式分析［D］. 北京：北京交通大学，2014：13-17.

④ 樊晓云. 我国跨境外贸电商平台模式比较分析与选择［J］. 对外经贸，2015（2）：12-14.

品，树立起良好的口碑，将口碑作为重要的发展方向，才会有今天巨大的成就。

第五节　小结

HS公司是互联网下的新生事物，还需要对其进行更多细致深入的研究。由于笔者在写作过程中掌握的相关的文献资料有限，可以借鉴的地方较少，再加上笔者对于商业模式的研究尚处于起步阶段，这可能使得本章的研究也会有很多不足之处。在HS公司的创新策略的研究中，能否对症下药，让HS公司一直拥有超高的创新能力也不得而知；对于HS公司未来的发展困境方面的研究，笔者可能也存在认识上的局限性，如安全隐患、监管问题等。目前，学术界对这一问题还在不断探讨之中，对于HS公司的未来发展笔者也会继续关注。

互联网下HS公司的快速发展必然有其原因，但我国市场监管方面仍然有不完善的地方，而企业在长久经营之后难免会出现监管不力和经营松懈等现象。但随着我国经济社会的快速发展，笔者相信我国将会建立更加完善的法律制度，对于HS公司的研究也会更加全面和完善。未来笔者也会对HS公司的发展不断追踪学习，开阔眼界，完善思考方式上的不足，不断地进行总结和学习，以期为类似行业商业模式创新的探索与实施提供新的、更好的解决方案。

第七章　互联网经济下HW手机商业模式研究

近年来，国产手机风头正盛，在国际市场开始“攻城略地”，在全世界取得骄人战绩。国产手机从低端货、“山寨”机起步，逐渐发展成为占据全球市场四成的出货量，让人惊叹。这也值得我们探究国产手机崛起的原因、其在发展过程中面临的问题以及相应的对策。

基于目前如火如荼的互联网经济背景，本章首先分三个阶段介绍了HW手机的发展历程，然后基于商业模式要素构成理论，对HW手机业务成功的要素进行分析，最后通过宏观环境和SWOT分析，发现其发展面临的问题和困境，并提出相应的对策。

第一节　HW手机商业模式发展现状分析

1.HW手机基本情况介绍

1）发展初期：贴牌之旅，着力低端市场

HW手机2003年开始生产终端产品，以中低端产品为主。依托运营商，生产低成本的定制手机，借助运营商渠道迅速打入市场。这种早期的模式，内部叫“白牌”业务。这给初期HW手机带来极大弊端，作为与运营商合作的筹码而不是独立品牌，造成手机长期处于低端市场，利润率低，且不具竞争力。

2）转型期：逐步摆脱运营商束缚，开始加强研发能力

HW手机开始着手自身品牌建设，成立了渠道部和市场营销部，开始对外进行品牌和渠道的拓展。同时，在市场开拓上HW手机进一步创新，一方面借助传统媒介开展声势浩大的广告宣传，另一方面借鉴小米手机等互联网手机企业的做法，发展互联网销售渠道。同时HW手机开始品牌营销的调整。从2012年起，HW手机在全球范围内开展了一系列品牌营销活动，包括赞助西甲联赛、俄罗斯足球队等全球顶级联赛和国家足球队，成为AC米兰、多特蒙德、阿森纳、阿贾克斯等多个全球顶级俱乐部的合作伙伴，这些活动迅速提升了HW手机在全球消费者中的品牌知名度。

真正打开突破口的还是在小米手机借助互联网迅速抢占国内市场之后，新的用户和新的传播方式，让HW手机有了压力和动力。HW手机开始借鉴小米手机营销模式，推出荣耀系列手机，发展互联网销售渠道。产品在定位乃至开发上也是借鉴小米模式，相继推出1 888元的荣耀、4 798元的荣耀3C；而当小米推出了699元的红米1S后，HW手机则推出了599元的荣耀畅玩。之后，HW手机推出了3 699元的荣耀V20和5 599元的荣耀Magic2。事实证明，这是相当有效的策略。借着当时互联网手机风头正盛之际推出高性价比的手机，迅速打开市场，取得市场份额。

2014年HW手机发布全球首款八核4G手机荣耀6，2016年年底更是推出概念手机荣耀Magic，其在设计上极具创新性：八曲面设计前后均为3D弧面玻璃，顺应当前曲面屏趋势，采用前4曲面+后4曲面设计，搭载Magic Live智慧系统，Magic Power快充。这些都彰显了HW手机出色的设计能力、强大的研发能力。

有别于互联网手机公司，HW手机更加注重线下市场的开拓。在取得互联网市场收益的同时，HW手机开始布局线下销售渠道，重新建立与运营商的终端合作，合作更深入，掌握更多的主动权。具体表现在：与运营商和广电部门进行定制产品合作，依托技术优势参与制定通信标准，研究新兴的增值服务应用，并将此服务与手机捆绑。这在一定程度上极大地提升了HW手机的市场竞争力，发挥了行业领先者的效应，乃至取得国内手机行业领头羊的地位。

3）成长壮大期：向手机高端市场发力，并取得相当不错的成绩

HW手机积极进军中高端市场，2013年HW推出P6手机，凭借超薄纤美的设计，HW手机的品牌佳誉度大幅度拉升，P6的销售达到400万部，产品成功攻破了2 500元的中端价位。到了2014年5月，HWP7发布，再次获得佳誉，销量比上一代大幅提升，达到700万部，2014年9月HW手机发布Mate 7，攻破3 000元价位[①]。而之后HW手机的Mate 9保时捷设计官网甚至卖到8 999元，2018年推出的Mate 20 RS保时捷机型售价更高达12 999元[②]。

英国市场产业咨询公司Brand Finance2018年12月18日公布“2018年度全球品牌500强”[③]，HW手机凭借380.46亿美元品牌价值位列榜单第25名，年增长率达到51%！HW手机已经在超过100个国家建立了销售渠道，在某些海外市场，HW手机几乎成了HW品牌的代名词。

---

① 佚名. 华为手机成为国产第一的秘诀［EB/OL］.（2017-07-18）. http：//finance.eastmoney.com/ news/1363，20150718528637794.html.

② 佚名. 华为Mate20 RS保时捷设计正式开售：售价12 999元［EB/OL］.（2018-11-17）. https：//www.ithome.com/html/android/395397.htm.

③ 佚名. 2018全球最具价值品牌500强［EB/OL］.（2018-12-18）. https：//www.maigoo.com/news/498537.html.

2.HW手机商业模式构成要素研究

对HW手机商业模式构成要素的研究，主要从价值主张、基础设施、盈利模式、组织模式四个方面进行分析说明。

1）价值主张

价值主张是企业对于消费者的实际意义，体现在企业所提供的产品和服务所拥有的价值。HW公司价值主张可归纳为表7-1。

表7-1 HW公司价值主张

<table>
<tr><td colspan="3">共建全联接世界</td></tr>
<tr><td>无处不在的宽带</td><td>敏捷创新</td><td>极致体验</td></tr>
<tr><td>打造无处不在、最佳用户体验的网络</td><td>“一站式”ICT基础设施</td><td>以消费者为中心，成为消费者喜爱和信赖的、全球领先的智能热销终端品牌</td></tr>
<tr><td>助力客户实现互联网化转型</td><td>适配垂直行业需求</td><td>聚焦精品、持续创新</td></tr>
<tr><td rowspan="2">整合全球内容、应用及开发资源</td><td>开放的混合云架构、引领行业云化</td><td rowspan="2">云端协作、携手打造更美好的全场景体验</td></tr>
<tr><td>大数据洞察行业商机</td></tr>
<tr><td colspan="3">以客户为中心、基于客户需求和技术领先持续创新、构建共赢生态价值链</td></tr>
</table>

2）基础设施

HW手机的基础设施可概括为核心资源、关键业务和重要合作伙伴。

（1）核心资源

核心资源保证企业组织创造、实现价值，接触市场和客户建立关系，并获取企业可持续发展的收入。不同的企业所具有的核心资源也是不同的。

HW手机的核心资源有以下几类：

①雄厚的资金支持。HW公司2018年预计实现销售收入1 085亿美

元，同比增长21%[①]；HW智能手机出货量超过2亿台[②]，PC业务和物联网智能家居生态也取得可喜的突破。强大的资金支持是HW手机迅速崛起的重要原因，也是HW科研资金的重要来源。随着HW手机市场的开拓，在利润率提升的情况下，资金将得到更充足的补充。

②人力资源。任何企业都需要强大的人力资源作支撑，HW公司作为注重科研的科技公司更是如此。科研队伍的建设直接决定企业竞争力。根据2016年8月HW发布的可持续发展报告数据，HW全球员工数量达到了17万人，研发人员占员工总数的比例为45%[③]。在知识创造财富的今天，这是极其宝贵的财富。

③强大的技术保障。HW手机的强大竞争力源于对研发的高强度投入，以及对专利技术的渴望。HW坚持每年将10%以上的销售收入投入研究与开发。近10年投入研发费用超过3 940亿元，并参与到4G标准制定，最近更是积极参与5G标准的制定。

④品牌价值。注重品牌建设是HW手机成功的基础。手机市场现已进入白热化竞争阶段，而品牌效应更是越来越突出。从苹果手机的成功，特别是智能手机近10年的发展轨迹可以看出品牌的强大作用。品牌价值能提高产品的受认可度和顾客忠诚度，为企业培养忠实的顾客群。同时，注重品牌也是手机行业发展到一定阶段所必须面临的转型。

HW手机品牌建设上采用双品牌战略：HW手机和荣耀手机。HW的成功就在于在大众形成品牌印象之初，及时采取双品牌战略。为建立良好的品牌区分度，将HW手机与荣耀手机并行运营，将低端市场手机转移给荣耀手机。在智能手机市场进入饱和和同质化之后，品牌的力量会逐渐体现，高端机型的份额会逐渐扩大，这从iPhone在中国的辉煌战绩中就可以看出来。HW手机的双品牌战略，加之HW公司自身的品牌价值与研发上的技术优势，HW品牌已经被高端市场认可。HW逐渐成

---

① 佚名. 华为预计2018年销售收入1 085亿美元增长21% [EB/OL].（2018-12-27）. http: //news.sina.com.cn/o/2018-12-27/doc-ihqfskcn1849565.shtml.

② 佚名. 何德何能！出货量突破2亿台反超苹果，华为成为全球第二手机厂商 [EB/OL].（2018-12-26）. http: //www.sohu.com/a/284657635_479302.

③ 佚名. 华为17万员工研发占比近半 [EB/OL].（2018-11-08）. http: //news.sina.com.cn/c/ 2015-06-08/055931924499.shtml.

为与苹果、三星比肩的品牌。

（2）关键业务

企业的关键业务是企业得以成功运营所必须实施的最重要的活动，是创造和提供价值主张、接触市场、维系客户关系并获取收入的重要基础。虽然不同企业的关键业务因商业模式的不同而有所区别，但其都反映了企业的产业链整合能力和关键业务的核心竞争力。HW手机的关键业务在于强大的手机研发能力，以及出众的产品设计能力。

（3）重要合作伙伴

企业通过打造合作关系，创建联盟来优化其商业模式、降低风险获取资源。建立良好的合作关系是企业商业模式有效运作所必需的。HW手机作为HW公司的重要组成部门，拥有强大的合作伙伴。HW公司建立了强大的联盟伙伴、渠道伙伴、解决方案伙伴体系，可以充分利用其他公司的优势资源。同时通过建立经销商、服务提供商队伍，建立HW手机生态圈。2016年HW公司年报数据显示，HW公司推行全球布局Open Lab计划，建立400多家合作伙伴，13个开放实验室①。截止到2017年年底，HW注册开发者数量超过35万人，合作伙伴收益上升60%②。

与此同时，HW公司还建立大学合作伙伴，通过HW在线学习、授权培训机构培训、HW原厂培训等方式，提供培训资源；同时与众多渠道商、销售经销商、服务经销商、联盟伙伴等有深入的合作。

3）盈利模式

（1）成本结构

①研发成本：HW公司注重对新技术的研发投入，注重科研队伍建设，与国内的众多著名高校和国际高新技术巨头展开合作。在高校密集城市设立研究机构，通过利用当地城市的优势人才资源，加快公司的研发。

---

① 佚名．华为OpenLab计划提速构建开放生态推动数字化转型［EB/OL］．(2017-11-20)．http：//www.sohu.com/a/203624953_114731..

② 佚名．携手全球合作伙伴，为华为终端用户打造全场景、高品质的数字生活体验［EB/OL］．(2018-04-12)．http：//www.xinhuanet.com/tech/2018-04/12/c_1122674210.htm.

HW手机作为HW公司的重要产品，研发费用惊人。2017年，HW公司从事研究与开发的人员约80 000名，约占公司总人数的45%；研发费用支出为人民币897亿元，约占总收入的14.9%①。据科技网站GSMArena报道，2018年HW公司在研发方面投入为150亿至200亿美元②。芯片研发就是周期长、费用高的典型。但HW手机坚持自主研发，并最终推出海思麒麟系列芯片，优化HW手机系统。

②采购成本：HW公司采购部门建立物料采购专家团，在全球范围内利用HW公司的采购杠杆，进行物质资源的优化组合和采购。HW公司还建立了与供应商长期合作的供求网络，通过现代化的电子通信技术和现代化的物流技术采购物料。通过建立电子信息化的采购平台，集中进行信息化管理，提高物料采购的效率，这也需要很多费用。

③营销成本：HW手机的迅速发展与出色的营销策略密不可分，电商平台费用、渠道商的大量返利（HW手机对于渠道商返利达到了10%以上），这些都是巨大的成本支出。随着国内市场的逐渐饱和，HW公司开始积极开拓国际市场，同样花销巨大。再加上HW手机铺天盖地不惜血本的广告费用，包括每年赞助大型赛事的广告投入，广告费用达数十亿元，HW公司在海外为提升品牌知名度进行耗费巨额资金的体育赞助活动等。

④人力成本：企业需要一定的成本来为企业技术、运营以及销售人才等提供可靠的物质保证。随着HW手机业务的不断扩大，招募的人员也相应增多，员工的工资成本也相应上升。2017年，HW公司全球员工保障投入126.4亿元人民币（约合18.7亿美元），较2016年增加约12%，HW公司全球员工平均薪酬约为70.2万元人民币③。

截至2017年12月31日，HW公司全球员工总数约18万人，服务于HW公司不同的业务领域。

---

① 佚名. 华为的工业研发投资进阶史［EB/OL］.（2018-07-27）. https：//mbd.baidu.com / newspage / data / landingsuper? context= % 7B "nid" % 3A"news_9909112631268645884"%7D&n_type=1&p_from=3.

② 佚名. 华为2018年研发投入创新高预计150~200亿美元［EB/OL］.（2018-07-27）. http：//www.techweb.com.cn/it/2018-07-27/2690275.shtml.

③ 佚名. 华为发布报告：去年中国区回收手机超20万部，公司男女比例4：1［EB/OL］.（2018-07-17）. http：//www.sohu.com/a/241696248_166680.

⑤售后成本：随着手机行业的发展，售后服务逐渐成为手机厂商竞争的重要领域。HW手机在发展初期因为售后服务跟不上而饱受诟病。随着业务量的逐渐增加，以及HW手机向中高端市场进军，客观上要求HW手机必须建立完善的售后服务体系。目前HW手机实现了全国主要城市的维修点铺设，现已有417个维修网点，以及官网全天候客服热线，完善的保修服务，这些无疑都需要高昂的费用。

（2）收入来源

①手机销售。2018年，HW手机出货量预计2亿台，销售收入预计1 085亿美元，同比增长44%。从2010年到2018年，整整8年的时间，HW手机全球出货量达到了之前的66倍，从300万台达到了2亿台的成绩[①]。HW手机2019年手机业务量目标为2.5亿台，2020年HW手机更是要力争3亿台的销售业绩目标[②]。

②专利授权。专利上国产手机仍处追赶阶段，国产手机利润率普遍较低和支付大量的专利授权费用有部分关系。随着国产手机厂商开始注重研发，态势有所好转，这也是国产手机竞争力提升的部分原因。HW公司一直注重研发，在申请专利领域更是不遗余力，HW公司作为全球主流电信设备商，拥有4G等标准必要专利。截止到2017年12月31日，HW公司累计专利授权达到了74 307件；国内专利64 091件，国外专利申请48 758件，其中90%以上都是发明型专利[③]。国家知识产权局发布2018年年度数据，HW公司专利授权量排首位，为3 369件[④]。手机专利上的授权收入，也是收入来源的组成部分。

③广告收入。HW手机运用大数据掌握着海量的用户数据，HW手机向有关公司收取广告费用，获得一定的收入。

---

① 佚名. 何德何能！出货量突破2亿台反超苹果，华为成为全球第二手机厂商［EB/OL］.（2018-12-26）. http：//www.sohu.com/a/284657635_479302.

② 佚名. 华为定了小目标：2019年实现2.5亿手机出货量？底气十足还是自大［EB/OL］.（2018-12-19）. http：//www.sohu.com/a/283033461_99910469.

③ 佚名. 坚持研发硬道理华为专利授权突破7万件［EB/OL］.（2018-04-26）. http：//mobile.zol.com.cn/686/6867385.html.

④ 佚名. 国家知识产权局发布2018年年度数据，华为专利授权量排首位［EB/OL］.（2019-01-11）. http：//www.elecfans.com/consume/848160.html.

4）组织模式

组织模式是企业在整个运营过程中建立的管理控制模型，以此保证企业正常运作。组织模式一定程度上决定了企业活力。HW公司建立基于客户、产品和区域三个维度的组织架构。HW公司组织形态比较灵活，建立的是一种可以变化的矩阵结构，以事业部作为主要的组织结构，结合不稳定的矩阵结构；当该结构网收缩时，就会叠加起来，意味着HW公司要精简部门、岗位和人员；当其扩张时，网就会拉开，就要求HW公司增加部门、岗位和人员。这种组织形态能够正常运转，主要基于两点：一是有中国特色的“民主集中制”，在集权和放权之间把握平衡；二是HW公司将大量财力、人力投入到独立审计和信息化，这有利于企业的量化管理和透明化。

第二节　HW手机商业模式发展环境分析

1.HW手机发展的宏观环境分析——PEST分析

1）政治环境

国内政治环境稳定，国际环境也相对稳定。社会主义市场经济不断完善，电信运营逐步实现政企分离，政府直接采购减少，国内专利保护意识加强，税负减轻。国内市场更加开放，行业进入限制减少。但是在国际上，美国、欧盟等西方国家（地区）以国家通信安全等名义限制HW手机的市场开拓。

2）经济环境

经济全球化愈加明显，便于利用全球资源、人才流动、提供国际市场。信息经济持续发展，方便信息交流，节省市场开拓成本。国内经济持续稳定增长，购买力增强。国内外市场广大，但也面临国内经济转型，以及地区发展不协调和国内相对保守的消费理念。对比国内手机更新率较低的压力，在国际市场则开拓受阻，一方面专利仍较少，另一方面则是追赶者劣势，苹果和三星长期以来牢牢占据全球手机市场较大市场份额，特别是高端市场。

3）社会环境

消费者对售后服务要求提高，逐渐呈现出追求个性化和休闲化的趋势。部分中高收入群体的消费理念不再一味强调性价比，而是更重视品牌的产品质量，追求产品差异化体验。同时，HW手机面临国内处于经济转型期的挑战，低收入群体消费理念更趋于保守，消费更加理性化。此外，国内收入差距较大的问题仍未从根本上得到遏制，这将导致整个社会的购买力大打折扣。

4）技术环境

世界科学技术发展迅速，产品生命周期明显缩短，而性能则不断提升，手机行业更是如此。新技术层出不穷，如快充、曲面屏，当然也包括频频出现的智能手机概念等。同时，科技发展降低了产品和服务的成本，并且提高了产品和服务的质量。但与此同时，手机市场也存在竞争加剧、技术商用化程度较低，以及投资风险变大、专利费用提高等现象。

2.HW手机商业模式SWOT分析

1）HW手机商业模式的优势

（1）拥有强大的研发能力

HW手机注重研发创新，强调整合利用全球资源，强调建立“全球能力中心”，利用全世界不同国家和地区最优势的资源。目前，全球15个研究院/所、36个联合创新中心，约80 000名研发人员，在全球范围开展创新合作[①]。技术优势从HW手机终端推出的产品上也能明显感觉到，与徕卡合作，提升手机摄影技术，注重时尚，技术研发注重创新，这也是HW公司如今能做到国际市场销量第二、国内智能机老大，乃至开拓国际市场的保证。

HW手机强大的研发能力突出表现在自主研发处理器麒麟手机芯片上。芯片研发的好处在于，一方面摆脱芯片供给的牵制，另一方面可以增强研发能力。正如苹果手机和三星手机的芯片自主研发之后引发的

① 佚名．2017全球企业研发投入排行榜，排名前十华为是唯一中国企业了！［EB/OL］．(2017-12-14)．http：//www.sohu.com/a/210512399_392958.

手机行业变革，HW手机也在积极主动进行基于芯片自主研究的迈向手机行业领导者行列的重要尝试。

（2）出色的营销能力

HW手机出色的营销能力主要表现在：

第一，建立了完善的产品结构和准确的产品定位。在产品结构方面，HW手机终端形成高端商务旗舰Mate系列和时尚先锋旗舰P系列的格局，更在2016年推出适合年轻潮流人群的全新系列HW nova产品，再加上之前的HW荣耀，形成了完整的产品结构，并在各自的定位市场上有着不俗的销售额。在国内手机还在中低端厮杀的时候，HW公司便开始布局中高端市场，推出中高端手机型号，加强手机设计，以及大力开发手机芯片，借助HW海思，加强在芯片领域的研发。近年来，借着智能手机的东风，海思麒麟960更是取得不俗的市场反响，并运用到定位高端的Mate 9和P10，展示了HW海思在不断改进。

第二，构建了有效的营销模式。首先，借助互联网进行网络营销。HW手机跟小米手机一样，善于巧妙地运用网络营销的方式，以此提高品牌的知名度，这也是HW手机作为市场追随者的策略。通过提高营销的宣传吸引消费者的眼球，迅速树立品牌形象和提升利润空间。其次，制造焦点，用发布会造势。比如，HW手机在MWC 2017大会现场，正式发布新一代旗舰P10，包括P10、P10 Plus两款型号，在发布会中通过高调的宣传口号对手机做了很好的推销①。再加上对于自身研发的宣传，针对HW公司参与5G标准制定工作以及对HW石墨烯相关技术的宣传，使得HW公司作为一家科研能力强的企业的形象更加深入人心。最后，善于借助媒体宣传，HW公司在新品发布之前，就会有媒体对其产品进行曝光，以提高产品的受关注度和知名度。这些都为HW的品牌提升提供了极大的帮助。

第三，多渠道的分销模式。HW手机的分销渠道主要有：首先，与运营商合作。在国内HW公司主要与三大运营商合作，生产多种制式的

① 佚名．MWC2017：华为P10发布会现场被记者挤爆［EB/OL］．（2017-02-27）．http：//it.people.com.cn/n1/2017/0227/c1009-29110774.html.

定制机，在国外则争取运营商补贴。其次，构建社会渠道、零售市场进行终端销售。最后，充分利用电商平台。随着电商的发展，HW手机重视与电商平台的合作，这增强了HW手机市场影响力，同时帮助HW公司借助电商平台优势积极开拓国际市场。

HW手机在海外市场的表现一直十分抢眼，近年来，凭借P9、P9 Plus、Mate 9、Mate 9保时捷版、Mate 20等机型在国际上迅速提升品牌形象。来自全球五大市场研究公司之一的Kantar咨询机构数据显示，目前HW手机在全球有33个国家市场份额超过15%，另有18个国家市场份额超过20%，其中接近半数为欧洲国家[①]。

（3）出色的产品质量

注重产品质量，致力于提供精品手机。HW手机注重创新的产品理念使得HW极具竞争力，2016年年底推出极具创新力的HW荣耀Magic，广受赞誉。同时注重对品质的把控，2015年荣耀销毁手机的事件可以说是最具代表性的案例。2015年5月28日，HW手机在深圳集中销毁12 845台好手机，此前已销毁4 462台手机，两次总计销毁17 307台，总价值近2 000万元[②]。随之而来的便是客户极致的体验、满意度的提升。

权威咨询机构益普索的调研结果显示，至2015年7月，在中国市场，荣耀品牌在两年时间内由默默无闻达到67%的知名度；品牌满意度高达90%，领先于苹果的87%，全行业第一；荣耀产品重复购买率达81%，仅次于苹果（82%），远远领先于其他厂家（小米64%）[③]。

（4）积极开拓的企业文化

HW公司崇尚狼性进取精神、与时俱进的学习能力、吃苦奋斗的精神、踏实的实干风格，对产品技术不断进取、改进和提升。HW公司的文化，见表7-2，主要表现为狼性文化、军事文化、自我批评文化、服务文化、床垫文化、工号文化、压强文化、奋斗文化等。

---

① 佚名．2016年华为手机发货量同比增29%增速远超行业平均水平［EB/OL］．（2018-12-22）．http：//www.ocn.com.cn/shangye/201702/thpre22154301.shtml.

② 安迪．华为荣耀为了品质也是拼了：5月28日将销毁数量超万台、价值超千万好手机［EB/OL］．（2018-05-26）．http：//www.c114.com.cn/news/51/a899449.html.

③ 佚名．解读华为的“双品牌战略”［EB/OL］．（2018-07-05）．https：//www.woaiit.com/news /2016070514154 .html.

表7-2 **HW公司文化**

HW公司文化	具体表现
狼性文化	组建由“狼群”组成的营销团队是HW公司营销战略的核心。“狼性”是HW公司企业文化的象征，体现了HW公司对员工之间的团队协作精神的重视
军事文化	对员工实施军事化管理，减少企业员工的不规范行为。优质的军事管理理念能够服务于公司整个文化体系的建设，提升整体运营效率，促进员工积极工作，形成企业凝聚力
自我批评文化	HW公司坚持自我批评文化，强调倾听、扬弃和持续超越，尊重他人和与他人合作，实现客户、公司、团队和个人的共同发展。如此才能不断进步，不断改进，而不是自我否定
服务文化	服务文化是指为客户服务的宗旨，“为客户服务、基于客户需求满足客户”是HW公司的第一核心价值观。HW公司认为客户是给企业带来效益的主体，为客户服务是企业生存的唯一理由，服务文化是HW公司对外最为显著的企业文化
床垫文化	床垫文化是一种加班文化（主要针对公司的研发人员）。强调艰苦奋斗的工作作风，锲而不舍的工作态度、兢兢业业的工作奉献精神
工号文化	工号的唯一性对提升企业的人力资源管理效率具有重要作用，通过工号能够实现人力资源统一管理，工号的信息属性能够快速而有效地折射出员工的姓名、性别、岗位、身份、资历等诸多信息
压强文化	压强文化是指HW公司中的工作压力，企业管理层通过向员工施压，激励员工更为积极努力地工作。HW公司的市场和技术是其成功的核心要素，对扩大市场容量的追求和对技术创新的要求，使得企业内部形成一种无形压力，这种放大的压强形成了HW公司的“压强文化”
奋斗文化	HW公司实行员工持股，公司通过工会实行员工持股计划。这将公司的长远发展和员工的个人贡献有机地结合在一起，形成共同奋斗与成果分享的良性发展机制。HW公司强调，“认真负责和管理有效的员工是HW公司最大的财富”“知识资本化”“人力资本增值优先于财务资本增值”“以奋斗者为本” 等激励员工奋斗的文化氛围

2）HW手机商业模式的劣势

（1）利润率较低

市场研究公司Strategy Analytics报告显示，全球智能手机市场2008年第一季度的营业利润总额为121.1亿美元，其中苹果就占到83.4%。与之相比，拥有巨大出货量的国产手机利润并不高。另据国际调研机构Counterpoint发布的《全球手机利润份额2017年第二季度报告》显示，苹果获得了该行业65%的利润，三星为22.3%，国产手机三大品牌——HW、OPPO、vivo只分别占了利润份额的4.1%、4%和3%。因此，相对于智能手机行业老大，HW手机的营业利润还是较低。

HW手机利润率较低主要有以下几个原因：

一是服务和品控体系的持续投入。HW手机在最近几年能取得如此迅速的发展，与消费者业务的巨额投入密切相关，包括之前的荣耀销毁，以及售后服务的优化等。对于较晚起步的HW手机业务来说，这种大额投入对于品牌形象的维护和提升是非常必要的。

二是营销费用。国产手机在营销服务上下足了功夫，HW手机更是如此。HW手机先后签下梅西、斯嘉丽·约翰逊，以及吴亦凡，还有国内动车组两年广告投放约20亿元，这些都花费不菲。

三是高昂的渠道费用。HW手机利润较大部分都被渠道商赚走。根据测算，苹果手机单部利润1 300元左右，三星手机205元，vivo手机129元，OPPO手机100元，HW手机只有99元。在IDC的世界五大手机生产商中排名最末。

四是研发投入较大。比如，HW公司2016年的研发总投入为83.58亿欧元，苹果也只有74.1亿欧元，但在HW公司2016年5 200亿元人民币的营收中，消费者业务的贡献是1 780亿元人民币，占比34%左右，而苹果69%的收入来自手机业务，因此分摊到手机产品的研发费用，实际上苹果仍然大占优势。此外，HW公司的研发费用占总营收的12%，而苹果研发费用占营收的比例仅为3.6%。可见HW手机的销量主要是依靠大量消耗营销资源和创新技术的方式来拉动的。

（2）手机芯片市场份额偏低

近年来，HW海思麒麟系列虽发展迅速，但是与苹果和高通骁龙处理器的差距较大，和第二梯队的三星、联发科仍处于追赶阶段。同时，高通凭借着领先的技术优势，一直都是三星和国产手机品牌旗舰手机首选的芯片供应商，短期内难以撼动。国产HW海思芯片量产规模较小，且以自用为主，尚没有对外商品牌形成冲击，其市场份额偏低，在手机热门芯片排行榜上排名靠后。

3）HW手机商业模式的机会

（1）市场前景广阔

全球手机市场庞大，且新技术不断涌现。但随着智能手机的逐渐成熟，国内需求下降，HW手机积极开拓国际市场；再加上HW公司调整手机定位，向高端市场冲击，随着其研发能力的逐渐增强，将有望冲击苹果、三星占据的高端市场，以及双品牌战略下的细分市场，这无疑都将获得广阔的市场空间。

（2）国家政策的大力扶持

国家鼓励出口，在政策上给予HW手机更大的空间和便利，HW手机在一定程度上是代表中国在电信领域进行国际拼杀，国家领导人对HW手机更是青睐有加；银行高度信任，方便HW公司贷款融资，进行扩大再生产和技术革新的研发；国家“一带一路”倡议的实施，更加助力HW手机顺利开辟国际市场，“一带一路”的沿线有很多HW公司的科技园。

（3）新技术的出现

以手机为代表的电子产品更新速度快，生命周期短，新技术的出现往往也代表着机会的出现，这将为HW手机提供弯道超车的机会，参与4G标准的制定，让HW手机在国产手机中脱颖而出；而随着5G标准的制定，HW手机将有机会再次实现弯道超车，实现向高端市场的冲击，同时推进以创新为支撑的产品理念。

4）HW手机商业模式的威胁

（1）众多手机品牌的冲击

国产手机竞争进入白热化阶段，Counterpoint发布了2018年第三季度中国手机市场销量数据[①]，数据显示，虽然整体市场在新品发布的刺激下环比上涨6%，但同比下降13%，这已是中国智能手机市场连续第四季度同比下滑。但是国产品牌依旧占据前五强，前五名的品牌市场份额加起来已经超过78%，其中的第一名vivo，则占据了将近20%的市场份额，同比增长了2%，超越HW、OPPO、小米一系列国产品牌。

（2）国际市场竞争大

国内手机市场现今基本饱和，国产手机也纷纷开始进军国际市场。高端市场苹果和三星仍然占据相当大的市场份额，且同属国产手机的小米、OPPO、vivo也纷纷开拓国际市场，并在中低端市场取得很大的市场份额，HW面临激烈的市场竞争。

（3）手机技术更新淘汰快，技术变革带来的变数

以HW手机为代表的国产手机能在几年内迅速崛起，离不开智能手机和4G时代的推动，HW正是抓住这个手机行业大洗牌的契机才得以迅速崛起。随着科技的持续发展，各种“黑科技”层出不穷，乃至在中国4G时代才真正惠及大众时，已经有5G时代的呼声，这可能的变革无疑给现有厂家带来了很大的压力。

（4）上游的供应链受制于人，渠道竞争压力大

智能手机的核心元器件受制于人，核心元件包括屏幕、处理器、内存、闪存、摄像头、指纹识别模块等。现时国产手机内存完全由三星、东芝、海力士控制。处理器主要由高通、三星、联发科等供应，OLED屏幕、高端摄像头，由三星、索尼等外商控制，这使得市场供应紧张时，很容易形成集体涨价。特别是近来的高端机标配OLED屏幕。HW面临渠道商费用高的牵制，要想改变势必是场博弈。此外，凭借垂直渠道优势高速增长的OPPO、vivo，给HW线下市场带来极大冲击。

---

① 佚名. 国内手机市场竞争进入白热化阶段，vivo稳坐市场占有率头把交椅［EB/OL］.（2017-03-10）. http：//www.sohu.com/a/276980127_637685.

第三节　互联网经济下HW手机商业模式创新发展建议

1.提升软件体验度和差异化战略

互联网经济下，信息流动加速，市场更加透明，这也意味着竞争更加激烈。同时，技术进步，产品更新速度快，生命周期缩短。这对于企业有更高的要求，即在取得市场份额之后，如何留住客户，增强客户黏性。

对于HW手机而言，需进一步开拓中高端手机市场，关注用户体验。HW手机应继续提升高端手机市场份额来提高利润率，避开白热化的低端手机竞争市场。在高端市场上，苹果、三星产品在前沿设计上有优势，HW手机品牌美誉度与之相比还有差距。同时HW手机要认识到高端产品并非只是简单的配置比拼，要走高端路径，提升软件体验度和差异化战略是关键，这也是苹果、三星的成功经验。HW手机应加大对软件体验度和用户体验的投入，用创新的方法做好用户体验，要充分发挥自身的本土化优势，深入分析消费者多样化需求，主打差异化战略，在功能设计、工艺外观、服务模式等方面与国外龙头企业及国内同类企业展开错位竞争，树立独特的竞争优势。

1）构建HW手机生态黏性

苹果手机有极大的生态黏性，苹果手机致力于构建以苹果为中心的生态体系，封闭性的IOS系统虽然可能将部分用户排除在外，但同时可以很好地防止用户流失（IOS系统与Android系统需转换）。Android系统的开放性下，HW手机建立同样的生态系统是可能的，将HW手机Android系统的用户体验真正做到极致，能和苹果竞争，达到之后黏性同样很大。同时，学习苹果公司的服务体系，真正做到“以客户为中心”，完善服务环节。

2）HW手机要充分利用HW公司平台优势，整合世界优秀资源

HW手机能发展到现在的规模，部分原因便是受益于HW公司的大平台优势。比如图像技术，HW公司投入大量数学家研究图像。现在

HW终端的图像技术有了很大的改进，与徕卡的结合，图像技术的提高，使得HW手机摄像成为一个重要的卖点。同时，可以尝试将消费者业务和企业业务、运营商业务捆绑起来，抓住某些方面的优势资源，在一些领域做到独家，然后拥有独家的小市场，形成特色化服务。

2.注重品牌意识

继续提升品牌价值是持续发展的必由之路。互联网经济下，信息传输更加便捷，产品推出成本降低，不断有新的产品出现。目前，HW手机虽然基本实现了品牌价值的提升，但品牌影响力不足仍是HW手机面临的问题。手机市场全球化的竞争关键在于综合实力的竞争，而品牌将是重要的组成部分。苹果、三星在消费者心中有很高的认可度，而这种认可度的培养需要长期的努力、出众的产品设计、完善的服务和稳定的产品与服务质量。这就要求HW手机更加注重提升品牌意识，加快品牌建设，塑造品牌内涵，建立长远的品牌发展规划。

明确的品牌定位和个性，品牌宣传上的投入，可以提升消费者对品牌的认可度，培养品牌的忠实顾客群体并形成有质量的规模。HW手机可以突出HW公司的品牌形象和地位，产品的设计上突出品牌的个性，加大公司品牌宣传力度。同时，可尝试将原有HW公司在通信业中的品牌形象逐渐移植到HW手机品牌上，让HW手机有专业、可靠、质量好的品牌印象，这可以提高消费者对HW手机的购买欲望。

3.继续拓宽渠道发展

互联网经济的特点（24小时全天运作，经济全球化，经济中间层次作用减弱结果，即时经济，边际效益递增性等）使得国产手机开拓市场更加便捷，这给国产手机的发展提供了良好的契机，不必再像传统经济下，只能与渠道商合作，依赖于门店的销售。

HW手机应继续加强渠道变革，进一步释放智能手机市场潜力。现在，vivo、OPPO手机崛起正是说明渠道发展的重要性，包括之前小米手机借助互联网抢占国内市场，如今迅速抢占印度市场，这些都说明渠道的重要性。苹果、三星的强大之处在于其强大的研发能力，以及营销和渠道能力，这也是他们能把手机卖到全世界，成为全球手机市场领导者的重要原因，HW手机显然还有很长的路要走。

HW手机线上、线下结合渠道模式效果显著，目前HW手机的销售渠道模式已经基本形成。HW品牌手机的重心在线下渠道，主要是运营商渠道和核心零售渠道，其中包括368家重点客户，以及“千县计划”。HW公司在2016年开始实施这项计划，并争取用两年的时间，建成覆盖全国1 000个县城的实体店体系。截至2016年年底，HW手机已经完成400多个地市的覆盖[①]。而荣耀品牌手机则继续以线上销售为主，线下采取轻资产的国代分销模式。

HW手机在国际市场上应继续攻占美国市场，从在HW手机推出P10，以及Mate 9保时捷的反响来看，国际市场取得一定进展，国际市场的开拓一方面需要渠道上的继续铺设，另一方面还需要继续注重研发，推出更多消费者接受的产品。

4.重视创新和可持续发展

互联网经济下，随着信息更加透明，对于产品的要求更高，竞争更加激烈。而强大的技术支持是国产手机不断推陈出新的动力。随着智能手机市场的逐渐成熟，国产手机厂商加强了对产品的研发投入，HW手机应更加重视创新效率以及可持续发展道路的构建。

HWP9的国产麒麟芯片、徕卡双摄像头，中兴天机7的立体导航功能，OPPO/vivo的快充和拍照功能，小米5的NFC支持读取IC卡数据，魅族pro6的轻触回退键功能，360的安全隐私系统和丢失变砖、资料自毁功能等，这些局部的、微小的、专注的创新，在终端创新总体处在技术爬坡的瓶颈阶段，在手机设计普遍缺乏突破性跨越式创新的情况下，成为打动各类用户的“黑科技”，吸引消费者进行购买。

2017年，国产手机迎来挑战，包括储存芯片在内的手机元器件价格大幅上涨，手机利润进一步被挤压，之前的性价比竞争更加艰难。而

① 佚名. 华为手机渠道布局定型，2017战略重点是这两项……［EB/OL］.（2018-02-26）. http：//www.sohu.com/a/127288221_407442.

其中原因很简单，就是“缺货”，也就是元器件供应商的产能无法满足手机生产商的需求，而国内的手机生产商对这些元器件供应商有很强的依赖性。HW手机同样面临这些问题，在技术上存在差距的情况下，HW手机可以尝试塑造供应链稳态以及高端产品创新在低端复用。具体而言，稳定供应链上可以尝试零部件标准化建设，核心元件标准化，在不同款终端上能重用。这不仅能提升竞争力、提升效率、降低成本，最主要是标准化后，能解决供应风险和库存风险。这也能实现海量复制，保证质量的稳定性，降低成本。标准化上HW手机要尝试与供应商进行更深度的战略合作，HW手机可以参与规划、开发零部件。而高端产品创新在低端复用则将进一步提升HW手机的竞争力，而这一切都需要HW手机以继续提升研发能力作为支撑。

5.提升利润率，产品精品化管理

首先，HW手机虽然取得不错的市场份额，但是利润率仍然较低。HW手机的利润率甚至不如OPPO和vivo，这也反映了国产手机普遍的低利润率。相比之下，三星电子2017年一季度财报显示[①]，第一季度芯片业务的营业利润达到6.31万亿韩元，占到三星电子整体营业利润的近64%。内存芯片业务不仅没有让三星的业绩在Note爆炸事件中受到影响，反而创下了9.9万亿韩元单季营业利润的第二高峰。这也看出利润率的提升不能仅仅依靠市场份额的提升、出货量的增加，而应完善产业链，提升在产业链中的地位。而HW手机在国产手机中具有创新能力强、注重研发的优势，因此，提升利润率要继续加强创新。

其次，HW手机在盈利能力上要取得突破，关键要看高端市场业务的进展。通过品牌溢价，提升产品定价水平，从而带动盈利能力的大幅提升。从这一点上看，HW手机正在酝酿突破。2017年3月，HWP10海外上市，定价649欧元，约合人民币4 700元；P10 Plus定价699欧元，约合人民币5 070元，直接对标苹果手机[②]。HW手机在冲击海外高端智

① 卢晓. 三星“复活”不靠卖手机 挑明二季度芯片还会卖高价［EB/OL］.（2017-04-29）. http://tech.sina.com.cn/it/2017-04-29/doc-ifyetwsm1068262.shtml.

② 张宁. 终于知道华为手机利润了：必须玩高端！［EB/OL］.（2017-04-06）. http://www.sohu.com/a/132213513_609238.

能手机市场上，实际与苹果已经展开了正面竞争。再加上目前苹果手机设计上的乏力，创新性下降，这对于HW手机来说是个难得的赶超机会，一旦高端市场路线奏效，品牌价值将得到极大提升，实现品牌溢价，这将带动HW手机整体盈利能力的快速提升。

第四节　小结

本章以国产手机的代表——HW手机作为分析对象。HW手机以其独特的商业模式发展成为国产手机的领导者，其成长和已经取得的优异成果与它有效的商业模式是密不可分的。作为一个新兴的手机品牌，其快速发展的同时也面临着诸多问题需要去解决，比如开拓市场后，如何留住客户，如何继续提升品牌价值，如何继续增强创新力，这涉及企业战略和策略的问题。而要解决这些问题，需要我们在之后的学习与实践过程中，继续深入探究了解HW公司的商业模式，分析其所处的宏、微观环境，从而根据企业的具体情况对症下药，提出行之有效的建议。

本章对HW手机商业模式的研究，借鉴类似企业的商业模式运作，进而提出相应的对策建议，以期使HW手机的商业模式进一步完善，从而为进一步促进HW手机和其他国产手机品牌的可持续发展提供一定的借鉴。

第八章 YM女装商业模式研究

新型商业模式的开启，对原来的模式产生了较大的冲击，使得许多服装公司开始进行商业模式的探索与创新。商业模式的创新让相关公司在交易过程中的成本降低，在管理方面变得更加高效，从而大大节约了经营成本。以顾客为中心的理念，也提升了消费者的购物体验。

本章以广东省YM女装公司为例，通过查阅相关文献，对当前服装行业商业模式的特点进行总结，然后通过分析YM公司当前的商业模式面临的问题，尝试提出适应YM公司商业模式优化的策略，同时期望其他服装企业在商业模式创新的环境下采取相关措施以得到更好的发展。

第一节 YM女装商业模式现状分析

1.YM女装品牌介绍

YM（INMAN）[①]，广州市汇美服装有限公司旗下棉麻生活品牌，

① 马妍．网络营销策略探究——以茵曼女装为例［J］．中小企业管理与科技（下旬刊），2015（2）：112-113．

由董事长方建华于2008年创立，INMAN的内在含义是指通过摒弃不必要装饰的店铺，以合理可信的价格提供顾客希望的商品。INMAN主张“素雅而简洁，个性而不张扬”的服装设计风格，整体风格上更加符合城市人向往自然的理想，致力于成为“属于世界的中国棉麻生活品牌”。

“YM·棉麻艺术家”首先保证了产品有着较高的质量，以最优质、健康、自然、舒适的棉和麻作为面料可以使得消费者穿着更加舒适。同时，服饰的设计灵感来源于中国本土文化精髓，江南水乡和自然风景，使得消费者在穿着时能够感受到自然之美，与人们向往田园生活的理想产生共鸣。这就使得YM的服装不仅仅是御寒保暖，更多地给人们带来了一种环保自然的理念，从而提升了产品自身的价值，形成了产品特色。

本章选择YM女装作为研究对象有以下三点原因：

第一，YM女装凭借以“棉麻艺术家”为定位的原创设计享誉互联网，是中国成长最快、最具代表性的网络服饰零售品牌。

第二，在当下快节奏的工作与生活当中，YM女装仍然有符合自身产品的特色，可以引起消费者的共鸣，更是有着“遵循自然、浪漫的心灵质地，拥抱简单的幸福，畅享自由的慢生活节奏”的品牌精神。

第三，YM女装以其“素雅而简洁，个性而不张扬”的独特风格和品牌形象，在2011年获得全球十佳网商30强品牌，在天猫、淘宝商城女装品牌排名当中，连续三年位居前列，且获得了淘宝第一原创棉麻女装品牌的殊荣。

因此，本章选择YM女装作为研究对象进行研究，以期发现服装公司商业模式转变给公司带来的发展活力，探索服装行业发展中的商业模式创新机制，并由此促进其他服装公司商业模式的转变。

2.YM女装商业模式要素分析

明确商业模式的构成要素可以更加准确地对商业模式进行概括，从而帮助企业更好地制定适合其自身发展的商业模式。本章主要结合Timmers（1998）的观点和Alexander Osterwalder（2004）的“商业模式新生代”九要素的观点，从价值主张、产品结构、渠道通路、客户关系这四个要素来分析YM女装的商业模式。企业价值主张体现了企业的价值理念，决定企业所提供的产品和服务所要体现的价值，是价值传递的首要基础；产品结构是企业所创造的价值的载体，企业创造的价值将被赋予在不同的产品类型中；渠道通路是企业价值的传递枢纽，企业通过不同的销售渠道将产品展现在顾客面前；客户关系则是在整个价值传递的过程中最为重要的一环，维持好客户关系，产品价值才能转换为顾客价值。因此，希望通过对这四个要素的分析，对YM女装价值传递过程有深刻的了解，进而提出较为符合企业实际的建设性意见。

1）价值主张

价值主张是向顾客所展现和供应的产品和服务的体现。YM女装从建立之初就把价值主张确定为“棉麻艺术家”，专为女性提供自然、素雅、个性的服装服饰的企业。以下从市场定位、品牌战略两个方面分析YM的价值主张。

市场细分与目标市场选择实质上是讲分割与取舍的艺术，产品目标市场的选择决定了产品设计销售以及品牌的定位，明确且富有购买力的目标市场将会使企业走上长远的发展之路。YM女装在一开始进行市场定位的时候，就决定以女装市场为中心，形成自身的产品特色，从而形成自身的客户群体。YM女装认为18～30岁的年轻女性是主要的消费群体，这部分群体消费欲望强，追求潮流；认为30～45岁是消费群体中购买单件服装价值最高的群体。该群体是消费群体中经济基础最为雄厚的群体，且群体大多数的人生观和价值观相对成熟，因此对风格、时尚有自己的个人喜好[①]。

细致的市场划分使得YM女装在市场选择方面占尽优势。在明确的市场细分下，YM女装锁定的是25～35岁购买力较强，消费水平较高，有自己独特风格的知性文艺女青年，将其作为目标市场。YM女装自身的产品穿着较为舒适，设计风格较为淡雅，与市场上艳丽、个性的产品有明显的区别，在女装市场上显得尤为突出。在这个年龄段的年轻女性大多会尝试不同的衣着风格，因而YM女装就脱颖而出，吸引许多消费者进行尝试从而提高了自身产品的接受度和曝光度，满足了一些消费者

① 王学志. 基于女性消费心理的服装产品商业模式策略研究［J］. 未来品牌，2016（4）：45-47.

对服装质量和价值追求的统一，体现了独特风格和个人品位的融合。

作为一个从电商平台成长起来的线上品牌，YM女装自2007年创建伊始，积攒下超高人气，线上成交率不断增长，让大部分女性消费者想到棉麻服装就会想起YM。一个品牌成为消费者心目中的首选，需要名牌活跃度和产品特质①。YM女装通过强调个性鲜明的品牌形象，开展多元化线上营销活动来维持自己“棉麻艺术家”的品牌特性。YM女装电商旗舰店铺的整体风格以文艺小清新为主，色调优雅的图片配合清新文案打造一种舒适自然的氛围，贴合了自己“素雅自然，个性不张扬”的品牌风格，产品辨识度进一步提高，吸引了一大批知性文艺风的女性对品牌的认可。YM女装在2011年开始运用“麻花辫”专属模特，特点是麻花辫发尾的毛球，与YM服装轻时尚文艺的风格相结合，打造了YM独特的展示风格。自2012年起，YM女装逐年推出自编自导的微电影，将自身产品的设计与定位融入到微电影中，可以使消费者更加直观、形象地感受到产品的设计思路与公司的设计理念，更容易引起消费者的共鸣，从而使得人们可以更好地接受其推崇自然的理念，以向我们传递YM“拥抱简单的幸福”这一品牌理念。

2）产品结构

YM定位是棉麻艺术家，YM的服装产品大致分为三个系列：清麻系列、棉素系列以及植物纤维系列。

清麻系列：YM女装悉心甄选优质的麻素材，法国雨露麻和四川苎麻，制成简约舒适的日常基础款，织物含麻量高达90%，保留了自然质朴的纹理和质地，带来凉爽轻盈的自在穿着，舒服舒心。YM认为东西过多是种打扰，尽量把它删减到舒服的状态，留在身边的都是需要的。因为少，每一件都要称心。称心的背后，又往往意味着用心、专注、自然和缓慢。迎合了女性对服装简约自然、舒服舒心的喜好。

棉素系列：坚持“棉，让棉的治愈系美学，融入每件服装的设计中；素，秉持简约素雅的生活美学，出品高品质服装。”的理念。YM女装悉心甄选的新疆长绒棉，在光热资源丰富的新疆，YM女装坚持传

① 刘明亮. 我国服装产品产业的品牌战略研究［N］. 天津日报，2016-09-01.

统的手工采摘，成本虽高，但更能保证棉朵的完整性和纯净度。制成简约舒适的日常基础款，手感滑爽柔暖，棉感扎实，有一定的挺度，迎合了女性舒服舒心、素雅品质的喜好。

植物纤维系列：YM女装采用青岛百草纤维科技股份有限公司研发的新型多功能植物纤维面料，区别于传统的纺织面料，取材于纯净的自然植物，将植物中的草本纤维与棉共同制造，用植物药理赋予纤维适宜人体健康的舒适感，绿色环保，回归自然，实现了YM希望在原料环保、制成环保中投入更多努力的初衷。

YM女装不只做棉麻风格的女装。自2012年起，YM开始产品体系的“扩张”之路，相继推出鞋、包、帽子、配饰、围巾等周边类目，致力于共同打造棉麻生活品牌，为消费者提供独具中国传统文化特色的穿着生活和品位，致力于“打造世界的中国棉麻生活品牌”。

3）渠道通路

目前，YM女装销售渠道涵盖：天猫、京东、当当、唯品会等线上渠道，其线下实体店“千城万店”的渠道策略也在实施当中。

在传统零售萎靡，消费者逐渐形成网购习惯的时代，YM选择反向思维逆袭，大规模布局线下实体店。作为最初在电商平台成长起来的女装品牌，2011年在广东开了第一家线下体验店。YM认为网店缺乏的是品牌和客户的有效互动①，YM希望通过品牌与客户之间的交流，经营“粉丝社区”，线上衔接线下的方式经营“客户”，以此独特的“粉丝经济”效应来完善O2O闭环。一线城市采用直营的方式，与大型百货商场合作。2016年10月，YM-巴黎春天首家线下体验实体店落地上海，仅开业一月，月销售量在楼层女装品牌中位居前三位。在二三线城市，YM招募认同自己品牌文化并有一定影响力的“忠粉”加盟实体店，以“0加盟费、0库存”的口号，鼓励“粉丝”加盟，撬动“粉丝经济”。店长不需进货，YM配送样品到店中，上架产品15%为新品，85%样品是“忠粉”店长根据当地需求来进货。现场扫码支付，线上和实体店一个价钱。

① 刘强永. 中国服装产品网购现状分析［J］. 时代经济，2018（2）：24-25.

4）客户关系

基于对利益的追求，YM同客户之间很容易达成战略伙伴的关系，从而共享资源、共谋发展，持续且密切地进行合作。这种稳定的战略伙伴关系对于企业的发展有良好的促进作用，能够帮助YM开拓更广阔的市场、挖掘更多潜在客户。通过实行客户关系管理，能够帮助企业维系老客户，开拓新领域。进行科学有效的客户关系管理，必将促进与客户的密切合作关系，产生新的业务，给企业带来更多的利润。

YM一直注重于顾客的在线互动，通过微博、微信等新媒体创建话题，策划可参与性强的线上活动如“麻花辫大赛”，倡导“在玩乐中引入营销”。通过一系列活动，引导消费者对品牌定位的感知，树立起“原生态”“环保”的品牌形象，潜移默化地在顾客心中刻画出恬淡不争的形象，从而让消费者更易接纳品牌的设计和宣传。与此同时，YM也未忽略线上平台的作用，借助淘宝平台，建立了品牌的交流社群，开展各种形式的趣味活动，带动消费者进行产品交流、信息共享，从而融入YM的品牌社群。在这种即时的平台交流中，顾客投入个人情感，获得感情寄托，无形中提高了对品牌的忠诚度。此外，YM也注重对老会员的维护，例如，其创办的《石茵》杂志、会员专属小礼品，让会员在心理上有被重视的感受，进一步提升了品牌在消费者心中的形象。

第二节 YM女装商业模式存在的问题

1. 市场定位比较狭窄

市场调研以及市场预测是建立合理商业模式的前提，基于此的精准定位则是企业能否顺利发展的关键所在。如果不能根据科学的预测分析，及时调整产品理念、与时俱进地调整管理模式，则会在产品定位上产生问题。明确的定位会让产品在市场细分过程中有的放矢，而YM女装的部分产品没能科学地分析市场需求，导致在后期的销售中出现滞销现象，简言之便是产品设计的失败。出于节约成本的考虑，有些产品会跟随市场潮流，造成产品个性化不足，让消费者难以得到预期的效果，导致最终的宣传失利。处于商业模式仍未完全定型的国内环境下，让服装企业商业模式完全创新无疑是有一定难度的，因而我们并不奢求企业保持与发达国家同等的创新水平。

社会的发展是商业模式发展的基础，而道德水平的高低，也会影响我国商业模式的发展进程。我国目前的商业模式不能完全适应飞速发展的市场，同时，过于盲目跟从市场的时尚潮流，导致产品的设计感和质感也会大打折扣。YM锁定25～35岁，购买力较强，消费水平较高的知性文艺女青年作为目标受众。产品创新手段比较单一，不能往深挖掘市场的时候，就应该横向发展，使产品充满多样性，让更多类型的消费者认识YM。

2.品牌建设有待提升

在当下服装市场竞争激烈的情况下，服装企业要想保持良好的发展，不能单纯进行价格方面的竞争，同时需要加强品牌建设、提升品牌形象，从而在消费者心中占有一席之地。目前，YM女装的品牌战略构想别出心裁，以棉麻艺术家为主题的品牌建设取得了一定的效果。然而，由于缺乏宣传力度，这一定位未能反复在消费者心中加深印象，从品牌成立之初，就只以麻花辫专属模特以及微电影来彰显品牌形象，品牌建设显得有些单薄。

3.产品同质化严重

YM女装面临的亟待解决的一个问题是产品的同质化，与其他产品的区别性是YM持续发展的动力，而设计创意的瓶颈使其在保持个性化的路上受到了阻碍。女性群体希望穿着能够休闲、自然、舒适，而YM女装的产品虽然比较符合当下潮流所向，但是很多产品没有独创性和独特性，再加上其他品牌对于这类服装的市场侵入，YM女装陷入的不仅仅是市场上同类产品的价格竞争，更是对内部产品设计缺乏创意的困境。YM女装产品逐渐加重的同质化问题造成了产品销量的减少，缺少个性化的服装得不到消费者青睐，使部分消费者转投其他产品怀抱，造成一定的损失。

4.线下管理难度渐大

销售渠道是企业营销的一个重要组成部分，目前，YM女装正实行“千城万店”的渠道策略。自2015年年底开设实体店以来，目前YM女装在全国共有414家实体店，其中直营店14家，主要分布在北京、上海、广州、武汉、南京等一二线城市；三四线城市主要以加盟为主，目前共有加盟店约400家。YM的布局，是在未来几年做到线下实体店“千城万店”，这就意味着门店数量众多，这不可避免会增加管理的难度。线下体验店如何统一传递YM女装的品牌特性，如何将YM女装推崇的“粉丝经济”运用到线下零售中，这是目前YM女装需要重视的关键问题。

第三节 YM女装商业模式创新的策略

1.通过产品创新扩大市场

YM女装目前锁定的消费者群体主要是25~35岁、购买力较强、消费水平较高的知性文艺女青年，主打卖点是棉麻艺术家。这一卖点也准确地传达出舒服、环保的特点，较为明显地划分了与其他更新速度较快的时尚女装的界限。

由于YM女装的品牌形象在消费者心中已经有一定的地位，棉麻象征着舒适、自然和健康，而目前女性对服装的要求逐步趋向休闲、自然、舒适，这对YM女装是一个非常有利的市场机会。YM女装可以针对不同年龄层推出相适应的休闲女装，让更多类型的消费者认识YM女装。同时针对产品创新手段较单一这个问题，如果市场出现不能往深度挖掘的时候，就应该侧重横向发展，使产品充满多样性[①]，因此YM女装可以以棉麻为主题，向鞋、包、围巾、帽子、配饰以及家居用品进军，倡导清新素雅、自然健康的穿着及生活方式。

---

① 林旭以. 服装产品品牌的商业模式创新策略［J］. 东北产业，2015（7）：14-27.

2.通过新媒体进行YM女装品牌传播

微信作为目前极为火热的一款社交类应用软件，已经成为各个企业进行宣传、营销不可或缺的一个基本平台。通过朋友圈进行信息分享，进而形成传播扩散，同时基于微信的社交属性，其信息分享也更易取得人们的信赖，因而由微信平台接收到信息的人更容易被影响，进而变为企业产品的消费者。而作为一款主要存在于移动端的应用，微信也是企业进行移动营销的一大发力点。从YM女装的角度来看，微信公众号平台与个人账号两者之间，选择建立功能更为多样、传播范围更广的公众号平台是更为合理的选择。

YM女装通过建立微信公众号，可以更加直接、快速地实现与顾客的沟通交流，也可以在自己的平台上设立多种栏目，传递给消费者更多高质量的服装相关内容，更及时地推送产品上新、限时优惠等活动信息。除去建立微信公众号，绘制一个能清晰展示自己品牌形象的二维码也是YM女装应该重点关注的内容。在拥有了符合品牌形象的二维码之后，公司便需要将此二维码通过各种方式进行展出，如可以利用线上的官网、线下各种展览等尽可能多的平台，帮助想要了解YM女装的消费者们更方便地获取二维码，从而进一步深入了解产品信息、企业情况、产品售后以及各类活动等。

3.创新产品结构，提升产品质量

YM女装在竞争中，首先应该打破产品结构的限制，尤其应该避免的就是服装产品结构单一的问题。YM女装在发展进程中应该研发出多元化的产业结构，从而适应各种各样的消费群体的需求。对于不同的需求，开拓不同的产品，是服装企业能够在市场中立足的最为基本的因素[①]。对于不同国家的不同需求，能够竭尽所能地去设计开发新产品，而不是凭借单一的产品进行传统的营销。面对当今时代服装消费者呈现出多样化的需求趋势这一现实，YM女装应该强化产品设计，多样化的

① 张学林. 我国服装产品企业产品差异化的策略研究 [J]. 北京物流，2018 (1)：8-10.

产品结构能够满足不同地域和不同偏好消费者的消费需求，从而扩大潜在的消费者群体。

首先，对于YM女装的产品结构，企业应该加大产品结构的优化，多增加一些产品的种类。企业除了女装服饰之外，还应该多增加一些如童装、孕妇装等品类；或者围绕“慢生活”推出其他品类，从品类的广度和文化的深度将“慢生活”的理念植入到消费者的内心。不断拓展产品的种类，将会极大地提升YM女装的整体市场竞争力。

其次，在提升外贸服装供给质量方面，应着力在“新”字上下功夫。YM女装在进行产品设计和制造时，外贸人员必须充分实时了解市场需求的状况，并积极配合营销部门，听取他们的意见与建议，根据市场需求的变化不断推出新的产品。同时，YM女装应充分利用新材料、新造型，增加产品附加值。

4.寻找合作商，有效管理线下渠道

在2016年云栖大会上，马云首次提出“新零售”概念。“纯电商时代很快会结束，未来的十年、二十年，没有电子商务这一说，只有新零售这一说，也就是说线上线下和物流必须结合在一起，才能诞生真正的新零售”[①]。目前有部分消费者可能选择在线上收集信息最终在线下购买；与此同时，部分消费者也可能选择在线下看货线上购买。从消费者购买行为的角度来看，线上线下融合的格局已经呈现，并最终或将成为一种常态化的存在[②]。YM女装自2015年起就已经向线下门店渗透，构建全渠道销售模式，这是一个迈向“新零售”的积极信号。YM女装的布局，是在未来几年做到线下实体店“千城万店”。线下体验店如何统一传达YM女装的品牌特性，是目前YM女装需要重视的关键点。

笔者认为，YM女装接下来应该首先从服务入手，努力提升服务品质。要想把目标客户的消费场景从线上转移到线下，就必须在服务与质量上下大功夫，必须让去门店消费的消费者体验到除了网店方便快捷以

① 李亚静．消费迭代，如何把脉新零售时代？2016年服装零售数据分析与趋势解读［J］．纺织服装周刊，2017（8）：20．

② 邓富明．中国服装产品行业现状及发展趋势［J］．现代科学，2017（13）：21-22．

外的其他服务，如现场咨询、现场试穿以及便捷的退换货服务等。

其次，YM女装可以选择万店掌作为全国几百家店铺数据化管理的新方式。借助万店掌，智能管理实体门店，打通线上线下全渠道营销。YM女装线下体验门店装置万店掌音视频感知设备，日常巡店和门店形象检查都可调用店内高清摄像头远程查看，随时随地查看商品陈列、服务、门店形象是否符合品牌形象统一规范。YM女装一直致力于在女装品牌中打造自己独特的“棉麻艺术家”的品牌特色，将线上品牌的轻文艺营销理念、以“自然，个性但不张扬”腔调形成的“粉丝圈经济”同样复制到线下体验店中，运用万店掌的远程协同解决方案，随时随地视频沟通，远程指导门店符合YM品牌调性管理；对于在线员工教育培训，可一对多、多对多，用多种方式培训终端员工，使得他们了解和学习YM女装品牌文化和营销理念。通过与万店掌的合作，有效管理线下多家实体店。

第四节 小结

服装行业向来属于具有良好发展前景的行业，而这种良好的发展前景同时也带来了激烈的竞争。这种竞争不仅来自国内，而且更多地表现为来自国外服装品牌的冲击。面对如此复杂的市场情形，我们国内的服装品牌必须迎难而上接受挑战，进行商业模式的调整创新。可以预见的是，我国国内的服装产品未来将进行线上市场的进一步细分，同时不断分析挖掘潜在目标消费者，特别是女性消费者群体。如此看来，YM女装需要在分析市场动向以及分析消费者偏好方面花费更多时间与精力，并以此为基准，制定出更为有效的销售策略，找准定位，建立起与企业风格最为契合的商业模式。

我们相信，尽管当前的服装产品市场竞争激烈，但是如果能够找准定位、把握时机，YM女装必将在其所在的细分市场中稳步发展，实现企业进一步的成长壮大。

第九章　新零售环境下深圳市S股份有限公司商业模式研究

农业问题一直是备受关注的话题，政府工作报告中指出“深入推进农业供给侧结构性改革”是2018年的重点工作，并明确当前政府应该深化农村土地制度改革，推进农业标准化和信息化，促进农产品批发流通[①]。农产品批发流通不仅是我国国民经济的重要组成部分，也是维持人民幸福生活和社会平稳的基础。有研究表明，人们对农产品的需求与收入水平有正相关关系，收入水平提高时，对农产品的需求也逐渐增强。在对传统农业产业进行改造时，如何结合现代智能产业运用新技术、新模式将传统农业做大做强是值得深入探讨的问题。

深圳市是我国外来人口占比最多的城市之一，那里汇集了来自五湖四海的人，因此对满足人们生活需要的农产品需求更大。深圳紧跟改革开放伟大进程的步伐，使得经济快速发展，各色产业不断汇集。各种利好条件，促使深圳市一大批以农产品批发流通业务为主的企业如雨后春

① 中国政府网．2018年政府工作报告［EB/OL］．（2018-03-28）．http：//www.gov.cn/zhuanti/ 2018lh/2018zfgzbg/zfgzbg.htm.

笋一般涌现出来，这些企业抓住了时机，形成了一定的规模。但在高速发展的同时，该类企业也慢慢地显现出一些问题：

1. 商业模式落后

虽然许多公司顺势提出了“电子商务+”的商业模式，也将其引入生产流通中，但是商业模式的发展本就是瞬息万变的，在很多企业对旧的电子商务还没有适应的时候，“新零售”的电商时代就已经到来了。很多新型的盈利模式已经开始慢慢地融入到人们的日常生活中，改变着人们的消费习惯。

2. 批发流通市场出现日渐萎缩的情况

传统农产品批发流通企业将货物生产环节与物流环节分开，中间环节烦琐，再加上部分农产品是生鲜产品，还要保持其品质，高库存会导致企业成本提高。这使得该类企业的前期投入成本巨大，后期如果市场骤变的话想要盈利根本就不可能。同时像永辉、大润发等连锁超市都已经自己对接农产品产地源头，自建物流运输，使得主营农产品批发流通的企业失去了大客户，仅靠小客户已经难以盈利。因而传统农批企业纷纷转型，使得农批市场萎缩。

3. “供不应求”

根据经济学中的市场经济运行供需规律可以知道，商品价格由供需关系来控制。但是在实际市场经济运行中，这条规律并没有得到很好的实践。在市场上随处可见产地滞销但商场价高的情况。因此这里说的“供不应求”并不是实际生产的数量跟不上消费者的需求数量，而是传统的电子商务模式还是解决不了“产地贱卖，市场价高”的现象。

4. 农批企业的弊端凸显

“互联网+”的发展、物流业的发展等，使得传统农业逐渐显现出生产模式落后、缺乏创新等弊端。新零售的提出给此类企业提供了新机遇，再加上政府的重视，农产品批发流通业的“电子商务+”的商业模式也应该进行相对应的改革。

管理学大师彼得·德鲁克曾说过：“当今企业之间的竞争，不是产品之间的竞争，而是商业模式之间的竞争。”[①]基于此，笔者认为，在新零售环境下运用互联网技术对农产品批发流通企业进行商业模式的创新是农业顺应时代发展的必然趋势。因此，本章从具体行业中的具体企业出发，对深圳市S股份有限公司（下文简称为“S公司”）这一农业批发代表企业进行新零售环境下商业模式探讨，分析该公司商业模式的建构优势和不足，并利用所学理论对该公司进行相应的商业模式创新探索，以此提出一些切实可行的发展策略，为政府制定农产品流通政策、为同行业企业商业模式创新提供理论依据。

第一节　S公司现有商业模式及存在的问题

1.S公司基本情况介绍

成立于1989年的S公司，以对农产品批发市场进行开发、建设、经营和管理为主营业务，其业务内容涵盖农产品的流通、供应链服务、电子商务等[②]。S公司以资本运用和管理创新为主要手段，2017年已发展成为总资产为181亿元的上市公司（股票代码：000061.SZ）。表9-1是S公司2009—2017年的总资产详细情况。

表9-1　　S公司2009—2017年总资产及增长率

年份	总资产（亿元）	增长率（%）
2009	70.11	30.0
2010	91.13	3.9
2011	94.69	12.1
2012	106.17	15.1
2013	122.23	12.9
2014	138.05	16.8
2015	161.31	6.9
2016	172.49	5.1
2017	181.22	30.0

数据来源：根据S公司2009—2017年年报整理（http：//www.szap.com/investor/aW52ZXN0b3JUYWI9Y29tcEFubmFscw==）。

① 郭黎星．国内外商业模式研究综述［J］．商场现代化，2012（3）：11-12.
② 深圳市农产品股份有限公司官网．http：//www.szap.com.

本章选择深圳S公司为研究对象，是基于以下考虑：

第一，S公司是农批行业的领军企业。S公司的核心业务是农产品批发流通以及相应配套服务的提供，是深圳市农产品批发行业的龙头企业。它在全国范围内首创独特的经营模式，将互联网灵活地运用于农产品批发市场，形成强大的批发网络体系。对该公司进行商业模式创新分析，可以对同行业企业起到借鉴作用。

第二，S公司是上市公司，规模大。S公司于1997年1月便在深圳证券交易所上市交易，发展到2017年总资产已达181亿元。公司成立以来，在北上广深等30多个大中小城市设立超过40个子公司或控股公司，构建了最具规模的农产品批发网络体系。公司拥有雄厚的资本以及成熟的流通网络体系，为商业模式的改造创新提供经济基础和业务基础。

第三，S公司拥有一定的电商基础。从成立之初，S公司便一直对接行业先进技术，积极探索农产品批发领域的创新发展。S公司在全国率先开创“布吉模式”，创建“大白菜+”电商平台，积极地将信息技术运用于日常生产运营中，具有良好的电商基础，这为之后新零售的创新商业模式奠定了坚实的基础。

第四，S公司具有国有控股性质。S公司是具有国有控股性质的企业，公司的实际控股股东为深圳市人民政府国有资产监督管理委员会（简称“深圳国资委”）。作为“中国农产品批发市场经营唯一的国有控股上市公司”，S公司深得国家政策的支持，在创新产业模式方面的研究可以优先享受到国家政策福利与技术支持。

2.S公司现有商业模式基本情况

陈静（2018）[①]在其研究中指出，零售企业的价值创造逻辑就是以顾客需求为基础发现价值，基于企业内部资源整合与外部关系的构建，通过采购、仓储、配送、销售等一系列过程创造价值，并通过利润的获得以及成本的控制实现价值。基于陈静提出的零售企业价值创造逻辑，笔

① 陈静.“新零售”时代传统零售企业商业模式创新研究［J］. 经济论坛，2018（3）：65-68.

者将Osterwalder的九要素模型进行总结分类（如图9-1所示），提取出价值主张、价值链模式、组织模式、关系网络、盈利模式作为下文分析S公司商业模式的五个基础模块，以加深对农产品批发流通企业商业模式的认识。

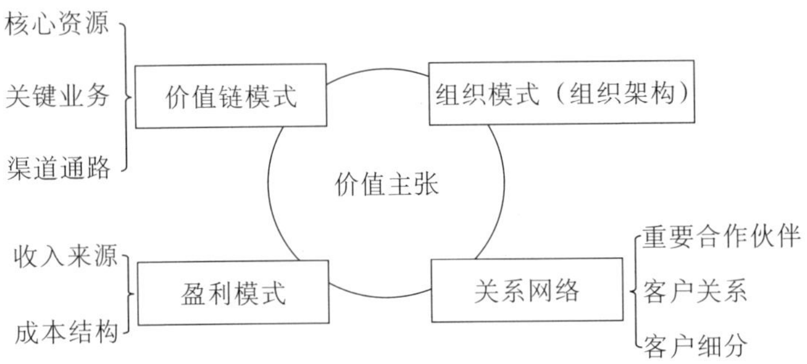

图9-1 商业模式构成要素

1）价值主张方面

（1）提供优质产品与服务

S公司的重点业务是对农产品批发市场进行投资与管理。在农产品产业链上，该公司的业务开始于产品来源地，通过对农产品进行粗加工、物流配送等实现产品的一次转换后，再通过批发、零售经营、电子商务等将产品二次转移，送到下游合作伙伴及顾客手上。该公司正是通过农产品全产业链的不断完善来提升企业核心竞争力的，为消费者及合作伙伴提供更优质的产品与服务。

（2）构建专业化平台，提高顾客满意度

自成立以来，公司一直坚持“以农产品批发市场为中心，构筑全国性农产品市场体系”的发展战略[①]，将现代化经营理念和先进技术运用于农产品经营中，打造专业化农产品“电商+物流”交易平台，从而实现集现代化、信息化于一体的农产品经营策略。因而目前S公司的价值主张主要表现为以先进技术为顾客提供更优质的产品与服务，吸引更多新顾客，提高顾客满意度。

2）价值链模式方面

价值链模式包括两个方面的内容：一是企业处于什么样的价值产

① 深圳市农产品股份有限公司官网. http：//www.szap.com/aboutUs.

业链中，且在这个链条中处于什么位置；二是链条上各组成部分的价值分配情况。企业的基本活动围绕着价值链展开，无论是生产型企业还是服务型企业，都可以根据实体产品或者服务所处的流转环节，将企业的基本活动分为对接原材料供应商的“上游活动”和对接零售商、消费者的“下游活动”两类。和企业价值主张一致，作为以农产品批发流通为主的S公司处于这条价值链的中间环节（渠道商），该公司重点关注货物的来源及与消费者打造良好关系。S公司上游围绕原产地产品供应商展开相关活动，下游围绕零售商和消费者进行产品储运、零售经营和售后服务等活动（如图9-2所示）。S公司通过提升产品技术特性、精准把握顾客特点的手段在价值链上占据了更大的优势。

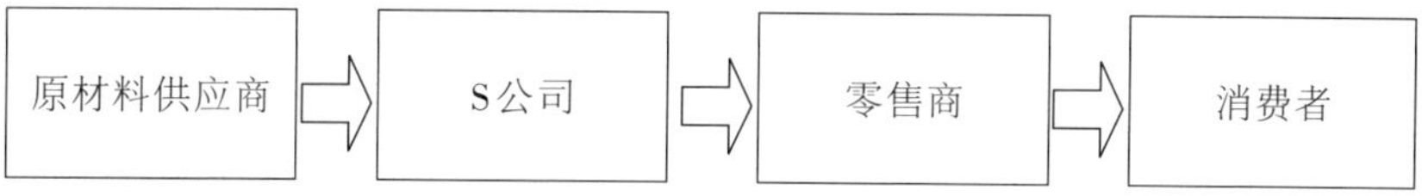

图9-2　S公司产业链图

早在2010年，S公司就已经开始积极推进各项业务的互联网建设，全面落实“网络化”基础工作。图9-3就是公司实行“网络化”的具体示例。公司建立了农产品供应链一站式服务，从农产品田间源头开始跟进，通过自创的网络平台及电商公司把控整个链条有序发展，最终利用城市配送及直销、批发、零售等方式将产品送到消费者的餐桌上，实现一站式优质服务。

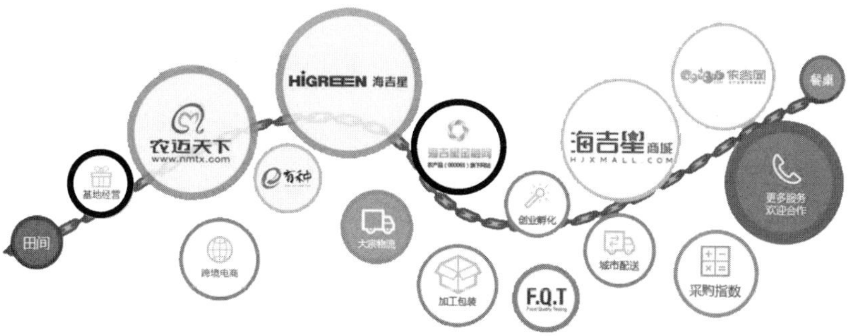

图9-3　S公司的一站式服务流程图

3）组织模式方面

组织力是战略执行的关键，有好的组织力才能使战略真正落地，真正践行，说到做到。公司上下都认真贯彻并全面落实“讲效率、重执行、负责任”的发展精神，确保“网络化”发展战略的顺利推进。

S公司内部采用的是较为扁平的事业部组织架构（如图9-4所示）。

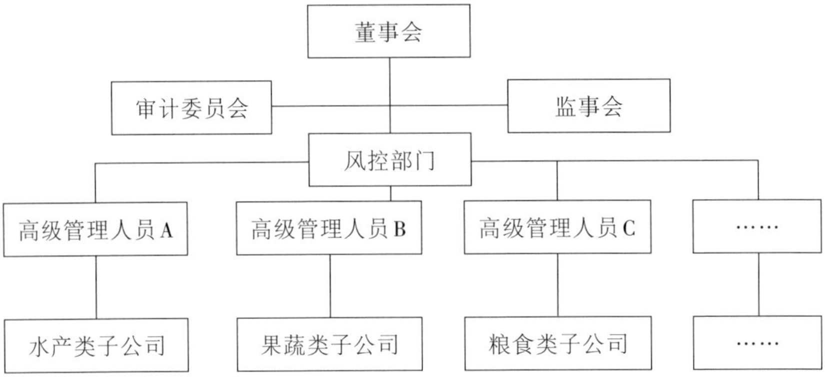

图9-4 S公司内部组织架构

该公司内部分成较小的分权事业部或全资控股子公司，从而降低了整个公司的垂直管理水平，使公司管理架构变得更高效。S公司的整个组织架构可以简单划分为三个部分，即监督单位、高级管理层、全资控股子公司。董事会除了下达最高指示之外，和监事会、审计委员会共同指导监督内部运营；高级管理人员各自负责独立事业部（全资控股子公司）的日常运行，同时，管理层与公司风控部门共同建设内部风控体系；下属控股公司具有相对完整的业务系统，具有更独立的自主经营能力，在业务处理程序上具有优先权。

4）关系网络方面

S公司专注于农产品批发市场的投资、建设、经营、管理22年，已经在各地建立起成熟的合作伙伴关系网络。基于九要素理论，笔者将重要合作伙伴及客户关系、客户细分归结为关系网络，从S公司的上游供应商、下游客户出发，对该公司进行关系网络的梳理。

（1）上游重要合作伙伴

S公司在全国30多个城市设立的多家主营水产果蔬批发零售的全资子公司进行原材料的采购，在上游环节达成合作的农产品供应商涉及多个品类的生产。从表9-2来看，2014年S公司前5名供应商主要以水产养殖场、果蔬种植基地为主，如提供水产的洪湖市洪城水产养殖场、提供果蔬的鹅公岭菜场。

表9-2 2014年S公司前5名供应商采购情况

序号	客户名称	采购金额（万元）	占年度采购总额比例
1	洪湖市洪城水产养殖场	4 071.3	4.58%
2	仙桃华盛水产品有限公司	2 261.5	2.54%
3	华泽（香港）有限公司	2 132.8	2.40%
4	洪湖市丰泽天成水产有限公司	1 431.3	1.61%
5	鹅公岭菜场	1 268.1	1.43%
合计		11 165.0	13.04%

再从S公司2014年至2016年前5名供应商采购的截面数据表9-2至表9-4来看，除了洪湖市洪城水产养殖场一直处于首位之外，后面的几家供应商都由原来的水产养殖场、果菜种植基地转变为其他农产品加工公司和供应链公司。2016年是电子商务处于高速发展的一年，这说明在电商背景下，S公司对其合作伙伴关系进行了调整，使之更加适应网络化发展。

表9-3 2015年S公司前5名供应商采购情况

序号	客户名称	采购金额（万元）	占年度采购总额比例
1	洪湖市洪城水产养殖场	4 083.6	25.54%
2	洪湖市丰泽天成水产有限公司	3 106.9	19.44%
3	廖锦和	2 277.5	14.25%
4	东莞市制糖有限公司	774.0	4.84%
5	华泽（香港）有限公司	493.6	3.09%
合计		10 735.6	67.14%

表9-4　　2016年S公司前5名供应商采购情况

序号	客户名称	采购金额（万元）	占年度采购总额比例
1	洪湖市洪城水产养殖场	5 682.6	4.32%
2	深圳市海吉星冷链服务有限公司	3 383.9	2.58%
3	深圳市绿园农业开发有限公司	3 142.1	2.39%
4	龙州南华糖业有限责任公司	2 131.6	1.62%
5	廖锦和	1 985.5	1.51%
合计		16 325.7	12.42%

数据来源：根据2014—2016年S公司各年年报整理（http://www.szap.com/investor/aW52ZXN0b3JUYWI9Y29tcEFubmFscw==）。

（2）下游客户关系

S公司将从供应商处批发（收购）的原材料通过简单的加工（分拣）后直接供应给处于下游环节的企业，这些企业主要系公司全资子公司果菜公司业务客户，大都是各地的菜行和商场。

根据表9-5数据可知，2016年S公司前5名客户的营业收入详情，其中从这5个客户处获取的营业收入总计占公司全部营业收入的比例接近10%，这说明在S公司的发展中，传统的农产品批发业务正在走下坡路。

表9-5　　2016年S公司前5名客户的营业收入情况

序号	客户名称	营业收入总额（万元）	占公司全部营业收入的比例
1	香港富信达贸易有限公司	6 717.8	3.33%
2	深圳市俊隆果菜农业技术开发有限公司	3 652.1	1.81%
3	郑荣喜	3 419.9	1.70%
4	广西永湘贸易有限责任公司	3 378.2	1.68%
5	香港菜联行	2 635.8	1.31%
合计		19 803.8	9.83%

数据来源：根据S公司2016年年报整理（http://www.szap.com/investor/aW52ZXN0b3JUYWI9Y29tcEFubmFscw==）。

由表9-6中数据可知，在2014年至2016年期间，S公司从客户中国香港富信达贸易有限公司、中国香港菜联行处所获取的营业收入排名虽然都位于前五，但是营业收入额明显降低，占公司全部营业收入的比例也持续下降。这说明依靠传统的农产品流通渠道来经营农产品批发市场的道路越来越难走。农批企业不能墨守成规，必须要结合新经济发展，改善合作伙伴关系网络。

表9-6　　2014—2016年S公司两大客户的营业收入情况

客户名称	年份	营业收入总额（万元）	占公司全部营业收入的比例	排名
香港富信达贸易有限公司	2014	7 218.8	4.38%	1
	2015	7 379.5	4.25%	1
	2016	6 717.8	3.33%	1
香港菜联行	2014	4 720.6	2.86%	2
	2015	2 298.8	1.32%	3
	2016	2 635.8	1.31%	5

数据来源：根据S公司2014—2016年年报整理（http：//www.szap.com/investor/aW52ZXN0b3JUYWI9Y29tcEFubmFscw==）。

（3）客户细分

公司对所接触和服务的不同人群或组织，依据一定的分类规则或者特点进行更加细致的组织或者分类划分，可以更好地区分客户群体，为不同的群体提供不一样的组织服务，从而更好地满足顾客需求，维护客户关系。S公司的客户分为两个类别：一类是旗下全资果菜子公司，另一类是各地的菜行和商场。S公司在全国30多个大小城市设立了实体网络体系，旗下的全资果菜子公司都成为当地重要的农批中心，例如深圳布吉农产品中心批发市场、成都农产品中心批发市场等，连接着当地的水产养殖户、果菜产园与菜行批发商。

5）盈利模式方面

（1）收入来源

除了传统农批企业的农产品实体市场交易服务、批发销售等主营业务之外，S公司还通过搭建农产品线上线下双轨道交易平台等多种方式，为农产品批发流通提供更多的交易配套服务以最大化企业收益。

2013年到2016年期间，S公司总收入额呈现平稳增长趋势，实现年均18多亿元的营业收入。其中农产品批发市场业务从81.46%降为60.8%，传统的农产品生产加工业务出现了下降的趋势，收入额占比从37.18%下降为6.71%。与此相反，农批市场配套服务业务呈现正向增长的趋势，收入额占比由2013年的1.97%上升为2016年的16.0%（具体数据见表9-7），收入额占比同样是正向增长的还有其他业务收入。由此可以看出，在S公司的发展过程中，传统的农产品批发业务正在走下坡路，公司在尝试扩大农批市场配套服务等多元化经营业务。

表9-7　**2013—2016年S公司各项目的营业收入**　金额单位：亿元

项目	业务分类	2016年		2015年		2014年		2013年	
		金额	占比	金额	占比	金额	占比	金额	占比
营业收入	农产品批发市场业务	16.3	60.8%	15.8	61.1%	12.7	77.04%	13.4	81.46%
	农产品生产加工	13.6	6.71%	16.8	9.66%	3.2	19.54%	8.11	37.18%
	农批市场配套服务	3.2	16.0%	0.51	2.95%	0.67	4.09%	0.43	1.97%

数据来源：根据S公司2013—2016年年报整理（http：//www.szap.com/investor/aW52ZXN0b3JUYWI9Y29tcEFubmFscw==）。

因此，在经济高速发展的背景下，S公司专注于农产品批发市场单一业务的路径已经行不通了。未来公司除了继续将更多的精力放置在批发市场、以先进的技术打造一流的农产品批发流通企业之外，还需要持续进行业务的创新。

（2）成本结构

S公司主营业务为农产品批发市场经营及市场配套服务、农产品加工生产等，因此该公司围绕着其主营业务的成本主要包括折旧与摊销、人员薪酬、外包成本、租金、销售成本、其他运营成本（广告、拓客）等。从表9-8可以看出，2016年S公司各项营业成本中，农产品批发市场经营的折旧和摊销占比最高，达到24.42%；其次是该市场的人员薪酬，占比为19.48%；再次为市场配套服务的商品销售成本，占比为17.30%。

表9-8　**2016年S公司各项营业成本构成**　金额单位：亿元

行业分类	项目	2016年	
		金额	占营业成本比重
农产品批发市场经营	折旧与摊销	3.21	24.42%
	人员薪酬	2.56	19.48%
	水电及商铺销售成本	1.41	10.73%
	服务外包成本	0.75	5.70%
	租金支出	0.50	3.77%
	其他运营成本	0.67	5.13%
市场配套服务	商品销售成本	2.27	17.30%
	折旧与摊销	0.40	3.05%
	人员薪酬	0.13	0.97%
	其他运营成本	0.32	2.44%
农产品加工生产	商品销售成本	1.26	0.56%
其他业务	其他成本	0.01	0.05%
减：合并抵销		-0.349	—
合计		13.15	—

数据来源：根据S公司2016年年报整理（http：//www.szap.com/investor/aW52ZXN0b3JUYWI9Y29tcEFubmFscw==）。

3.S公司商业模式要素画布的绘制（如图9-5所示）及评价

由图9-5可知，S公司的重要合作伙伴包括资本投资公司、金融机构、农产品供应商、政府等众多对象，业务拓展渠道多样化，多元化的价值主张引导S公司继续坐稳行业龙头位置。S公司商业模式的九个要素看似独立，实际上却有着紧密的联系，并形成了有机的整体，共同构建起S公司现有的商业模式。只有各个要素之间相互紧密联系、高度配合和相互作用于其他要素，才能更加高效地推动S公司的商业模式更加完善，才能为公司创建全方位的生态网络体系提供坚实的保障。

<table>
<tr>
<td rowspan="2">重要合作伙伴（KP）
1.资本合作：
深圳市远致投资有限公司等
2.传统行业合作：
洪湖市洪城水产养殖场、中国香港菜联行等
3.金融机构合作：
中国建设银行、中国工商银行、广发银行、中国民生银行等各地分行
4.政府：
深圳市国资委
5.跨界合作：
万科、广州铁路集团、深深宝A
6.人才战略合作：
农产品学院
深圳大学</td>
<td>关键业务（KA）
1.农产品流通
2.农产品供应链服务
3.大宗农产品电子交易
4.农产品电子商务和“新农业基地建设”等</td>
<td rowspan="2">价值主张（VP）
1.保障城市食品供应
2.平抑和稳定食品价格
3.提高农产品流通效率
4.建立交易平台
5.关注服务体验
6.提高运营效率
7.带动农业产业化发展</td>
<td>客户关系（CR）
交易关系
跨界合作
用户体验</td>
<td rowspan="2">客户细分（CS）
1.消费者
子公司合作菜商
门店消费者
2.供应商
水产养殖商
果蔬农户
农产品粗加工工厂
3.平台商
大白菜+
淘宝、京东
微商</td>
</tr>
<tr>
<td>核心资源（KR）
农产品全产业链
资本支持
人力资源
技术保障
品牌价值</td>
<td>渠道通路（CH）
品牌效应
口碑传播
线下地推
线上推广</td>
</tr>
<tr>
<td colspan="2">成本结构（C$）
租金与外包成本
折旧与摊销成本
人力成本
运营成本
商品销售成本
投资和业务拓展成本</td>
<td colspan="3">收入来源（R$）
农产品交易收入
农产品生产加工收入
农批市场配套服务收入
合作收入
资本运作收入
业务拓展的收入</td>
</tr>
</table>

图9-5 S公司商业模式要素画布

第二节　S公司商业模式发展环境分析

1.S公司内部环境分析

1）组织架构方面

S公司内部采用较为扁平的“事业部”制组织结构（如图9-6所示），将公司分割为各个较小的分权单位或控股公司，公司与控股公司各自独立核算、独立承担责任和风险，下属子公司拥有完整的业务系统和独立的管理能力。

在外部，S公司的实际控股股东是深圳市政府直属特设机构——深圳市人民政府国有资产监督管理委员会，该委员会直接持有S公司股份48 804万股，并通过旗下全资子公司、控股孙公司间接持有S公司股份8 888万股，因此深圳国资委直接和间接持有S公司股份57 692万股，占S公司总股本的34%，为公司控股股东、实际控制人（如图9-6所示）。

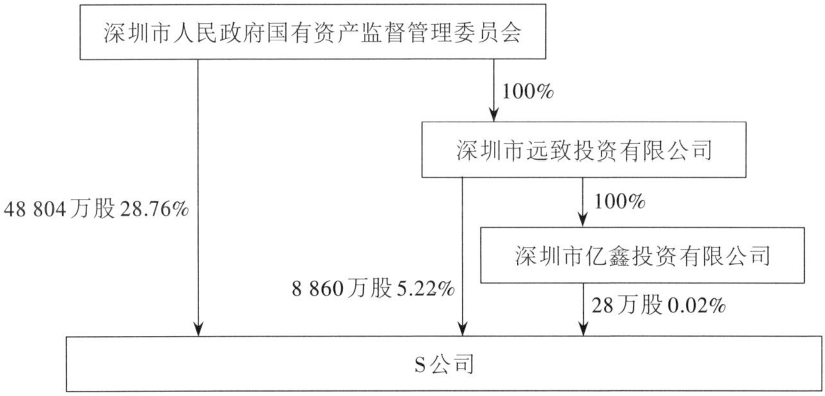

图9-6　公司外部组织结构

2）人力资源方面

表9-9是2016年S公司具体的员工构成情况。由表中数据可知，包括母公司及其主要下属子公司的在职员工大约有5 244人，其中市场管理人员类专业人才最多，为3 051人，占全体员工的58.18%。从教育程度来看高学历员工（大专及以上）与中低学历（高中及以下）的员工数

量各占比50%左右，作为偏向于服务型的公司，基层员工不需要太高的学历。由于公司处于整个农产品流通的中间环节，自身并不涉及农产品的生产，故公司并不需要太多的生产人员。

表9-9 2016年S公司员工数量、专业构成及教育程度详表

母公司在职员工的数量（人）		161
主要子公司在职员工的数量（人）		5 083
在职员工的数量合计（人）		5 244
当期领取薪酬员工总人数（人）		5 244
母公司及主要子公司需承担费用的离退休职工人数（人）		0
专业构成		
专业构成类别	专业构成人数（人）	占比（%）
生产人员	0	0
销售人员	180	3.43
技术人员	530	10.10
财务人员	453	8.64
行政人员	344	6.56
市场管理人员	3 051	58.18
管理人员	686	13.08
合计	5 244	—
教育程度		
教育程度类别	数量（人）	占比（%）
高中及以下（含中专）	2 451	46.74
大专及本科	2 641	50.36
博士及硕士	152	2.90
合计	5 244	—

数据来源：根据S公司2016年年报整理（http：//www.szap.com/investor/aW52ZXN 0b3JUYWI9Y29tcEFubmFscw==）。

S公司始终坚持实行“服务差异化”战略，继续发扬服务为先、创新共赢的企业精神，以“打造世界一流的农产品流通网络体系”的战略愿景及“绿色交易创导者”的企业使命为中心，进行不断的改革创新，服务民生。

公司拥有生产基地，进行生产、销售并提供服务，在逐渐增加自身

的服务种类的同时，也在不断地提高自身服务能力，对源头农户（供应商）和下游分销商也起到一定的带动作用。

通过以上对S公司的组织结构、人力资源以及服务能力的分析，加上前文对S公司现有商业模式基本情况的阐述，可知S公司内部环境有优势也存在一定劣势，因此公司必须实行创新才不会被淘汰。

2.S公司行业整体环境分析

迈克尔·波特（M. E. Porter）创造的“五力模型”被广泛用来分析产业环境，他提出，一个行业中包含着现有竞争者、潜在竞争者、替代品、供应商、消费者五种基本元素主导的竞争力量。本章将从五力模型出发，对S公司的整体行业环境进行深入分析。

1）现有竞争者的竞争能力

S公司的竞争对手主要有三个类别，一是以地方政府牵头设立的同行竞争者，二是以村集体企业形式存在的市集和菜行，三是外商入华投资的大卖场。

①第一类竞争主要来源于国有控股的大型农产品流通公司，例如中国供销农产品批发市场控股有限公司（简称“供销公司”）、望家欢农产品集团有限公司（简称“望家欢”）等。供销公司于2009年注册成立，是农产品流通领域的国家级龙头企业，目前该公司在全国20多个城市累计设有50多个农批市场建设项目，在全国形成初具规模的农产品流通网络体系[①]。供销公司业务广泛，从对接农产品批发交易前端的生产加工、仓储、物流到对接消费端的直销零售、电子商务、国际商贸等多种业务。同样是国家级省级农业产业化企业，望家欢于1995年注册成立，是集农产品商贸物流服务于一体的集团型企业，目前该公司以珠三角为中心在全国设立了20余家分公司，业务包含对接农产品批发交易前端的生产、加工、物流到对接消费端的零售、餐饮、电子商务等，在全国已形成成熟的营销网络和农批市场运营体系[②]。尽管同行中都是具有强大实力的综合型农批企业，但由于都是国家扶持的重点项目

① 中国供销农产品批发市场控股有限公司官网. http：//www.chinaapm.com/index.html.
② 望家欢农产品集团有限公司官网. http：//www.wangjiahuan.net/.

公司，并不存在什么大的竞争和矛盾。

②第二类竞争对手是以村集体企业形式存在的城郊区域市集和批发行。这一类竞争对手主要由周边农民凑资成立，由村民统一管理。在20世纪末，集资市集菜行以农民自营为主，价格优惠，获益的都是农民。而受到经济、交通、信息等的发展限制，大型企业想要打入城乡市场具有一定的难度，也很难取得规模收益。但是，由于村集体企业的经营人员素质不高、管理水平一般、服务和经营意识较差等原因，导致此类市集的效率低、效益差，再加上现代经济社会的发展，国企在人们心中占据重要地位，因此，城镇市场在未来一段时期难以形成一定规模的威胁。

③第三类竞争对手是国外知名零售商的实体门店。S公司成立初期，与其他公司一样为了扩大公司的经营规模实行了多元化战略，旗下刚建立不久的民润超市就实行异地扩张，陆续收购广东省内多家民营超市，想要实现扩区域的资产重组。由于经验不足加上当时对外开放，家乐福、沃尔玛顺势进入我国，S公司旗下各大卖场都受到了强烈冲击，销售额直线下降。此时S公司的国有控股背景起到了关键的作用，作为国有控股农产品批发业唯一的上市公司，此时S公司获得当地政府政策支持，短时间内就建立起巨大的品牌优势，稳居国内农批零售头位。

因此，在农产品批发流通行业，虽然有巨大的竞争对手，但是由于其是国家扶持的重点项目公司，可以享受到政府的政策支持，同行业内的竞争压力不大。

2）潜在竞争者进入的能力

由于农批流通企业与其他实体商品零售业存在一定的不同，在替代品上难以找到可比较的对象，因此下文将共同分析S公司替代品与潜在竞争者的威胁。

目前，农产品电商正处于快速发展阶段，很多企业都没有形成规模效应，也没有打造品牌忠诚度，进入门槛低，威胁大。但农批电商在供应链需要进行很大的资本投资打造冷链、物流、仓储体系，导致目前很少企业可以真正盈利，农批行业进入门槛高[1]。替代品也可认为是来自潜在竞争者，除了传统的线下社区超市、自动贩卖机之外就是电商。以互联网为依托的淘宝、微信等平台为广大源头农户（供货商）提供多渠道的销路，摆脱了以往仅仅依靠批发商上门收货及自己零售的困境，农户可以自己当微商的店长、淘宝店主等。这种类型的平台商在短时间内会对农产品批发企业造成一定的影响。除此之外，以大润发为首的商超，通过自建物流实现自成一体的生鲜交易模式（超级物种），使很多同类型的企业争相效仿；类似于AL这样的互联网公司，也开始进军实体零售业，其"盒马鲜生"给消费者视觉与体验带来了巨大冲击。第三方物流公司如顺丰、中通、韵达等在一定程度上也会对农产品批发流通企业产生影响。

总的来说，以上三个方面对S公司都有一定的威胁，许多潜在的进入者都拥有强大的潜力和优势进入该领域，公司应该进一步完善商业模式，提高对潜在进入者与替代品的防范能力。

3）供应商的讨价还价能力

农产品批发流通企业的供应商（上游）主要是国内外的农产品生产企业，其成本除了受基本宏观因素如国家政策、自然环境、进出口关税等的影响之外，还会受到拥有自营物流或者拥有大规模种植农产品能力的企业的钳制。这类企业资金雄厚、实力强大，且深得国家政策的扶持，在农产品流通过程中能够控制产成品或原材料的仓储、物流、分销环节，给农产品批发流通类企业造成了很大的威胁。但是作为国有控股公司，S公司同样深得国家政策支持，再加上上述的拥有大规模种植农产品能力的企业数量较少，实际上多数源头农业生产组织形式较为分散，农产品市场集中度过低，源头供应商只能被动接受S公司（一级批发商）提出的条件，因此供应商的讨价还价能力不强。

4）消费者的讨价还价能力

S公司的消费者主要是指其全资子公司果菜公司业务客户，即各地的菜行和商场，还有公司实体门店的终端消费者。随着信息技术的普及与发

---

① 张媛. 价值链视角下我国农批市场"电商化"转型策略探讨［J］. 商业经济研究，2017（23）：71-73.

展，S公司及旗下全资果菜公司的业务客户即各地批发商和零售商超的信息化程度不断提高，电子商务的广泛使用缓解了各级客户之间的信息不对称问题，使得客户掌握更多的议价主动权。同时在人口结构上形成了人口红利，消费者购买数量在不断增长，其讨价还价能力逐渐增强。

随着经济的发展，人民收入不断增加，在消费者主导的商品经济时代，消费者的讨价还价能力也会不断提高。消费者对于食物原材料的品质要求越来越高，城镇居民喜欢自己到乡下去耕种菜地，或者去绿色种植基地直接采购，对于价格没有那么敏感，反而对于品质的要求则不断提高。现代健康理念不断地渗透于各个年龄层，人们追求物质享受的同时更在意原生态和健康的产品以及高品质的生活服务，对于价格的敏感度则有不断下降的趋势。因而这对以传统的农产品批发流通为主营业务的S公司具有很大影响，该公司消费者讨价还价能力在总体上来说较强。

3.S公司现有商业模式存在的问题

通过以上对S公司商业模式基本情况的分析，可以发现S公司现有商业模式有其特色之处，同时也存在一定的弊端。下文将结合商业模式的构成要素，对S公司商业模式存在的不足之处进行较为详细的分析。

1）价值主张方面——目标群体固定，价值内容缺乏创新

由前面的介绍可知，作为一级批发商的S公司，其下游主要连接着二级批发商、菜行、商超等，目标群体比较固定。伴随着相对固定的目标群体，S公司的价值主张也相对固定，表现为为顾客提供优质的产品和配套服务。但是随着行业内竞争的日益激烈，农产品流通链条之间的竞争也愈发激烈，因此，S公司在打造核心业务的同时，首先要充分利用自身在资本、技术、行业地位等方面的优势，牢牢抓住新技术、新环境，以此去提升其核心竞争力。其次，应该推出消费“体验”服务。从一定程度上说，消费体验的好坏比商品本身的好坏更为重要，单纯依靠提供更好的产品打动客户已经行不通了。

2）价值链方面——容易受供货商影响

S公司是批发流通链条上必不可少的一环，其成本除了受基本宏观因素如国家政策、自然环境、进出口关税等的影响之外，还会受到拥有

自营物流或者拥有大规模种植农产品能力的企业的钳制。这类企业资金雄厚、实力强大，且深得国家政策的扶持，在农产品流通过程中能够控制产成品或原材料的仓储、物流、分销环节，给农产品批发流通类企业造成了很大的威胁。掌握着重要原材料的上游供应商制约着S公司的产品购入成本，迫使S公司进行价值链改造。

3）组织模式方面——各分支机构信息交流不畅，效率低

S公司内部组织结构简单，由图9-4可知每一个事业部分支机构都由独立的高级管理人员主管，这在一定程度上对公司内部交流形成阻碍。我们知道，简单的事业部制虽然可以令公司的管理简单，命令下发到下级员工的速度更快，但是这种一人划分管一个子公司的模式会让各个子公司之间的信息交流不顺畅，各部门之间缺乏有效的沟通，同时还有可能造成同行竞争。因此传统的组织结构会带来沟通效率低、成本高的结果。

4）关系网络方面——与消费者关系不紧密

S公司的直接下游客户是旗下全资果菜子公司和各地的菜行和商场，通过为二级经销商提供商品与最终消费者建立联系，这种联系非常不稳定，一旦与中间商失去合作就意味着要连带着失去一大批终端消费者。S公司一直以来都是通过经销商与客户联系的，对需求链终端敏感度低，和终端消费者的协同性不高，这使S公司对产业链终端的反应产生了滞后性。

5）盈利模式方面——收入来源单一，折旧成本高

S公司专注于农产品批发市场业务，但是通过上文对S公司盈利模式的分析可知，在S公司的发展过程中，传统的农产品批发业务正在走下坡路，S公司专注于农产品批发市场单一业务的路径已经行不通了。同时，作为早期成立的传统企业，S公司每一年的固定资产投入巨大，所产生的固定资产折旧摊销额也很大，这对公司来说是一项资本的浪费。随着规模的扩大，对新技术的投入，传统批发企业会收不抵支，面临亏损，因此这种情况迫切需要改变。

第三节 新零售环境下S公司商业模式的优化

1.新零售环境下S公司商业模式要素创新分析

从19世纪开始，世界零售业态从百货商店发展到大型集市、购物中心、线上购物再到如今的新零售萌芽，历时近两百年。如今线上零售俨然已经遇到了天花板（如图9-7所示）。从图9-7所示的天猫和京东两大电商平台的线上获客单价（APPU）可知，传统电商企业的线上获客成本不断攀升，其利润增加值达到峰值，而实体零售的线下边际获客成本几乎不变，此时需要将线上线下并行重构，结合现代物流推出新零售环境下的新营运模式。智能技术与大数据被广泛运用于线下实体消费场所，智能化带来了一系列技术，如VR技术、移动支付等的革新，让消费者不再受时空限制。

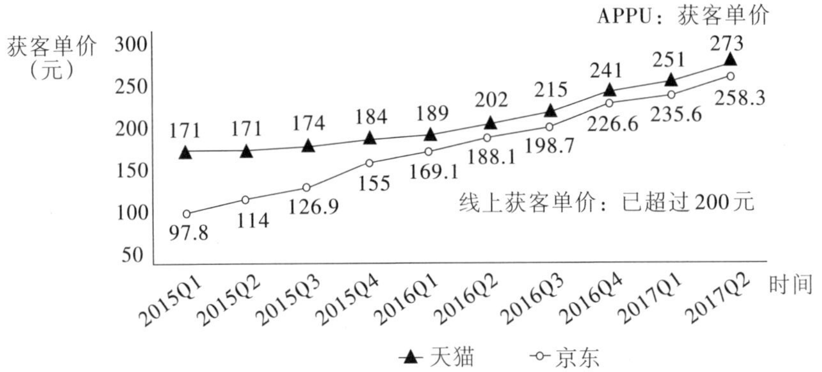

图9-7 2015Q1—2017Q2天猫、京东线上获客单价

资料来源：宜信. 2018年新零售行业发展趋势研究报告［EB/OL］.（2018-03-28）. http：// mip.xue163.net/q/20180328/20180328B1NQXK00.html.

以80后、90后为主的中等收入群体逐渐成为社会消费的中流砥柱，他们接受过高等教育、有着良好的互联网思维，消费趋向于理性化，对于高质量的商品和服务，其愿意付出更高的代价。在消费者主导的现代市场经济环境下，新零售的出现恰好可以为满足消费者多样化、个性化的消费需求提供可能，新零售带来的创新商业模式让企业的发展更多样化，最大化满足消费者需求的转变。因此，发展新零售成为传统零售批发企业创新发展的康庄大道。

在电商快速发展到“新零售”的环境下，S公司更应该在商业模式上进行不断创新，通过灵活性经营和创新性工作提升公司整体商业价值。

1）引入新零售的企业价值主张

除了围绕传统农业产业链打造“产地到餐桌”模式，在对农产品进行生产、加工、物流、仓储、销售等流程中获取利润，以及为消费者提供服务获取价值外，S公司还可以利用新零售的特点重新打造公司新利润点。通过运用新零售不断刺激消费者的多元化需求，实现线上线下24小时不间断获利，因而S公司引入新零售的企业价值主张可以分为以下三点：

（1）打造一级平台供应商

在线上，S公司可以利用“大白菜+”电商平台，依靠辐射全国的农产品批发市场网络获得大量数据资源，通过互联网数据分析，响应现代消费者的个性化消费主张，进行定制化生产运营，实现精准化营销。除了依靠原有电商平台之外，公司还需要继续加大对互联网技术应用的投资创新，持续打造一级平台供应商，提高运营效率。

（2）打造线下旗舰体验店

在线下，S公司可以通过大数据分析选址建立门店，学习大润发、新华都等的生鲜超市模式，打造有一流购物环境的实体旗舰店，为“线下体验在线订单交付”提供一站式服务。在以顾客为中心的主张下，S公司通过商品和服务来经营人，根据大数据分析调整门店商品品类、需货数量，满足消费者的需求。对体验店的陈列布局也需要对接消费者爱好，以“高大上”的设计来丰富消费场景。此时，公司需要整合农产品产业链资源实现创新，从以往的纯数字营销到现在的口碑营销，通过提高用户体验来增加客户数量，为消费者提供更多的增值服务。

（3）整合流通生态圈

S公司需要整合旗下电商平台及物流、检测、金融业务服务，再“+”开放融合第三方资源，构建农产品流通生态圈，实现线上线下融合促进，建立行业内具有影响力的多层级、多模式的农产品绿色贸易新体系，继续保持行业领先地位。

2）引入新零售的企业价值链模式

2017年，S公司在价值链上增加了对以互联网交易为主的子公司的投资，这些公司在互联网的大势下均为公司带来了不错的效益，具体情况见表9-10。

表9-10　**2017年供应链管理业务主要子公司和参股公司情况**　金额单位：万元

公司名称	权益	注册资本	总资产	2017年上半年营业收入	2017年上半年净利润
深圳市农产品小额贷款有限公司	75%	10 000	33 299	169	603
深圳市农产品融资担保有限公司	40%	12 500	34 787	2 844	567
深圳市星联国际供应链管理有限公司	100%	2 000	1 800	11 389	-46
广西北投星联国际供应链管理有限公司	47%	10 000	12 220	25 876	61
深圳凯吉星农产品检测科技中心有限公司	36%	3 000	4 740	1 480	18
深圳市果菜贸易有限公司	100%	13 000	39 846	5 850	-51

数据来源：根据S公司2017年上半年年报整理（http：//www.szap.com/investor/aW52ZXN0b3JUYWI9Y29tcEFubmFscw==）。

在新零售的影响下，企业价值链得到重构，由各种数据主导变为“逆向生产”（如图9-8所示）。与传统直销相似，S公司在新零售环境下会逐步去掉一些不创造价值或附加价值较低的中间环节，实现工厂到一级仓库再直接送达零售点，减少货物装卸作业次数。此时，对于像S公司这样的零售批发企业来说，在现实生活中提升用户体验还节约运输过程中的成本是追求企业利益最大化的表现，那么企业需要在各地零售店周围增设大量多级分仓，让消费者在最短时间内获得所需商品。

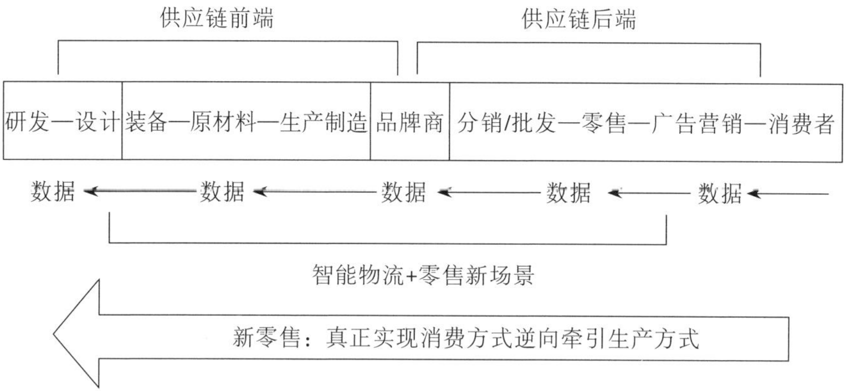

图9-8 新零售环境下S公司价值链的“逆生产”

如图9-9所示，S公司以农产品实体批发市场网络为基础，以农产品电商平台（大白菜+）为中间链条，运用现代信息技术，将产地客户生产数据与消费市场需求数据对接，提高信息服务价值性与准确性，实现农产品电商生态圈转型升级，从而全面提高价值链服务水平。也可以说公司由此转变为“农产品供应商+服务商”的综合体，除了与处于供应链流通各个环节上的公司建立合作伙伴关系，使资源得到充分利用之外，还精简了供应链。这不仅可以节约机会成本，还可以快速响应消费者，提高服务满意度。公司应该加快电子交易品种的市场培育，构建农产品电子交易大平台，尽快完成信息一体化平台的搭建和应用等网络化基础工作。

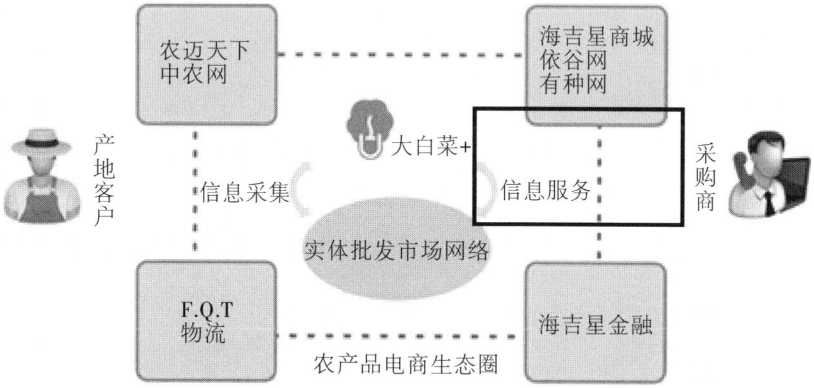

图9-9 新零售环境下S公司农产品电商生态圈

未来，S公司应持续以“网络化”战略为基础，大力推进农产品流通商业模式的转型升级，通过全国布局的优质网络资源，为农产品供应链提供全方位的增值服务，以创造强大的、差异化的核心竞争优势。

3）引入新零售的企业组织模式

2017年，S公司对电子商务平台进行了巨大的投资（见表9-11），利用社交互动等新概念创新营运模式，提高运营效率。短期内虽说带来的经济效益小甚至为负数，但是在电商大势特别是新零售的带动下，未来农产品批发流通实现网络化、虚拟化的经营模式指日可待。

表9-11　**S公司2017年电商业务主要子公司和参股公司情况**　金额单位：万元

公司名称	权益	注册资本	总资产	2017年上半年营业收入	2017年上半年净利润
深圳市中农网有限公司	39%	50 900	1 240 993	1 543 304	6 986
深圳前海农产品交易所股份有限公司	100%	20 000	13 077	112	-695
深圳前海农迈天下电子商务有限公司	55%	2 000	311	2	-904
深圳市大白菜科技有限公司	100%	5 000	4 507	6 492	-525

数据来源：根据S公司2017年上半年年报整理（http：//www.szap.com/investor/aW52ZXN0b3JUYWI9Y29tcEFubmFscw==）。

过去电子商务的运用使得S公司省去了多个中间环节，S公司各个事业部之间传递的信息可以通过计算机网络瞬间到达。但这只是S公司内部的信息反馈，对于外部供应商、消费者的反馈通过传统的问卷调查访问等方式效率太低。这个时候利用新零售，自己控制源头，把控终端门店消费反馈，再通过互联网的整合可以精简组织结构，快速响应基层意见。大数据分析工具的运用还可以准确预测消费终端需求，直接对接源头供货商进行准确生产，大大地节约时间成本及中间环节成本的消耗。在组织运行上，S公司仍旧可以实现透明监督，保证廉洁的组织风气。

4）引入新零售的企业关系网络

S公司旗下拥有多个子公司或控股公司，在生产、零售两个领域实现两头延伸，不仅在源头上控制高品质的原材料，在终端也占据了大市场。再加上物流技术的运用，一条龙的服务使得公司不仅为本公司提供服务，还通过合作伙伴来获取更多的服务收益。借助互联网技术，建立完善的网络体系，通过自建物流、电商O2O平台，优化以往臃肿的关系网，减少外联支出。线上线下交易平台将信息数据归集，通过大数据分析检测以此反馈实时来货情况，实现农产品诚信流通服务（详情如图9-10所示）。

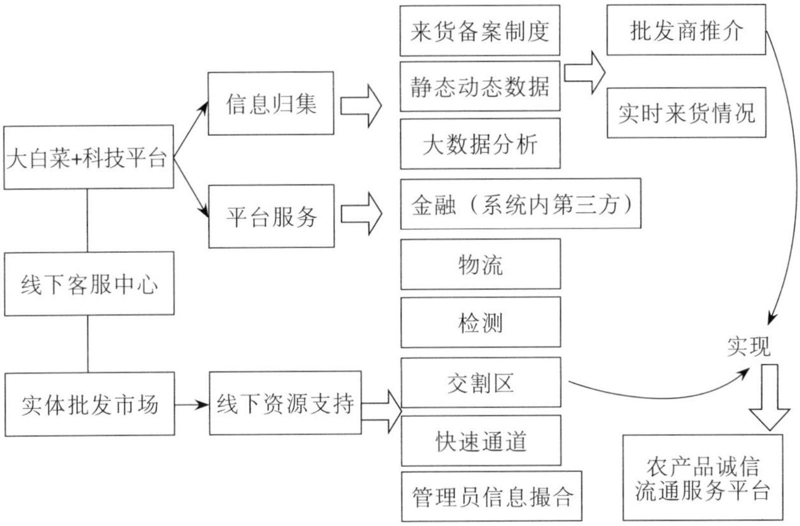

图9-10 新零售环境下S公司农产品电商平台运营机理

未来，S公司可以集合多方优势资源，包括引进专业合作伙伴签订友好合作协议，发挥双方各自优势，逐步构建农产品流通生态圈，促进线上线下相互交融，在新零售农批领域展开深入合作。S公司可以通过在线下打造体验店，还原生态生产过程；和“微信”“支付宝”等现代金融平台进行合作，提升企业竞争力；与合作伙伴共享资源，相互促进……除此之外，“会员制”是公司的创新商业模式，通过对市场顾客资源精准划分，制定不同客户等级的服务标准，提升公司的关系网络。

5）引入新零售的企业盈利模式

（1）农产品批发市场经营收入、农产品配套服务增值

从S公司2017年的营业收入（见表9-12）可以看到，其中农产品

批发市场经营实现8.07亿元的营业收入（占比下降），农产品加工生产、市场配套服务实现3.5亿元的营业收入（占比上升）。这说明在新零售环境下，S公司正在进行多元化经营，从以往单一的集合商品买卖，扩大为集物流配送、实体旗舰店于一体的多功能服务商，业务种类增加，辐射范围扩大，营业收入模式也不断地拓展。

表9-12　**2017年S公司各类项目收入情况**　金额单位：万元

行业	营业收入	毛利率	营业收入比上年同期增减	毛利率比上年同期增减
农产品批发市场经营	80 720	42.0%	0.4%	下降5.36个点
农产品加工生产	4 457	11.5%	-37.2%	增加6.50个点
市场配套服务	30 679	21.4%	146.0%	增加0.42个点
减：公司内部行业抵销	5 082	—	—	—
合计	110 774	34.1%	13.4%	下降7.37个点

数据来源：根据S公司2017年上半年年报整理（http：//www.szap.com/investor/aW52ZXN0b3JUYWI9Y29tcEFubmFscw==）。

（2）新零售下的多功能服务增值

在新零售环境下，S公司可以利用电商平台、手机APP实现“24小时服务”，以收取平台服务费增加公司收益。在晚上闭店时，消费者仍旧可以通过APP实现线上下单，并享受快速送达服务，在为消费者提供更多的增值产品和服务时收取增值附加费。因此，S公司可以引进社群中心服务理念，在物流配送方面与联营商家合作，结合新零售实体门店24小时配送服务实现“三公里理想生活区”。另外，互联网技术的运用使得公司信息的可获取性提高，在进行合作商的选择时有更多选择，有利于降低原材料采购成本实现效益最大化。在实现新零售的前提下，公司可以提高商业服务业品质，通过快速布局实体生鲜门店来抢占城区消费市场份额，实现收入来源丰富化。

2.S公司商业模式转换思路

商业模式一直以来都是学术界和商业界纷纷研究的对象，要想把一个商业模式研究透彻而后提出创新之处，需要花费几个月甚至几年的时间。商业模式创新可以涉及生产新产品、开发新市场、采用新生产工具(方法)、建立新组织形式等。商业模式创新是一个过程，不可能一蹴而就，商业模式调整或者创新总是由几个关键部分组成。本章基于商业模式的创新是创新大概念下的一个重要组成部分的观点，提出S公司商业模式的转换思路。

1）运用新兴技术实现价值链的升级改造

在新零售环境背景下，S公司除了继续保持在电子商务平台的研发投入之外，在销售终端建立实体体验门店、提高自建物流的速度等方面也要加大研发的力度，在生产、零售两个领域实现向两头延伸。在各个节点运用大数据进行信息的收集与分析，实现在任何地点、任何时间都能获得消费者的第一手数据。针对这些一手消费数据，可以快速准确地分析出市场的需求，达到精准营销、改进服务甚至是零库存的目的。在实体门店可以采用人工智能、AR等先进技术与传统销售结合的方式，为消费者提供更好的用户体验，提高消费者满意度。除此之外，S公司应加强对商品流通中间环节的把控，采用现代物流技术来打造全国联网的物流体系，摆脱以往依赖第三方物流公司的状况，实现高速度低成本物流服务。另外，建立企业手机APP客户端，以多维度地满足现代“指尖消费”群体也是一种创新的方式。

通过以上操作，S公司将线上服务、线下体验和现代物流深入整合，对商品的生产、流通与销售过程做出升级改造，可以较好地缩短企业的供应链长度，整合价值链的各个环节，重塑业态结构与生态圈，进而重新构筑该公司的核心价值链。

2）提供定制化个性服务实现精准营销

在传统的买卖交易过程中，市场上供应商占主导地位，消费者被动地接受批量生产出的单一产品。随着供需不平衡以及经济快速发展，消费者的市场地位越来越高，传统供应商主导的市场已经慢慢发展成为消费者主导的市场。在这个时候，S公司就要认清消费者对企业的重要性，通过各种手段加强与消费者之间的沟通交流。在新零售的环境下，消费者的思想越来越开放，也愿意参加企业研发、设计、生产等过程，按照自身个性化需求而进行产品定制。此时，S公司要坚持以消费者为中心的价值主张，通过产品和服务经营人。

S公司以消费者为导向的个性化定制化服务和精准的市场营销，使消费者能够参与到农产品的生产和设计中，从“被动接受”商家规模化生产的商品变为“主动创造”个性化定制产品。同时，S公司可以根据大数据分析结果，调整门店商品品类，满足周围消费群体的需求，对门店的布局设计等也要按消费者喜好调整，以此丰富消费者的消费场景。

3）优化企业关系网

S公司要实现自身商业模式的创新，除了上述提到的要优化与上游供应商、终端消费者之间的关系之外，还需进一步优化公司内部关系网络。在以消费者为主导的细分市场中，逐步增强自身服务能力是S公司优化公司内部关系网的方法之一。具体而言：

①S公司可以利用现代技术对生产、流通进行升级，用基于实物的服务型企业逐步代替传统的产品制造流通型企业。通俗来说就是，将公司原有的农产品进行功能的开发，从原有单一的买卖商品发展成提供服务的载体和开端，如增加为消费者提供专业的关注于健康生活方式的咨询服务，这种方式把企业与消费者的交易关系转变成为服务关系。

②除了改变与消费者的关系外，与产业链上游供应商的关系也需要改变。以往农产品流通公司从供应商那里进货，再通过自有交通工具的运输，将农产品输送到全国各地的零售点。这种情况下，S公司除了受自然环境的影响外，来自供应商的制约是最大的。此时，S公司需同产业链上下游客户打造“合作共赢”伙伴关系，通过资源整合实现创新。具体而言，公司可以利用其开发的电商平台“大白菜+”、手机APP等为农户提供线上交易平台，同时可以向他们提供专业农产品生产咨询服务，与其建立友好的合作伙伴关系，进而实现供应链上游的健康发展，双方共同获利。

③创新新技术的运用，需要专业的人才体系支持。S公司将新零售运用于公司的日常生产经营中需要制订专业人才打造计划，凭人才站稳新市场。与此同时，公司采取合作、战略联盟、收并购等手段获取所需资源，拓展渠道。

4）完善企业服务种类

在现代经济发展环境下，单一业务的企业已经很难在产业圈中发展壮大。为了继续保持产业领先地位，S公司必须要利用新零售打破传统的单一发展道路，融合内外资源逐步构建农产品流通生态圈，通过打造多业态网络布局，为消费者提供更多增值商品和服务。

简而言之，S公司在产业链上游为供应商提供网络交易平台；在批发流通环节要打造自己的物流园以达到快速响应线上订单，实现专区专送的目标；在零售终端打造高品质的实体体验门店，引导消费者成为企业顾客。同时，利用自身在资金、研发、技术等方面的优势，进行相关及非相关多元化举措，为各种利益相关者提供系列农产品，如为农户提供绿色健康的养殖指导技术；为顾客提供涉及健康的解决方案和保健产品；建立集贸市开创“超市+街市”的“惠民街市”模式，培养消费者的信赖感和忠诚感；涉足食品饮料罐头行业，确立“种植+研发+加工+销售”型经营模式；围绕农产品产业链设立金融机构，为商户、上游农户及下游零售商提供融资服务……

总之，S公司需要打破传统单一发展道路，对现有运营模式进行优化，最终实现在多个产业建立延伸体系，继续保持领头地位。

3.S公司新商业模式的保障措施

1）加强企业机制与文化建设

一般而言，商业模式创新对企业来说不失为一次重大变革，这种变革必须要有相应的组织机制支持。商业模式的改变可能会涉及公司各个阶层活动的变化，因此，对商业模式的变革不仅需要管理层的重视与支持，还需要各阶层员工的协助与执行。换句话说，S公司在对商业模式进行不断的试探摸索的同时，对全体组织人员进行沟通培训是有必要的，要让员工全面认识何为商业模式，使之在商业模式创新过程中给予认同、支持。

S公司除了需要进一步完善组织机制之外，加强企业文化建设也是重中之重。纵观古今中外，成功的企业大多重视建设良好的企业文化，这些成功企业拥有让后来者深入学习的文化制度。为进一步振兴企业文化，树立公司正面形象，S公司需要制订相关企业文化建设方案用以加强文化建设。

2）夯实信息技术基础

目前，对信息技术的建设投入是每一家公司的重点工作。在这个互联网为先的时代，跟不上时代发展步伐而被淘汰的企业数以千计，企业长远发展的一个重要因素就是信息技术基础。因此，S公司加大信息技术投资以及其他高新技术投资是非常有必要的。在原有电商平台的基础上，S公司应当夯实信息技术基础，创建更多具有市场竞争力的电商平台，且提高其平台服务水平，积极反馈消费者的实时信息，获取更高的消费满意度。

3）优化人才体系组织架构

企业需要根据内部特有的组织结构匹配相对应的商业模式，因此，本章提出在新零售的环境下建立电子商务平台、建立线下体验门店以及相应的物流配套三位一体的商业体系，对生产活动进行线上线下整合。在这种情况下，S公司就要针对以上三个关键节点分别建立对应的人才体系组织架构。分别建立电商部、物流部、售后服务部等核心部门直接对接工作，同时重视员工的招聘、培训和人才培养，建立科学的用人标准。引进更多互联网方面人才对现有员工进行互联网及电子商务知识的培训，加强企业人力资源建设，为企业长远发展奠定基础。

第四节 小结

本章对“新零售环境下S公司商业模式研究”这一问题展开讨论和研究。选取S公司作为研究对象，以商业模式九要素为基本出发点对S公司商业模式现状、新零售环境下其商业模式创新形式进行研究，在此基础上提出S公司商业模式创新思路、实现创新的保障措施等。

1）本章主要内容

具体而言，本章的主要内容包括：

第一，以商业模式构成要素为基本出发点，总结S公司商业模式的发展现状，从价值主张、价值链模式、组织模式、关系网络及收入模式等角度出发，提出新零售环境下S公司进行商业模式创新的策略。

第二，从宏观、微观的角度对S公司的内外部发展环境都进行了简单研究，为章末提出商业模式创新的途径及保障措施奠定基础。

第三，确定新零售背景下S公司的新商业模式。通过确定可能对公司商业模式转换产生影响的因素，分别提出完善企业组织文化的建设、夯实企业信息技术基础、加强企业人力资源建设等新商业模式的保障措施。

2）本章结论

本章的结论主要有：

第一，通过对公司的外部环境、组织架构、人力资源以及服务能力等方面的介绍可知，S公司整体发展环境有优势也存在一定劣势。其优势主要表现为外部环境下国家政策的支持和引导、不断增大的农产品需求、公司环境简单、高学历人才多等；其劣势主要表现为内部人力资源考核培训欠缺、员工服务意识弱等。

第二，通过对S公司行业竞争环境进行分析，总结出其现有竞争者的威胁小、潜在进入者具有一定的威胁、供应商和消费者讨价还价能力都强。因此，S公司在整个农产品批发流通中处于弱势的地位。

第三，通过研究新零售对农产品批发行业商业模式各构成要素的影响，本章提出S公司在引入新零售后商业模式各要素的创新，并指出S公司商业模式转换的思路：灵活运用新兴技术，对价值链进行改造升级；提供定制化个性服务，达到精准营销的目的；优化企业关系网，创建知识型服务企业；健全企业服务种类，转变为农产品批发行业整体服务提供商。

第十章　西班牙电子行业华商商业模式研究

海外华商在经济全球化和世界一体化的背景下迅速崛起，成为国际资本中不可或缺的部分。本章以西班牙华商涉足的电子行业为研究对象，首先介绍了西班牙电子行业的发展现状，从独特性、创新性和循序渐进性等方面总结归纳了西班牙华商电子企业商业模式的典型特点，同时分析其发展面临的机遇与挑战。其次，从商业运营模式渐趋被动、华商企业成本优势弱化、产品配送受物流效率制约等六个方面指出西班牙电子行业华商商业模式存在的问题。最后，本章提出西班牙华商商业模式未来的创新方向，即研发新产品以创造差异化产品、借力互联网赋予供应链以灵魂、打造产品品牌形象以培养产品竞争力以及优化人力资源配置以激发企业活力，以期为西班牙华商企业的进一步发展壮大提供借鉴。

第一节 西班牙电子行业现状分析

1.西班牙电子行业现状概述

从2009年到2013年，西班牙的经济经历了所有产业的总体性衰退，其失业率在2013年达到了26%，不管是在西班牙生活的华人还是西班牙本地人，都开始缩减日常不必要支出，电子产品作为一项非生活必需品便首当其冲。在对一位西班牙华商的访谈中得知，他有一位在银行工作的朋友对他说，在2009年之前，他以及他家人的手机基本是八个月到一年便会更换一部，但是现在他手中的手机已经用了两年，而且明确表示这部手机在没有坏之前不打算更新换代。因为他觉得目前的手机能够满足他现在的工作和生活需要，所以他并不打算为家庭财政再增添一笔几百欧元的支出，其实这在一定程度上也代表了当时西班牙多数民众的想法。这严重阻碍了消费电子产品的发展，也导致了复合年均增长率总体的萎缩。

尽管西班牙的经济在这段时间里持续低迷，西班牙人却没有对创新望而却步。在2013年至2016年间，政府主动出台政策支持电子产品消费、鼓励企业创新，并且建立工业技术发展中心（CDTI），此官方机构受西班牙经济部管辖，目的是推动电子行业创新及西班牙电子企业的技术发展。在2015年，西班牙的手机普及率为130%、智能手机普及率为66%、平板电脑普及率为12.7%，可见，消费电子产品市场已从政府的积极措施中受益，许多西班牙电子产品企业迎来了自己的春天。他们专注于有竞争力的价格、高水平的质量以及周到的服务。除了众所周知的传统电子行业巨头可以创新外，西班牙政府也希望中小企业能够有创新的想法，并且支持海外投资，积极汇聚各方力量，这一系列举措促进了西班牙经济发展，使之走出低迷的泥潭。

2.电子行业在西班牙国民经济中的地位

近10年来，以纺织行业为参照对象，电子行业在西班牙国民经济衰退期间的增长也显得后劲不足。尽管电子产品具有广泛实用性，但是面临经济低迷带来消费水平的降低，也只能交出“缓慢增长”的成绩单。就如本章前面所述，2013年在西班牙政府积极政策的刺激下，电子行业开始迅速发展。

2005—2015年西班牙的GDP、电子行业营业额、纺织行业营业额的相关数据及其变动分别见表10-1、表10-2。

表10-1 **2005—2015年西班牙GDP、电子行业营业额、纺织行业营业额**

年份	GDP（亿欧元）	电子行业		纺织行业	
		营业额（亿欧元）	GDP占比（%）	营业额（亿欧元）	GDP占比（%）
2015	10 756.39	226.94	2.109	165.98	1.543
2014	10 584.69	208.69	1.971	164.73	1.556
2013	10 491.81	192.85	1.838	158.5	1.510
2012	10 551.58	179.8	1.704	164.72	1.561
2011	10 751.47	179.56	1.670	176.36	1.640
2010	10 809.13	173.34	1.603	184.89	1.710
2009	10 790.34	170.9	1.583	198.36	1.838
2008	11 162.07	168.6	1.510	210.83	1.888
2007	10 808.07	160	1.480	235.32	2.177
2006	10 079.74	158.8	1.575	220	2.182
2005	9 305.66	147.5	1.585	204.6	2.198

表10-2 **2005—2015年西班牙GDP、电子行业营业额、纺织行业营业额的变化**

项目	西班牙GDP	电子行业营业额	纺织行业营业额
年均增长量	145.073亿欧元	79.44亿欧元	-38.62亿欧元
年均增长率	0.44%	1.29%	-0.5%

根据上述数据分析可知：

西班牙电子行业在2005年至2010年期间，尽管营业额在不断上升，但是对GDP的贡献比例还是达不到纺织业的水平。然而，从2011年开始，在西班牙经济整体低迷的情况下，电子行业继续保持增长势头，对GDP的贡献水平历史性地超过了纺织业，并且贡献率在持续提升，在2015年首次突破两个百分点的GDP比重。

西班牙在这10年间，电子行业营业额的年均增长率远超GDP达到1.29个百分点，电子行业年均增长的营业额达到79.44亿欧元。纺织行业营业额的负年均增长率和负年均增长额更加凸显了电子行业这10年的发展势头稳中有进。

上述分析结果在一定程度上说明，西班牙电子行业在西班牙国民经济中的位置举足轻重。当地政府的正确引导、积极的政策支持加上华商在当地兴办电子企业的热情，都为电子行业的日趋发展做出不可替代的贡献。因此，西班牙华商应该抓住机遇，借着这股东风、不断创新商业模式适应竞争激烈的市场，才能从中获得利润，不断实现企业自身价值增长。

3.西班牙电子行业华商企业典型的商业模式

任何一个组织都存在着商业模式。在如今竞争激烈的商业社会中，企业生存发展的重要条件就是其能够提供有消费价值的产品或服务，并且这种产品或者服务能够通过营销策略被消费者所消费，使得投资人能够从中赚取相应的利润。因此学者黄蓓莉强调，商业模式的成功与否在一定程度上决定企业的存亡[①]。

对于华商在西班牙经营的电子企业来说，商业模式的重要性更是不言而喻。通过走访调研，以及查阅相关资料，探寻海外华商当前在西班牙经营的电子企业的主要商业模式，比较典型且相对成功的运作模式总结如下：

首先，企业在市场调研的基础上，确定要在市场上投放满足某使用需求的电子产品。企业配有自己的设计研发部门，在以“产品”为中心的前提下，适当兼顾外观设计满足个性需求。在确定外观设计后，通过外包生产，利用中国工厂的劳动力、原材料等成本优势，在中国的合作代工厂生产加工。最后产成品主要通过海运的物流方式运送到西班牙，供自己企业旗下的线下门店、线上网店及各个分销商销售，最终获取利

① 黄蓓莉.中国有机食品零售行业商业模式研究［J］.市场周刊理论研究，2009（7）：52-53.

润、创造价值。

它是一个环环相扣、互相作用产生合力的闭环增值链条，具体如图10-1所示。

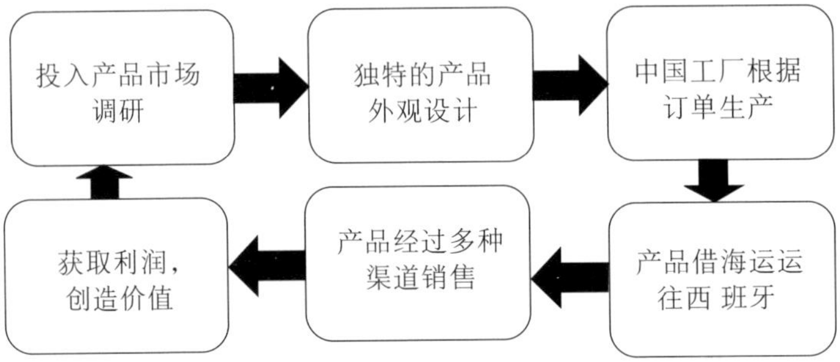

图10-1　西班牙电子行业华商企业典型的商业模式

该商业模式的特点如下：

1）独特性

西班牙华商根据电子行业的实际情况以及中国成本方面的优势，在不断完善中开创了一套独具特色的商业模式，使其在激烈竞争和接近饱和的西班牙电子市场中处于优势地位。

2）创新性

创新不仅是一个企业的生命力，对于华商在其他国家站稳脚跟更是不可或缺的。只有创新才能使华商经营的电子企业永葆活力，也是不断地推陈出新让其持续发展。西班牙华商从事的电子行业从最开始小规模分销商到设计、生产、配送、销售整体进行创新，从线下销售到线上线下兼顾进行创新，从大众化产品到逐渐推行客户定制类产品进行创新。

3）循序渐进性

华商电子企业的商业模式不是一蹴而就的，而是在不断摸索中建立起来的。灵活应对瞬息万变的商业环境，结合西班牙电子行业所处的生命周期，企业逐步完善商业模式。

4.西班牙华商企业在电子行业的发展机遇

进入21世纪以来，世界电子产业蓬勃发展，成为世界上发展速度最快的产业，手机、电脑等变得与人们生活息息相关。随着人们的电子知识越来越丰富，大量的年轻人都对电子产品抱有浓厚的兴趣，华商经营的电子商店已经遍布西班牙的大街小巷，为西班牙人民提供着物美价廉的产品和周到的服务。而对于具有雄厚资本的华商大企业，多而散的零售渠道是产品进入西班牙本土分销的主要渠道，越来越多的分销商成为他们主要的前向客户。

此外，许多消费者之前因为担心泄露个人信息或者财务细节而对网购持谨慎观望态度，但是随着网上购物平台的逐渐完善、网络购物的监管逐步到位、网购的安全屏障不断牢固以及消费者使用网络购物体验的便利，这道心理防线逐渐被攻破。因此这在一定程度上也刺激了华商企业线上销售的繁荣。

5.西班牙电子行业华商受传统观念的束缚

一方面，一些华商企业对法治精神与社会秩序的观念意识相对淡薄，商业理念也是如此，因此，一些企业家往往更讲究“走关系”和“潜规则”，而对道德与法制的重视不足。所以造成即使走向海外，有些华商企业仍然会存在逃税漏税、贸易走私、雇佣非法滞留在西班牙的廉价劳工以及行贿等行为，这使得海外华商在有些国家的形象大大受损。另一方面，一些中国人特有的“高调”行事风格，给当地民众留下一种“中国人很有钱”的印象，因此，针对华商的偷盗抢劫也时有发生。所以，西班牙华商企业要在电子行业中做大做强做久必不可少的条件就是要树立正确的经商理念、摒弃落后的“经商哲学”、遵守固有的社会秩序、尊重西班牙当地的文化习俗[①]。显然，对有些华商来说坚守这条商业底线并非易事，有很长的一段路要走。

第二节　西班牙电子行业华商商业模式存在的问题

华商在西班牙这些年的发展历程中，取得了不俗的成绩。但是随着

① 李仁芳，陈文君.智利华商生存与发展［J］.拉丁美洲研究，2015，37（6）：40-45.

其经营的电子企业不断发展壮大，华商电子企业的商业模式发展存在的弊端也日益显现。这些弊端在一定程度上影响了西班牙华商企业资源配置的效率、制约了西班牙华商电子企业的进一步发展。

第一，电子行业固有的限制。该行业业务收入来源过于单一所造成的结果是收入波动性较大、同质化竞争程度高。从西班牙华商电子行业近十年的发展来看，华商资本大量涌入，小企业纷纷建立，在市场渐趋饱和的情况下，中小电子企业无法形成稳定的收入流。除此之外，该行业中各华商电子企业的经营特色并无二致，竞争的形式基本处于同质化，久而久之带来的问题就是恶性竞争，价格战看似也在所难免。

第二，商业运营模式渐趋被动。在华商电子企业的运营模式中，各个业务板块缺乏紧密的联动共享导致无法产生相应的协同效应。在供应链网状模型中，我们可以看到，在产品生命周期不断缩短、企业之间的合作日益复杂以及顾客的个性化要求更加严格的今天，原料或零部件供应商、产品制造商和分销商被组织起来，形成了供应—生产—销售的供应链。西班牙华商对制造商和分销商在战略任务、资源和能力方面依赖程度高，当电子企业的创新脚步跟不上制造商和分销商讨价还价的能力时，华商企业在电子行业的运营模式渐趋被动。

第三，华商企业成本优势弱化。华商经营的电子企业在西班牙能够不断发展、形成规模。其中，比较重要的原因是因势利导、不断挖掘华商自身具备的成本优势，尤其是中国代工厂的劳动力成本优势。但是随着中国劳动力人口连续四年绝对值下降，导致劳动力成本上涨、劳动生产率增长速度低于农民工工资增长速度、资本报酬递减导致劳动力逐渐出现负增长，也就意味着人口红利正在逐年缩水。这对于海外华商的成本影响是非常显著的。另外，随着西班牙政府税金的提高，华商电子企业的利润明显下降，甚至被迫提高零售价格。因此，西班牙华商如何有效化解这个成本优势弱化带来的挑战是极其关键的环节，决定着其电子企业未来的盛衰。

第四，产品配送受物流效率制约。实践证明，华商电子企业在西班牙的发展离不开物流配送。合理高效的物流配送使经营中的统一采购、统一配货、统一价格得以实现，而配送和运输密不可分。在配送运输方面，由于西班牙华商电子企业的情况较为特殊，其销售市场地处西班牙而主要代工厂在中国大陆，所以在产品运输方式选择上受限程度大，也是一个矛盾之处。这也作为成本支出的大头影响着企业的现在和未来。

目前，西班牙华商企业大部分产品仍选择海运，物流成本虽然相对较低，但无法兼顾需求时效。因此，出于对各方面的权衡以及企业的发展、及时响应客户需求等因素的考虑，西班牙华商在某些必要时候采用航空运输，但是航空运输的低运力且高物流成本又会影响企业利润。所以，如何在效率与成本之间做到巧妙平衡至关重要，这考验着企业的决策艺术。

第五，华商电子企业的服务模式。目前华商在西班牙电子行业的服务模式和该行业巨头相比还有很大的差距。主要的原因在于华商企业目前的服务模式主要还是以“产品”为中心，这样的服务模式很难与当地行业巨头，如三星、索尼强调以“客户”为中心的服务模式竞争。

总结西班牙华商以“产品”为中心的服务模式主要存在的问题有：华商企业没有进一步细分西班牙市场，满足客户个性化需求方面的服务能力较弱；电子产品产销体系不成熟，产品重“销售”轻“个性”现象突出。这些缺点不利于目标客户群的稳定，影响西班牙华商电子企业的口碑形象，进而限制华商电子企业盈利水平的提升。

第六，华商企业滞后的人力配置。随着西班牙华商企业的不断发展扩张，目前，华商企业的人力资源配置还是保持之前的模式，各部门基本各自为政，这种模式逐渐不太适应华商企业的长远发展，尤其是不适应这种部门之间衔接度要求高、前后业务关联紧密的企业。随着西班牙华商电子企业内部资源的优化整合以及努力开发新兴业务，反应快捷的供应链构建越来越成为普遍要求，这就需要华商企业在人力资源配置上要适应这种发展需要。基于当前华商企业的人力资源配置制度主要还是以适应“业务模块”发展进行人员配置为主，而不是以企业整体发展战略为基础进行人员配置。这样的HR模式赶不上持续创新企业组织的要求，也成为西班牙华商电子企业发展的一块短板。

第三节 西班牙电子行业华商商业模式的创新策略

商业模式是企业创造价值的逻辑，商业模式创新则是对复杂资源的最优化重组，以创新的逻辑实现有效的企业价值提升。简言之，对于西班牙华商电子企业的商业模式创新就是企业从开始的“单纯的如何赚钱”到“如何以一种更新、更有效率的方式赚钱”转变。

1. 研发新产品，平衡成本与效益

西班牙华商企业通过提高自主创新能力，使企业主营业务收入来源于新产品的销售，传统产品则应成为收入来源的附属品。这样就会很大程度上降低华商企业之间的同质化竞争，在西班牙市场上快人一步，占据优势地位。

根据华商企业实际的资金和实力，综合考量是否在中国投资独立建造自己的工厂，达到企业与工厂的无缝对接，从而进一步优化公司的供应链体系，提高供给效率与质量，增强商业模式的生命力。面对物流效率和成本这对矛盾，进行目标市场细分，通过精密计算、综合各方因素做出正确的分配决策，即空运与航运比例的正确配比。西班牙华商还应时刻关注中国“一带一路”倡议中的中欧铁路交通大通道的建设与完善，借助铁路运输可以使华商企业在成本和效率之间达到一个相对完美的中和。

2. 借力互联网，赋予供应链以灵魂

在企业竞争越来越白热化和提倡密切合作的今天，产业链的整合和企业之间的共赢已经成为商业模式创新中的重中之重。互联网技术对于传统行业企业建立快速有效的管理和销售平台起着基础性的作用[①]。值得关注的是，吴晓波等人提出的二次商业模式创新和技术创新的共演

① 黄菲，樊慧霞，罗峰.传统行业企业商业模式创新途径简析［J］. 经济论坛，2011（4）：200-202.

模型对华商商业模式的创新也有启示意义①。西班牙华商涉足的电子行业应该借助网络技术，赋予整条供应链相应的竞争技术。如果因华商电子企业商业模式自身原因导致无法构建供应链所应具备的竞争技术，那么对商业模式的创新势在必行，否则在最终竞争中必然处于不利地位。

因此，对于电子行业中的西班牙华商而言，在未来竞争中一个必须要解决的问题就是如何利用互联网技术赋予整条供应链灵魂，即完善生产零售技术，构建基于最终客户的快速反应能力②，扭转运营模式的被动地位。

3.打造产品品牌形象，培养竞争意识

西班牙华商电子企业要做到商业模式的创新，应以创新的全面客户服务模式为着力点，寻找新的利润增长点。基于此，华商企业对自己产品要有明确的定位，知悉企业生产的产品，抓住顾客购买该品牌产品的动机。华商企业商业模式就应该对自身产品有一个品牌的定位，根据消费者的观点进行创新，用品牌印象弱化同质化竞争。

西班牙华商企业还必须重视培养企业内部人员的竞争意识，对西班牙华商企业的发展提出有建设性建议的员工应进行奖励。这样，华商企业内部人员便会通过竞争来争创自己的绩效，每个员工目标明确、步调一致，推动华商电子企业的前进。同时，西班牙华商企业之间也要认识到同行业的竞争性。华商企业要想在竞争中获得胜利，就要通过竞争激励企业内部，营造华商电子企业商业模式创新的良好氛围。

4.优化人力资源配置，激发企业活力

西班牙华商电子企业的商业模式要创新，必须对人力资源进行优化配置。淘汰之前以适应“业务部门”为标准的配置模式，立足华商电子

① 吴晓波，朱培忠，吴东，等.后发者如何实现快速追赶［J］. 科学学研究，2013，31（11）：1726-1735.

② 刘宏伟.服装行业商业模式不重要吗［J］. 中国制衣，2009（7）：15.

企业战略层次统筹兼顾。及时进行人力资源配置模式的改革，打造适应西班牙华商电子企业业务发展和创新需要的人才资源配置模式[①]。这样才能打破西班牙华商企业组织惯性和原有的运作机制，规避因传统人力资源配置所带来的锁定效应[②]。只有把合适的人力资源放在华商电子企业中各自正确的战术位置，才能激发员工的创造力和活力，西班牙华商企业才可能实现基业长青。

第四节　小结

不可否认，商业模式已经成为企业发展的关键。任锦鸾等通过对构建的理论基础、支持的工具、构建的步骤等方面的详细分析，为很多在构建商业模式过程中无法下手的企业提供参考[③]。

所以，在实际应用中，西班牙华商应该立足于对自身电子企业的准确认识和所处阶段的精准定位，即为“知己”，有选择、有方向地进行创新改造。特别是中小华商企业，不要完全照搬大企业的商业模式，而是要审时度势、对症下药，从而建立起自己独特的商业模式。创新的渐进性也是非常重要的。在实际操作中，还需要适应西班牙经济发展规律，了解西班牙电子行业竞争对手的战略方向，即为“知彼”。知己知彼，勇于尝试，西班牙华商经营的电子企业方能百战不殆。

在西班牙，华商中小电子企业在总企业数目中所占比例较大，在构建商业模式上要特别注意。关于西班牙华商电子行业的商业模式创新，上文提到了四个方向，西班牙华商根据市场固有的条件和阶段进行选择，把握消费者的心理、提高产品和服务的质量，进而强化西班牙华商企业内部的竞争力。西班牙华商只有对企业进行商业模式的构建和创新，才能为企业带来新的发展机遇。所以西班牙华商要审时度势，抓住机遇迎接挑战，开创“人无我有，人有我新，人新我变”的主动局面，

---

① 范逸男，武海东.证券行业商业模式的改革与发展探索［J］．吉林金融研究，2014（8）：5-9.

② 杨霞，王亮亮.商业模式研究现状与未来发展方向探索［J］．经济研究导刊，2015（17）：118-120.

③ 任锦鸾，吴妹.服务业商业模式构建方法比较研究［J］．科学学研究，2009，27（12）：1907-1913.

在技术创新上争取比同类企业领先一步，在产业转型上把握西班牙市场发展趋势，通过技术升级来促进华商企业产业的成功转型[①]。

总而言之，要实现西班牙华商电子行业商业模式的创新，根源在于不断提升华商企业管理团队挖掘西班牙市场、资源配置、组织等各方面的能力，从而建立高效、灵活的战略决策和运作模式。只有这样才能不断发现新的市场机会，西班牙华商的电子企业才能持续发展，立于不败之地。

① 黄锦明.浅谈出版行业商业模式的构建与创新［J］.现代商业，2011（12）：63.

第十一章　结论与展望

基于社会热点、研究方向及个人兴趣，本书对“共享经济下华商企业商业模式及其创新研究”这一问题展开讨论和研究。本书选取华商企业作为研究对象，以商业模式九要素为基本出发点，对共享经济环境下华商企业商业模式构成要素进行较为详细的分析，并在此基础上提出华商企业商业模式创新的思路和努力方向，同时提出顺利实施其商业模式创新的保障措施等。

第一节　本研究主要工作

具体而言，本研究的主要工作包括：

第一，以商业模式构成要素为基本出发点，从价值主张、价值链模式、组织模式、关系网络及收入模式等角度出发，分析总结华商企业商业模式的发展现状，为后文分析共享经济环境下华商企业商业模式要素创新策略奠定基础。

第二，基于宏观与微观环境的视角，本研究对华商企业发展的内外部发展环境进行了较为深入的分析，为后文提出其商业模式创新的可能途径及保障措施奠定基础。

第三，探索分析共享经济环境下华商企业的新商业模式。本研究通过剖析可能对华商企业商业模式转换产生影响的因素，在上述分析的基础上，提出其未来发展商业模式创新的策略途径及保障其顺利实施的若干措施。

第二节 未来研究展望

由于种种原因，本研究仍存在很多不足之处，具体表现在：

第一，本研究只选取了行业中的某一华商企业作为研究对象，而该华商企业只是在某些方面可作为同类型企业的代表，却并不能代表整个行业的发展情况。因此，本研究在对象的选择方面存在一定片面性，研究结论不具有普遍适用性。

第二，本研究的研究方法主要是文献综述和案例分析两种方法，选取某一时间点上的静态现状为分析依据，缺少动态发展数据的支撑，只是通过对资料的整理和总结，提出初步可能的商业模式创新策略，其研究结论不具备很强的说服力。

第三，本研究单纯地分析某一华商企业这一单一研究对象，缺少与同类型其他企业或不同类型企业的对比分析，结论不具有较强的普遍性和可适性。

因此，在以后的研究过程中，笔者在进行类似专题的研究时，不仅要扩大研究样本，还要通过动态发展的数据研究来提高研究结论的可信度，最后对比分析在运用新思路与新策略前后不同时段企业绩效的变化，从而提出更适合华商企业的新商业模式，使研究结论更好地适用于华商企业的发展。

参考文献

英文文献：

[1] AFUAH A，TUCCI C L. Internet business models and strategies：text and cases [M]. New York：McGraw-Hill，2001.

[2] OSTERWALDER A，PIGNEUR. Business model generation：a handbook for visionaries，game Changers，and challengers [M]. NJ：Wiley，2010.

[3] AMIT R, ZOTT C. Value creation in e - business [J] . Strategic Management Journal，2001，(22)：493-520.

[4] ASPARA J，HIETANEN J，TIKKANEN H.Business model innovation vs replication：financial performance implications of strategic emphases [J]. Journal of Strategic Marketing , 2010，18 (1)：39-56.

[5] BROUSSEAU E，PENARD T.The economics of digital business models：a framework for analyzing the economics of platforms [J]. Review of Network Economics，2007，6 (2)：81-114.

[6] CASADESUS-MASANELL R，RICHART J E.Competing through business models [Z]. IESE Working Paper，2007，(11) .

[7] CHESBROUGH H. Open business models [M] . Boston：Harvard Business School Press，2006.

[8] CHESBROUGH, ROSEBLOOM. The role of the business model in capturing value from innovation: evidence from Xerox Corporation's technology spin-off companies [J]. Industrial and Corporate Change, 2002, 11 (3) : 529-555.

[9] CLAUSS T. Measuring business model innovation: conceptualization, scale development, and proof of performance [J]. R&D Management, 2017, 47 (3): 385-403.

[10] DEMIL B, LECOCP X. Business model evolution: in search of dynamic consistency [J]. Long Range Planning, 2010, 43: 227-246.

[11] DUBOSSON-TORBAY M, OSTERWALDER A, PIGNEUR Y. E-business model design, classification, and measurements [J]. Thunderbird International Business Review, 2002, 44 (1): 5-23.

[12] FELSON M, SPAETH J L. Community structure and collaborative consumption: a routine activity approach [J]. American Behavioral Scientist, 1978, 21 (4): 614-624.

[13] FIET J O, PATEL P C. Forgiving business models for new ventures [J]. Entrepreneurship Theory and Practice, 2008, 32 (4): 749-761.

[14] FRANKENBERGER K, WEIBLEN T, CSIK M, et al. The 4I-framework of business model innovation: a structured view on process phases and challenges [J]. International Journal of Product Development, 2013, 18 (3-4): 249-273.

[15] GAMBARDELLA A, MCGAHAN A M. Business - model innovation: general purpose technologies and their implications for industry structure [J]. Long Range Planning, 2010, 43 (2-3): 262-271.

[16] JONES G M, Educators, electrons, and business models: a problem in synthesis [J]. Accounting Review, 1960, 35 (4): 619-626.

[17] HUARNG K H. Two-tier business model and its realization for entrepreneurship [J]. Journal of Business Research, 2013, 66 (10): 2102-2105.

[18] IBM Global Services. Business model innovation-the new route to competitive advantage [EB/OL]. [2017-07-05]. http: //www- 05. ibm.com/services/ fi/cio/flexible/enflex_wp_ibm_businessmodel.pdf.

[19] IDEN J, METHLIE L. The drivers of services on next generation networks [J]. Telematics and Informatics, 2012 (29): 137-155.

[20] MAGRETTA. Why business models matter [J]. Harvard Business

Review, 2002 (5): 3-8.

[21] JOHNSON M W, CHRISTENSEN C M, KAGERMANN H. Reinventing your business model [J]. Harvard Business Review, 2008 (9) : 51-59.

[22] KUK G, JANSSEN M. Assembling infrastructures and business models for service design and innovation [J]. Information Systems Journal, 2013, 23 (5): 445-469.

[23] MAHADEVAN. Business models for Internet - based ecommerce : an anatomy [J]. California Management Review, 2000, 42 (4): 55-56.

[24] MARKIDES C. Disruptive innovation: in need of better theory [J]. Journal of Product Innovation Management, 2006, 23 (1): 19-25.

[25] MARKIDES C, CHARITOU C D. Competing with dual business models: a contingency approach [J]. Academy of Management Executive, 2004, 18 (3): 22-36.

[26] MARTINSL, RINDOVAVP, GREENBAUMBE. Unlocking the hidden value of concepts: a cognitive approach to business model innovation [J]. Strategic Entrepreneurship Journal, 2015, 9 (1): 99-117.

[27] MITCHELL D, COLES C. The ultimate competitive advantage of continuing business model innovation [J]. Journal of Business Strategy, 2003, 24 (5): 15-21.

[28] MORRIS, SCHINDEHUTTE, ALLEN. The entrepreneur ' s business model: toward a unified perspective [J]. Journal of Business Research, 2003, 58 (1): 726-735.

[29] OSTERWALDER A, PIGNEUE Y. Business model generation: a hand book for visionaries, game changers, and challengers [M]. New Jersey: John Wiley & Sons, Inc., 2010.

[30] RAPPA M. The utility business model and the future of computing services [J]. IBM Systems Journal, 2004, 43 (1): 32.

[31] SOSNA M, RODRIGUEZ R N, VELAMURI S R. Business model innovation through trial-and-error learning: the NaturHouse Case [J]. Long Range Planning, 2010, 43 (2): 383 -407.

[32] TUCKER R B. Strategy innovation takes in nation [J]. The Journal of Business Strategy, 2001.

[33] YOVANOF G A, HAZAPIS G N. Disruptive technologies, services, or business models? [J]. Wireless Personal Communications, 2008, 45

(4): 569-583.

[34] ZOTT C, AMIT R.The fit between product market strategy and business model: implications for firm performance [J]. Strategic Management Journal, 2008, 29 (1): 1-26.

[35] ZOTT C, AMIT R. Business model design: an activity system perspective [J]. Long Range Planning, 2010, 43 (2): 216-226.

[36] ZOTT C, AMIT R, Massa L.The business model: recent developments and future research [J]. Journal of Management, 2011, 37 (4): 1019- 1042.

中文文献:

[1] 中国互联网络信息中心(CNNIC).第39次中国互联网络发展统计报告[EB/OL].(2017-01-22). http://www.cac.gov.cn/2017-01/22/c_1120352022.htm.

[2] 谭淑芬.中国互联网络信息中心(CNNIC):网约车用户规模增长迅速共享出行进入规范化发展期[EB/OL].(2017-02-04). http://www.199it.com/ archives/561759.html.

[3] 边济步.滴滴的三次"大婚"[J]. 当代电力文化,2016 (6):78-81.

[4] 中国信息化编辑部.优步与滴滴合并[J]. 中国信息化,2017 (1):33.

[5] 郭黎星.国内外商业模式研究综述[J]. 商场现代化,2012 (3):11-12.

[6] 黄菲,樊慧霞,罗峰.传统行业企业商业模式创新途径简析[J]. 经济论坛,2011 (4):200-202.

[7] 吴晓波,朱培忠,吴东,等.后发者如何实现快速追赶[J]. 科学学研究,2013,31 (11):1726-1735.

[8] 范逸男,武海东.证券行业商业模式的改革与发展探索[J]. 吉林金融研究,2014 (8):5-9.

[9] 任锦鸾,吴妹.服务业商业模式构建方法比较研究[J]. 科学学研究,2009,27 (12):1907-1913.

[12] 黄锦明.浅谈出版行业商业模式的构建与创新[J]. 现代商业,2011 (12):63.

[13] 薛在君,刘进华.企业战略与商业模式[M]. 北京:机械工业出版社,2015:120-123.

[14] 项国鹏,周鹏杰.商业模式创新:国外文献综述及分析框架构建[J]. 商业研究,2011 (4):84-89.

[15] 赵婷婷.团购网站的商业模式研究[D]. 长春:吉林大学,2016:5.

[16] 张乐乐,张林.企业商业模式研究综述[J]. 管理现代化,2012 (6):76-78.

[17] 王波，彭亚利.再造商业模式［J］. IT经理世界，2002（7）：88-89.
[18] 黄培，陈俊芳.赢利定律——商业模式的理论、方法与实践［M］. 北京：中国标准出版社，2003：46.
[19] 刘敦虎，矫健，唐孝文.移动互联网企业商业模式创新关键要素模型构建及分析［J］. 管理现代化，2015（5）：92-94.
[20] 李仁意.基于价值管理的企业商业模式分析［D］. 北京：北京交通大学，2014：6.
[21] 李振勇.商业模式——企业竞争的最高形态［M］. 北京：新华出版社，2006.
[22] 雷家骕，王兆华. 高技术创业管理：创业与企业成长［M］. 北京：清华大学出版社，2008：83-85.
[23] 魏炜，朱武祥.商业模式设计手册［J］. 深圳特区科技，2010（Z4）：68-83.
[24] 严宽.商业模式创新研究［D］. 北京：北京邮电大学，2010：46-52.
[25] 栗学思.商业模式致胜：案例解析超速赢利的商业模式［M］. 北京：中国经济出版社，2015：36-41.
[26] 傅世昌，王惠芬.商业模式定义与概念本质的理论体系与研究趋势［J］. 中国科技论坛，2011（2）：70-76.
[27] 魏江，刘洋，应瑛.商业模式内涵与研究框架建构［J］. 科研管理，2012，33（5）：107-114.
[28] 罗倩，李东.基于 AHP 逻辑的商业模式效能测评方法［J］. 东南大学学报：哲学社会科学版，2013，15（3）：33-37.
[29] 何飚，毛蕴诗.基于价值网理论的 B2C 商业模式组成要素研究［J］. 经济问题探索，2014（4）：54-160.
[30] 余丹.我国互联网经济发展的优势及遇到的问题［J］. 经营管理者，2016（2）：255.
[31] 高岩桦.网络经济的特点及对未来经济影响［J］. 信息系统工程，2014，2（20）：98.
[32] 张其翔.商业模式研究理论综述［J］. 商业时代，2006（30）：14-16.
[33] 刘拂尘，刘闲月.企业商业模式概念及分类研究［J］. 管理探索.2011（8）：11-12.
[34] 张敬伟，王迎军.商业模式与战略关系辨析——兼论商业模式研究的意义［J］. 外国经济与管理，2011，33（3）：87-95.
[35] 王祖强，陈新伟.电子商务与商业模式创新［J］. 商业研究，2010（12）：197-201.

[36] 华婷，余来文，张鲲.企业商业模式构成要素探讨［J］.商业时代，2011（30）：80-81.

[37] 方志远.我国商业模式构成要素探析［J］.中山大学学报：社会科学版，2012（3）：35-37.

[38] 施莉丽.互联网+时代的电信企业商业模式创新［D］.成都：西南交通大学，2015：10.

[39] 王雪冬，董大海.国外商业模式表达模型评介与整合表达模型构建［J］.外国经济与管理，2013（4）：49-61.

[40] 陈学猛，丁栋虹.国外商业模式研究的价值共赢性特征综述［J］.中国科技论坛，2014（2）：143-149.

[41] 汪寿阳，敖敬宁，乔晗，等.基于知识管理的商业模式冰山理论［J］.管理评论，2015（6）：3-10.

[42] 汪寿阳，乔晗，胡毅，等.商业模式研究全景图［M］.北京：科学出版社，2016：66-68.

[43] 王茜.IT驱动的商业模式创新机理与路径研究［J］.管理学报，2011（1）：126-132、150.

[44] 王雪冬，董大海.商业模式的学科属性和定位问题探讨与未来研究展望［J］.外国经济与管理，2012（3）：2-9.

[45] 李冰.互联网思维下我国零售企业商业模式创新研究［D］.长春：吉林大学，2015：5.

[46] 王琴.基于价值网络重构的企业商业模式创新［J］.中国工业经济，2011（1）：79-88.

[47] 李长云.创新商业模式的机理与实现路径［J］.中国软科学，2012（4）：167-176.

[48] 董成惠.共享经济：理论与现实［J］.广东财经大学学报，2016，（5）：4-15.

[49] 罗宾.共享经济：重构未来商业新模式［M］.杭州：浙江人民出版社，2015：22.

[50] 郑永彪，王丹.基于移动互联网背景的分享型经济发展探析［J］.北京市经济管理干部学院学报，2015（2）：3-7.

[51] 程卫超.商业模式创新与企业竞争优势关系的研究［D］.乌鲁木齐：新疆财经大学，2016：5-7.

[52] 原磊.商业模式分类问题研究［J］.中国软科学，2008（5）：35-44.

[53] 栗学思.卓越的商业模式［J］.东方企业文化，2008（10）：58-59.

[54] 张越，赵树宽.基于要素视角的商业模式创新机理及路径［J］.财贸经济，

2014（6）：90-99.

[55] 高天亮.基于价值网理论的商业模式研究［M］．广州：世界图书出版广东有限公司，2011：10-50.

[56] 原磊.国外商业模式理论研究评介［J］．外国经济与管理，2007（10）：17-25.

[57] 乔为国.战略性新兴产业的商业模式创新分析［J］．科技促进发展，2012（3）：65-70.

[58] 刁玉柱，白景坤.商业模式创新的机理分析：一个系统思考框架［J］．管理学报，2012（1）：71-81.

[59] 孙冰.滴滴收购优步中国更大目标在“全球化”［J］．中国经济周刊，2016（31）：62-63，88.

[60] 蔡依陶，闫旭晖.基于价值链理论探讨滴滴公司的竞争策略［J］．管理观察，2016（17）：73-75.

[61] 袁心术.平台型企业商业模式构建路径研究［D］．长春：吉林大学，2016（6）：19-20.

[62] 刘长晓.Uber公司商业模式创新策略研究［D］．大连：大连海事大学，2016（6）：26-28.

[63] 李怀勇，张贵鹏.基于共享经济的商业模式创新［J］．商业经济研究，2017（1）：120-122.

[64] 周颖.滴滴巴士的运营模式和营销策略——一个以需求为导向的供给侧改革样本［J］．交通与港航，2016（2）：19-20.

[65] 许海洋，战显钊.共享经济模式探究［J］．合作经济与科技，2017（3）：32-33.

[66] 周礼艳.O2O共享经济商业模式现状及发展策略研究［J］．中国高新技术企业，2016（36）：1-2.

[67] 姜华山.滴滴：分享经济的领跑者［J］．企业观察家，2016（4）：48-49.

[68] 叶杰平.拆解滴滴大脑：谈出行领域算法技术［N］．中国信息化周报，2017-03-20（015）.

[69] 曾子芯.滴滴打车融资案例讨论［J］．经营管理者，2016（28）：80

[70] 彭训文.苹果投资“滴滴”意在投石问路［J］．中国测绘，2016（3）：80-81.

[71] 陶力.滴滴获中国人寿6亿美元投资，布局出行生态链［N］．21世纪经济报道，2016-06-14（017）.

[72] 赵方婷.滴滴公司：服务客流的供应链协同［N］．现代物流报，2015-09-25（A03）.

[73] 史彦泽.创业公司可以从AL的销售铁军身上学些什么?[J].今日工程机械，2016（1）：66-67.

[74] 比达咨询.2016中国互联网细分行业发展报告盘点（节选之专车）[EB/OL].（2017-04-11）. http：//www.bigdata - research.cn/content/201704/414.html.

[75] 王巍.碎片化背景下的服务电商平台商业模式创新研究：以滴滴打车为例[D].济南：山东大学，2016（5）：37-38.

[76] 祁娟.滴滴联手宇通布局定制巴士业务平台[J].运输经理世界，2015（17）：76-77.

[77] 梁瀚宇.智慧出行引爆社交圈[J].计算机与网络，2016（1）：15.

[78] 王涛.滴滴公司：安全是网约车的关键竞争力[N].中国交通报，2016-03-09（008）.

[79] 王志刚，赵明浩.打车应用：如何从烧钱到赚钱[J].互联网经济，2015（4）：12-15.

[80] 李波，王金兰.共享经济商业模式的税收问题研究[J].现代经济探讨，2016（5）：29-33.

[81] 李海洋."新规"为网约车提供法律支撑[N].中国商报，2016-08-09（W04）.

[82] 国家统计局.中华人民共和国2016年国民经济和社会发展统计公报[EB/OL].（2017-02-28）. http：//www.stats.gov.cn/tjsj/zxfb/201702/t20170228_1467424.html.

[83] 吴勇毅.共享经济：促进经济发展 点亮智慧城市[J].上海信息化，2017（2）：10-14.

[84] 陈海英.大数据时代背景下高校档案管理模式的变革和优化[J].辽宁经济，2017（1）：59-61.

[85] 中国IT研究中心.2016年中国专车市场研究报告[EB/OL].（2016-11-01）. http：// www.cnit-research.com/content/201611/11924.html.

[86] 比达咨询.2016中国共享单车市场研究报告[EB/OL].（2017-02-08）. http：//www.bigdata-research.cn/content/201702/383.html.

[87] 麦婉华.共享经济下的喜与忧[J].小康，2017（5）：70-71.

[88] 杰里米.走向物联网和共享经济[J].企业研究，2015（2）：14-21.

[89] 沈铖，刘晓峰.品牌管理[M].北京：机械工业出版社，2009：78-90.

[90] 邱彦昌.共享经济火了 共享经济时代来了[J].大社会，2017（8）：59-62.

[91] 艾媒咨询.2017年Q1中国共享单车市场研究报告[EB/OL].（2017-03-

31). http://www.199it.com/archives/577817.html.
[92] 宋旭琴，向鑫.品牌理论研究综述 [J]. 商业时代，2006 (33): 32-33.
[93] 李飞.钻石图定位法 [M]. 北京: 经济科学出版社，2006: 35-40.
[94] 韩经纶，赵军.论品牌定位与品牌延伸的关系 [J]. 南开管理评论，2004 (7): 46-50.
[95] 符国群.品牌定位在市场营销战略中的地位 [J]. 中国流通经济，2004 (4): 49-53.
[96] 卢泰宏，吴水龙，朱辉煌，等.论品牌资产的定义 [J]. 外国经济与管理，2009 (1): 32-42.
[97] 杨芳平，余明阳.品牌定位 [M]. 武汉: 武汉大学出版社，2008: 5-12.
[98] 乔春洋.品牌定位 [M]. 广州: 中山大学出版社，2005: 7-11.
[99] 谢志刚.共享经济的知识经济学分析——基于哈耶克知识与制度理论的一个创新合作框架 [J]. 经济学动态，2015 (12): 78-87.
[100] 乔洪武，张江城.共享经济: 经济伦理的一种新常态 [J]. 天津社会科学，2016 (3): 93-98.
[101] 陆谷孙.英汉大辞典 [M]. 上海: 上海译文出版社，1996.
[102] 杜纳.品牌智慧 [M]. 赵中秋，罗臣，译.北京: 企业管理出版社，2001: 8.
[103] 何佳讯.品牌形象策划 [M]. 上海: 复旦大学出版社，2000: 5.
[104] 科特勒.品牌管理——分析、计划和控制 [M]. 梅汝和，等，译校.5版.上海: 上海人民出版社，1994: 607-608.
[105] 王海涛，等.品牌竞争时代——开放市场下政府与企业的品牌营运 [M]. 北京: 中国言实出版社，1999: 36.
[106] 韩光军.品牌策划 [M]. 北京: 经济管理出版社，1997: 1.
[107] 赵姝，蒙明洁，吕丽霞.对品牌概念的创新理解 [J]. 商场现代化，2007 (17): 122-124.
[108] 汪秀英.论企业品牌要素的多元组合与运行机制 [J]. 现代经济探讨，2006 (4): 12-17.
[109] 薄建奎，杨亭亭，任宇星.共享单车盈利模式分析 [J]. 当代经济，2017 (34): 86-88.
[110] 王娟.论CIS系统对企业品牌战略的影响 [J]. 开封大学学报，2009，23 (3): 19-21.
[111] 李琨浩.基于共享经济视角下城市共享单车发展对策研究 [J]. 城市，2017 (3): 66-69.
[112] 魏蔚.E2轮融资开闸，ofo钱荒暂缓 [N]. 北京商报，2018-03-14

(007).
[113] 毛潇远，贺盛瑜.共享单车：问题与建议——基于SWOT策略矩阵视角分析［J］. 现代商业，2017（22）：48-49.
[114] 王炳成.商业模式创新理论与实证.商业模式创新的产生与定义［M］. 北京：经济科学出版社，2015：23-25.
[115] 都本伟.供给侧结构性改革的理论意义［EB/OL］.（2016-09-18）. http://theory.people.com.cn/n1/2016/0918/c49154-28719703.html.
[116] 王小广.供给侧结构性改革：本质内涵、理论源流和时代使命［J］. 国家行政学院学报，2016（2）：5-12.
[117] 曹芳.供给侧结构性改革研究谱系——概念厘定、理论旨趣与实践创制［J］. 国家社会科学基金项目"中国特色社会主义乡村协商治理问题研究"，2016（8）：26.
[118] 苏剑，林卫斌.产业政策与深化供给侧结构性改革——以电力行业为例［EB/OL］.（2019-01-09）. http://www.energystorage-journal.com/portal.php?mod= vieaid=21942.
[119] 张军.中国经济未尽的改革［M］. 北京：东方出版社，2015：89-92.
[120] 范建华.文化与文化产业发展新论：文化产业的概念之辨与文化产业的核心要素［M］. 北京：人民出版社，2011：53-55.
[121] 方传安.海峡两岸文化产业发展问题研究——以泉州市为例［J］. 企业经济，2012（10）：122-124.
[122] 白明政.国外商业模式研究综述［J］. 贵州民族学院学报：哲学社会科学版，2002（3）：94-95.
[123] 潘奇琦.T创意公司人才流失研究与解决方案设计［D］. 上海：华东理工大学，2013.
[124] 樊盛春，王伟年.文化产业园区理论问题探讨［J］. 企业经济，2008（10）：10-12.
[125] 朱志国，左熹.试析构建文化企业核心竞争力的基本模式［J］. 长春理工大学学报：社会科学版，2013（12）：115-116.
[126] 徐忠.红豆居家商业模式打造家门内服饰终端［J］. 成才与就业，2009（9）：18-19.
[127] 侯开宇.中国农村金融市场小额贷款商业模式研究［D］. 北京：北京邮电大学，2010.
[128] 房力.奥尔公司出版文化业务商业模式设计［D］. 北京：对外经济贸易大学，2007.
[129] 李取林.中小企业设备融资研究与案例分析［D］. 成都：西南交通大学，

2007.
[130] 梅瑜.商业模式要素分析——以苏宁电器为例 [J]. 经营管理者，2013 (2)：9-10.
[131] 陆宁.创新B2B商业模式的研究 [D]. 北京：首都经济贸易大学，2012.
[132] 郭涛.中小移动互联网SP商业模式的研究 [D]. 济南：山东大学，2013.
[133] 何鹏.图书产品商业模式关键成功因素研究 [D]. 北京：北京交通大学，2010.
[134] 石雅莉.客户价值主张及其应用研究 [D]. 青岛：中国海洋大学，2009.
[135] 陈玉锋.企业商业模式设计及创新研究 [D]. 大连：大连海事大学，2009.
[136] 罗穗.成都艾瑟尔科技有限公司商业模式研究 [D]. 成都：西南财经大学，2012.
[137] 于疆.关于企业商业模式的探讨 [J]. 企业家天地下半月刊：理论版，2008 (11)：67-68.
[138] 陈军.城郊大型社区商业规划设计初探 [D]. 西安：西安建筑科技大学，2009.
[139] 元梓谕，钱瑛，林敏捷.外卖订餐平台模式分析及优化 [J]. 电子商务，2015 (4)：47-48.
[140] 艾媒咨询.2017—2018年中国在线餐饮外卖市场研究报告 [EB/OL]. (2018-01-17). http：//report.iimedia.cn.
[141] 董凤.餐饮O2O外卖平台商业模式评述 [D]. 齐齐哈尔：齐齐哈尔大学，2016.
[142] 齐严.商业模式创新研究 [D]. 北京：北京邮电大学，2010.
[143] 齐严，洪清玲.关于商业模式概念及构成要素文献研究 [J]. 特区经济，2013 (9)：229-230.
[144] 刘宇熹.电子商务商业模式创新 [M]. 北京：清华大学出版社，2017：1-30.
[145] 刁玉柱.商业模式创新：理论视角与研究观点评价 [J]. 首都经济贸易大学学报，2010 (4)：92-98.
[146] 冯雪飞.商业模式创新中顾客价值主张研究 [D]. 大连：大连理工大学，2015.
[147] 李彦霖.基于价值链主导的商业模式创新研究 [D]. 青岛：青岛科技大学，2017.
[148] 刘程.后互联网时代商业模式创新趋势浅析 [J]. 科技中国，2018 (4)：41-42.
[149] 张波.移动互联网时代的商业革命 [M]. 北京：机械工业出版社，2013：4-23.

[150] 韦丽娜，林剑花．基于O2O视角的餐饮业商业模式分析［J］．智富时代，2016（6）：68.

[151] 佚名．中国网民规模达7.72亿 移动支付用户规模持续扩大［EB/OL］．（2019-01-21）．http：//bbs1.people.com.cn/post/1/1/2/170720174.html.

[152] 佚名．2015年3月团购成交额达128.4亿元［EB/OL］．（2015-05-06）．http：//www.100ec.cn/ home/detail--6248889.html.

[153] 佚名．2018年中国本地生活服务线上交易规模1.6万亿元［EB/OL］．（2019-01-16）．http：//news.bandao.cn/a/171743.html.

[154] 佚名．第41次《中国互联网络发展状况统计报告》发布［EB/OL］．（2018-01-31）．http：// www. cnnic. net. cn / gywm / xwzx / rdxw / 201801 / t20180131_70188.htm.

[155] 原磊．商业模式与企业创新［M］．北京：经济管理出版社，2017：10-40.

[156] 欧晓华，余亚莉．国内外商业模式创新研究综述［J］．生产力研究，2013（13）：84-187.

[157] 陈盈伽．基于内容分析法的O2O商业模式研究综述［J］．青岛农业大学学报：社会科学版，2018（1）：37-44.

[158] 徐亚芳，林凌，林夏玉．浅析外卖O2O行业的发展现状及未来趋势［J］．中国商论，2017（2）：15-16.

[159] 刘宏伟．美团外卖自动化业务运维系统建设［J］．信息通信技术，2018（1）：22-27.

[160] 程庆昕．美团网经营模式分析［J］．中国经贸，2016（21）：114-115.

[161] 张乐乐，张林．企业商业模式研究综述［J］．管理现代化，2012（6）：76-78.

[162] 荆林波，甄宇鹏．聚焦：网络团购［J］．西部论丛，2010（12）：20-21.

[163] 王蒙．网络团购模式的创新［J］．科技情报开发与经济，2010（30）：23-28.

[164] 张鹏．网络团购研究文献综述［J］．中国商论，2017（22）：20-22.

[165] 佚名．美团O2O供应链系统架构设计解析：人人都是产品经理［EB/OL］．（2015-08-28）．http：//www.woshipm.com/it/195878.html.

[166] 佚名．滴滴与美团互撕，出租车走网约路线靠补贴还是新机制［EB/OL］．（2018 - 04 - 18）．http：//tech. sina. com. cn / i / 2018-04-08 / doc - ifyteqtq5596697.shtml.

[167] 极光大数据．2017年O2O下半场分析报告［EB/OL］．（2017-11-30）．http：//www.199it.com/archives/593089.html.

[168] 漆莉．美团网运营模式研究［J］．重庆工商大学学报：自然科学版，2014，

31（12）：108-110.

［169］佚名.2017年中国国内生产总值、居民人均可支配收入、人口年龄结构、人口出生率及居民消费结构分析［EB/OL］.（2017-12-12）. http：//www.chyxx.com/ industry/201712/591755.html.

［170］王雪冬，董大海.商业模式创新概念研究述评与展望［J］. 外国经济与管理，2013，35（11）：29-36.

［171］孟凡新.看中国团购网兴起之模式优劣［EB/OL］.（2012-01-31）. https：//www. chinaventure. com. cn / cmsmodel / news / detail / 158977. shtml.

［172］许琴.从高朋与F团合并，看团购行业的发展［EB/OL］.（2012-07-06）. http：//blog.sina.com.cn/s/blog_5101b90501017oyj.html?tj=1.

［173］洪涛.中国无人商业发展报告［EB/OL］.（2018-04-10）. http：//www.100ec.cn/detail--6444313.html.

［174］艾媒咨询.2017中国无人零售商店专题研究报告［EB/OL］.（2017-07-13）. http：// www.100ec.cn/detail--6405238.html.

［175］张毅.零售4.0转型新零售成电商出路［J］. 互联网经济，2017（7）：36-41.

［176］龚雪.产业融合背景下零售业演化与创新研究［D］. 成都：西南财经大学，2014.

［177］韩笑.从amazon go能看到新零售的未来吗？［N］. 中国纺织报，2016-12-16（005）.

［178］吴小丁.新“零售之轮”理论及其对中国零售业态发展的启示［J］. 财贸经济，1999（5）：46-49.

［179］夏春玉.零售业态变迁理论及其新发展［J］. 当代经济科学，2002（4）：70-77.

［180］中国零售组织的结构研究［M］. 北京：社会科学文献出版社，2008：82.

［181］沈建，刘向东.零售业态均衡与创新的要素分析——基于零售业态价格梯度模型的研究［J］. 商业经济与管理，2011（4）：5-12.

［182］杜均起.无人超市 热捧后需冷思考［N］. 太原日报，2017-08-17（007）.

［183］马云.“电子商务”将被淘汰 “新零售”将取而代之［EB/OL］.（2016-10-14）. http：//finance.cnr.cn/txcj/20161014/t20161014_523196560.shtml.

［184］佚名.“新零售”是什么？提出者阿里巴巴目前也难以言说［EB/OL］.（2017-02-27）. http：//www.itmsc.cn/archives/view-153835-1.html.

[185] 阿里研究院.C时代：新零售研究报告［EB/OL］.（2017-03-09）. https://www. sogou. com / link? url=hedJjaC291OBxfH9bh -N8cXOvMHzy2poYWboHUN16l4ynHFX86lSuDahLAXRq7bM.

[186] 杜睿云，蒋侃.新零售：内涵、发展动因与关键问题［J］. 价格理论与实践，2017（2）：139-141.

[187] 赵树梅，徐晓红."新零售"的含义、模式及发展路径［J］. 中国流通经济，2017，31（5）：12-20.

[188] 王宝义."新零售"的本质、成因及实践动向［J］. 中国流通经济，2017，31（7）：3-11.

[189] 王坤，相峰."新零售"的理论架构与研究范式［J］. 中国流通经济，2018，32（1）：3-11.

[190] 李剑.新零售：从概念到趋势［J］. 中国经济报告，2018（1）：96-97.

[191] 段沛佑，李建伟.全渠道模式的物流支撑体系研究［J］. 物流科技，2017，40（6）：26-28.

[192] 张一夫.没有战略支撑的所谓"新零售"不过是新瓶装旧酒［J］. 时代经贸，2016（29）：31-33.

[193] 王晓辉.关于商业模式基本概念的辨析［J］. 中国管理信息化：综合版，2006（11）：26-27.

[194] 高金余，陈翔.互联网环境下的企业商业模式概念和定位研究［J］. 管理工程学报，2008（2）：152-154.

[195] 郑勇智，贠晓哲.商业模式及商业模式创新［J］. 现代商业，2009（24）：6-7.

[196] 盛亚，吴蓓.商业模式研究文献综述：兼论零售商业模式［J］. 现代商贸评论，2011（1）：80-88.

[197] 郭天超.商业模式与战略的关系［J］. 企业导报，2011（8）：39-42.

[198] 白宏，顾晓敏，付永萍.关于商业模式研究的理论述评［J］. 知识经济，2012（8）：7-9.

[199] 齐严，洪清玲.关于商业模式概念及构成要素的文献研究［J］. 特区经济，2013（9）：229-230.

[200] 徐琴.商业模式典型概念模型的对比分析及其研究启示［J］. 经济研究导刊，2014（7）：111-112.

[201] 孙敏，王红.商业模式研究述评：基于顾客价值视角［J］. 湖北经济学院学报：人文社会科学版，2016，13（4）：49-52.

[202] 李泽.企业商业模式研究综述［J］. 中国市场，2017（4）：140-141.

[203] 李泽建，库佳莹.零售企业商业模式创新研究述评［J］. 商业经济研究，

2018（1）：9-11.

［204］李曼.略论商业模式创新及其评价指标体系之构建［J］．现代财经（天津财经大学学报），2007（2）：55-59.

［205］孙宁华，张翔.商业模式创新驱动全球价值链攀升［J］．河北学刊，2018，38（1）：118-126.

［206］田庆锋，张银银，杨清.商业模式创新：理论研究进展与实证研究综述［J］．管理现代化，2018，38（1）：123-128.

［207］高闯，关鑫.企业商业模式创新的实现方式与演进机理——一种基于价值链创新的理论解释［J］．中国工业经济，2006（11）：45.

［208］林舟，CFP.“无人超市”开张 全新零售时代来了？［J］．企业观察家，2017（8）：22.

［209］兰德华.细数无人超市中的高科技［N］．工人日报，2017-07-28（006）.

［210］佚名.阿里巴巴2018财年二季度EPS远超预期 公司股价盘前涨逾4%［EB/OL］．（2018-11-02）．http：//stock.10jqka.com.cn/usstock/ 20171102/c601391833.shtml.

［211］徐志芬.基于互联网思维的商业模式创新与重构［J］．信阳师范学院学报：哲学社会科学版，2017（3）：23-26.

［212］王玖河，孙丹阳.“互联网+”时代商业模式创新体系探析［J］．企业管理，2017（5）：12-13.

［213］刘培.商业模式及其创新——基于乐视网的案例分析［J］．经济论坛，2016（6）：92-94.

［214］张钦.基于“互联网+”的商业模式创新研究［J］．山西农经，2017（15）：34-36.

［215］樊晓云.我国跨境外贸电商平台模式比较分析与选择［J］．对外经贸，2015（2）：12-14.

［216］项国鹏，周鹏杰.商业模式对零售企业绩效的影响——基于顾客价值创造视角的分析［J］．广东商学院学报，2013，28（1）：25-33.

［217］赵琛，刘晓欢，李青.服装企业商业模式创新路径研究［J］．商业时代，2012（19）：122-123.

［218］李文莲，夏健明.基于“大数据”的商业模式创新［J］．中国工业经济，2013（5）：83-95.

［219］罗珉，李亮宇.互联网时代的商业模式创新：价值创造视角［J］．中国工业经济，2015（1）：95-107.

［220］邢纪红，王翔.传统制造企业“互联网+”商业模式创新的结构特征及其实现路径研究［J］．世界经济与政治论坛，2017（2）：70-90.

[221] 魏米亚.电子商务营销趋势分析 [J]. 信息通信，2015 (6)：282.
[222] 张林.优衣库服装产品商业模式渠道研究 [J]. 经济发展，2018 (1)：51-54.
[223] 李想.论服装产品商业模式的创新路径及发展趋势 [J]. 商业时代，2016 (20)：112-113.
[224] 工学志.基于女性消费心理的服装产品商业模式策略研究 [J]. 未来品牌，2016 (4)：45-47.
[225] 刘明亮.我国服装产品产业的品牌战略研究 [N]. 天津日报，2016-04-09.
[226] 刘强永.中国服装产品网购现状分析 [J]. 时代经济，2018 (2)：24-25.
[227] 林旭以.服装产品品牌的商业模式创新策略 [J]. 东北产业，2015 (7)：14-27.
[228] 张学林.我国服装产品企业产品差异化的策略研究 [J]. 北京物流，2018 (1)：8-10.
[229] 李亚静.消费迭代，如何把脉新零售时代? 2016年服装零售数据分析与趋势解读 [J]. 纺织服装周刊，2017 (8)：20.
[230] 邓富明.中国服装产品行业现状及发展趋势 [J]. 现代科学，2017 (13)：21-22.
[231] 李雪华.服装企业商业模式渠道建设策略研究 [N]. 现代生活周刊，2016-04-29.
[232] 卢显文，郑刚.企业技术创新过程模式的发展演进及启示 [J]. 大连理工大学学报：社会科学版，2004 (3)：37-41.
[233] 陈静."新零售"时代传统零售企业商业模式创新研究 [J]. 经济论坛，2018 (3)：65-68.
[234] 夏清华，娄汇阳.商业模式刚性：组成结构及其演化机制 [J]. 中国工业经济，2014 (8)：148-160.
[235] 齐严.商业模式创新与"新零售"方向选择 [J]. 中国流通经济，2017，31 (10)：3-11.
[236] 罗晓双.新零售对传统零售业的商业模式的改革与创新 [J]. 农村经济与科技，2018，29 (3)：139-140.
[237] 谷冉.TD-SCDMA技术标准竞争制度驱动力研究 [J]. 中国外资，2013 (8)：4-6.
[238] 张媛.价值链视角下我国农批市场"电商化"转型策略探讨 [J]. 商业经济研究，2017 (23)：71-73.
[239] 宜信.2018年新零售行业发展趋势研究报告 [EB/OL]. (2018-03-28). http://mip.xue163.net/q/20180328/20180328B1NQXK00.html.

[240] 张禹东．海外华商网络的构成与特征［J］．社会科学，2006（3）：106-111.
[241] 郭蕊，吴贵生．商业模式理论辨析［J］．技术经济，2014，33（1）：14-23.
[242] 崔连广，张敬伟．商业模式的概念分析与研究视角［J］．管理学报，2015，12（8）：1240-1247.
[243] 杨霞，王亮亮．商业模式研究现状与未来发展方向探索［J］．经济研究导刊，2015（17）：118-120.
[244] 王益锋．企业商业模式及其创新探究［J］．企业导报，2012（13）：191-200.
[245] 潘永华．商业模式定义的探讨［J］．新经济，2013（11）：23-24.
[246] 刁玉柱，白景坤．商业模式创新的机理分析：一个系统思考框架［J］．管理学报，2012，9（1）：71-81.
[247] 黄蓓莉．中国有机食品零售行业商业模式研究［J］．市场周刊理论研究，2009（7）：52-53.
[248] 刘宏伟．服装行业商业模式不重要吗［J］．中国制衣，2009（7）：15.
[249] 陈伟．物业管理的商业模式［J］．中国物业管理，2012（7）：8-13.
[250] 杨一帆，王伟，等．制造业企业商业模式分析［J］．科技促进发展，2015，11（2）：167-176.
[251] 庄国土，王望波．东南亚华商资产的初步估算［J］．南洋问题研究，2015（2）：1-19.
[252] 龙登高．海外华商经营管理的探索［J］．华侨华人历史研究，2002（3）：84-94.
[253] 孙权．经济全球化中的海外华商网络［J］．东南亚研究，2005（2）：78-80.
[254] 陈肖英．跨国与无奈：全球化时代的海外华商研究［J］．八桂侨刊，2013（2）：11-16.
[255] 李仁芳，陈文君．智利华商生存与发展境况［J］．拉丁美洲研究，2015，37（6）：40-45.

后记

“共享经济下华商企业商业模式及其创新”是由现实引发的命题。因为在共享经济时代，华商企业之间的竞争不仅仅是产品之间的竞争，也不仅仅是行业之间的竞争，同时也是华商企业商业模式之间的竞争。因此，探讨“共享经济下华商企业商业模式及其创新”这一研究课题具有重要的理论和实践意义，也是摆在我们面前的亟待探讨和解决的重要问题。

本书研究方法主要采用案例研究法。案例研究方法对于创建具有中国情境的管理理论的意义，已经被国内外许多管理学界的大师们所公认。笔者目前的研究，只是搭建了一个用案例研究法研究共享经济下华商企业商业模式及其创新的框架，具体更为深入的研究还有待以后和笔者有相同研究兴趣的研究者们的共同努力。

本书从选题到最终成稿历时近三年，其中笔者的一些学生在搜集案例资料和整理文献方面做出了非常出色的工作，他们分别是姜艳宇、李蕾、黄卉、穆紫媚、张斌龙、李泳欣、伍梅芳、陈先辉等。在本著作即将完稿之际，笔者对他们在本著作写作过程中非常认真和辛苦的付出表示衷心的感谢！

虽然这些年笔者不断在思考和探索华商企业商业模式创新的问题，但即便如此，真做起来发现还是非常不容易的，写来写去总不满意，因为总想写出最好的。事实上，共享经济下华商企业的发展不断涌现出新模式和新业态，其商业模式也处于不断发展与完善中，比如AL无人超市、HW手机、DD打车等，肯定会出现挂一漏万的情形，无法跟踪和反映华商企业商业模式的最新进展。这也是笔者深感遗憾和不安的地方，希望能在以后的学习过程中不断加以完善。同时需要说明，虽然笔者近年来的思考已经体现在本书当中，但仍有一些问题还处于不断思考与探索之中，它们将成为笔者今后继续学习研究的重要方向。

在本书的写作过程中，笔者还得到许多关心和支持我的领导、同事和朋友的帮助。华侨大学工商管理学院院长、博士生导师孙锐教授就曾多次给予我指导和帮助。孙院长在指导过程中讲解的一些研究问题的方法和研究视角使我收获颇丰，他的耐心细致的讲解和无私奉献的精神让笔者十分感动。在此，笔者要向孙院长表示最衷心的感谢！

同时，还要感谢笔者身边的朋友和同事。在书稿的写作过程中，当遇到问题的时候，他们总能给笔者启发，帮笔者出谋划策，共同探讨和解决研究中遇到的各种问题，提供各种可能的研究思路与解决方案。

最后，笔者还要衷心感谢家人！他们的理解、支持和鼓励，给笔者创造了良好的学习和生活环境，免除了笔者的许多后顾之忧。正是他们的支持和信任，使得笔者有更充裕的时间顺利完成书稿。非常感谢他们在背后的默默付出与奉献！

徐小飞

2019年2月10日于秋中湖畔